Dunkle Welten

Bunker, Tunnel und Gewölbe unter Berlin

Dietmar und Ingmar Arnold

Dunkle Welten

BUNKER, TUNNEL UND GEWÖLBE UNTER BERLIN

Mit Farbfotografien
von Frieder Salm

Ch. Links Verlag, Berlin

Allen Personen und Institutionen, die uns bei der Entstehung
dieses Buches geholfen und unterstützt haben, gilt unser herzlichster Dank.
Die Autoren

Die Deutsche Bibliothek – CIP-Einheitsaufnahme
Dunkle Welten: Bunker, Tunnel und Gewölbe unter Berlin /
Dietmar und Ingmar Arnold. Mit Farbfotogr. von Frieder Salm. –
6. Aufl. – Berlin: Links, 2002
ISBN 3-86153-189-5

6. Auflage, April 2002

Schönhauser Allee 36, 10435 Berlin, Tel. (030) 44 02 32-0
www.linksverlag.de; mail@linksverlag.de

Gestaltung und Herstellung: Eberhard Delius, Berlin
Satz: LVD GmbH, Berlin
Schrift: Sabon 11/14
Lithographie: Steidl/Schwab Scantechnik, Göttingen
Druck: Steidl, Göttingen
Bindung: Buchbinderei Thomas Müntzer, Bad Langensalza

ISBN: 3-86153-189-5

Inhalt

Gewidmet der Stadt Berlin

Geleitwort

von Alfred Kernd'l, ehemals Wissenschaftlicher Direktor am Archäologischen Landesamt Berlin

»Tief ist der Brunnen der Vergangenheit.«
(Thomas Mann »Joseph und seine Brüder«)

Archäologie erhellt Geschichte des Menschen im schriftlosen Dunkel, zeigt Konturen unserer Vorfahren im Berliner Boden bis in eine zeitliche Tiefe von etwa 12000 Jahren auf, als der Rand ewigen Eises noch in Südschweden lag. Bodenfunde und -befunde von der Altsteinzeit bis ins Mittelalter lesbar zu machen ist die eigentliche Aufgabe der archäologischen Wissenschaft. Paradoxerweise mußte sich die Archäologie gerade auch in Berlin während der letzten Jahre aber vor allem um das 20. Jahrhundert kümmern. Verdrängte jüngste Geschichte, an die man im Stadtbild nicht mehr erinnert werden wollte, hatte als materielles Zeugnis nur noch im Boden verborgen überlebt. Beispiele davon – einige erregten wegen ihrer erschütternden Aussagekraft weltweites Aufsehen – werden in diesem Buch illustriert. So berührt sich das hier vorgestellte unterirdische Berlin des 19. und 20. Jahrhunderts mit archäologischer Forschung und Denkmalpflege.

Einheimischen und Fremden eröffnen sich hier die »Dunklen Welten« Berlins, lockend und geheimnisvoll lassen sie Geschichte zum sinnlichen Erlebnis werden. Der Berliner Denkmalschutz ist gefordert, diese historische Substanz unter unseren Füßen verstärkt der Öffentlichkeit zu erschließen und für künftige Generationen zu sichern. Das wäre schönster Lohn für dieses Buch.

Berlin, im Januar 1997

Vorwort zur 4. Auflage

Die innerhalb kurzer Zeit ermöglichte aktualisierte Neuauflage der »Dunklen Welten« belegt vor allem das große Interesse der Bewohner und Besucher der Stadt an den Zeitzeugnissen unter der Erdoberfläche. Den Autoren gelang es, in Wort und Bild Vergangenes aufzuspüren und zutage zu fördern, was nur im Verborgenen überdauerte. Durch spannende und buchstäbliche Aufdeckung von Geschichte weckten sie historisches Bewußtsein und Gespür in der Öffentlichkeit.

Ablesbar ist dies an den zahlreichen durch das Buch ausgelösten Diskussionen und Beiträgen in den Medien, Vorträgen und Führungen, bis hin zu Fernsehfilmen, die sich ganz dem Thema widmen. Von daher sind die vor zwei Jahren mit dem Erscheinen des Buches verknüpften Hoffnungen und Wünsche, eine neue Sensibilität für die Belange der Berliner Unterwelten zu erzeugen, erfüllt worden.

Um so trauriger stimmt es, daß den damals im Geleitwort erhobenen Forderungen an die Berliner Denkmalschutzbehörden, sich verstärkt für Sicherung und Erschließung der historischen Substanz unter unseren Füßen einzusetzen, nicht ausreichend entsprochen wurde. Anschauliche und authentische Zeugnisse des besonderen Schicksals unserer Stadt und ihrer unverwechselbaren historischen Topographie verschwanden während dieser Zeit für immer.

Im Epilog zu dieser 4., aktualisierten Auflage führen die Autoren vor, wie einerseits stets neue Nutzungsvorschläge für Räume im Untergrund entwickelt werden, andererseits aber immer wieder historische Substanz den Bauvorhaben der Hauptstadt weichen muß. Als ein Beispiel sei hier nur der von Archäologen unter dem Gelände zur Erweiterung des zukünftigen Auswärtigen Amtes am Werderschen Markt wieder aufgefundene Münzkanal von Andreas Schlüter genannt. Ein gut erhaltenes technisches Denkmal vom Ende des 17. Jahrhunderts, verbunden mit dem Namen eines Genies, das Berliner Baugeschichte geschrieben hat, wurde für vier oder fünf Tiefgaragenplätze stillschweigend geopfert.

Es bleibt zu wünschen, daß die »Dunklen Welten« wiederum als Appell an die verantwortlichen Fachbehörden und Politiker verstanden werden, für den Erhalt historischer Erinnerung im unterirdischen Berlin zu sorgen. Ganz aktuell gilt dies vor allem für die noch vorhandenen Bunker und Reste der Neuen Reichskanzlei auf dem Gelände der ehemaligen Ministergärten zwischen Wilhelmstraße und Ebertstraße in Berlin-Mitte. Oberirdisch sind fast alle Spuren einst hier konzentrierter Geschichte des Königreiches Preußen, des Kaiserreiches, der Weimarer Republik und der nationalsozialistischen Herrschaft ausgelöscht. Eine geschichtsentsorgte Brache als Platz ausgerechnet für das Holocaust-Denkmal wäre eine peinliche Flucht vor der Vergangenheit.

Die authentischen »Dunklen Welten« der deutschen Hauptstadt erhellen paradoxerweise unser Wissen und unsere Phantasie. Es wäre schade, wenn sie bald nur noch in diesem Buch erlebbar wären.

Alfred Kernd'l
Berlin, im Februar 1999

Otto Schmelzer (1896): Das Buddeln will nicht enden

Wenn die Winterstürme dem Lenzlüfterl weichen, dann beginnt in Groß-Berlin unweigerlich das Buddeln. Der Sommer wäre in der Reichshauptstadt um ein gut Stück erträglicher, wenn sich diese vielverpönte Buddelei, an der der Berliner Witz alljährlich wieder sein Mütchen kühlt, vermeiden ließe. Aber sie ist nun einmal das notwendige Übel der Weltstadt. Den biederen Bürger überläuft eine Gänsehaut, wenn er des Morgens aus seinem nach hinten hinaus gelegenen Schlafgemach in das Vorderzimmer tritt, sich über das Wetter unterrichten will und nun sehen muß, daß in dieser Nacht bei Fackelbeleuchtung oder in früher Morgenstunde jene gefürchtete Straßenarbeit in Angriff genommen ist, die ihm für eine ganze Zeit die Behaglichkeit erheblich zu beeinträchtigen droht. Ist seine Straße mit Asphalt gedeckt, so treibt der dunkle Qualm des »Schmorkessels« zum Himmel, schwärzt das Haus, verletzt die Nase und legt sich schwer auf die Lunge; ist sie mit Steinen gepflastert, so dringt der Staub unbarmherzig durch alle Fensterporen, und das monotone, taktmäßige Dröhnen der heruntersausenden Rammer erschüttert beständig das Trommelfell und die immer empfindlichen Nerven des Großstadtmenschen. Dazu die Unbequemlichkeit auf der Straße selbst, im Verkehr der Fußgänger und der Wagen, die geschäftliche Schädigung, die namentlich für die Ladenbesitzer oft damit verbunden ist – man kann es dem Berliner wahrlich nicht verargen, wenn er die ganze Buddelei dahin wünscht, wo der Pfeffer wächst [...].

Aber so lästig diese Pflasterarbeiten schon empfunden werden mögen, um vieles schlimmer ist es doch, wenn die Erdarbeit dem unterirdischen Berlin gilt, dem ungeheuren Netz von Röhren, das sich metertief unter dem Pflaster unterhalb der ganzen Stadt hinzieht, das die Millionenstadt mit Wasser versorgt, sie entwässert und beleuchtet. Auch hier sind gar häufig Reparaturen oder Neuanschlüsse nötig, und sie bringen erst recht eine Störung des Straßenlebens mit sich. [...]

Am 23. Oktober 1853 legte eine englische Gesellschaft den Grundstein zum ersten künstlichen Wasserwerk Berlins. [...] Das durch Sandfiltrierung gereinigte Wasser wurde mittels Dampfkraft in ein Rohrsystem gedrückt, dessen Zweige die Straßen der Stadt durchzogen. Der Druck in diesem Rohrsystem ist Tag und Nacht so stark, daß das Wasser durch kleine, von den Straßen abgezweigte Hausleitungsrohre bis in die höchsten Stockwerke der Häuser geschafft wird. Die Unternehmer hatten damals der Stadt das Wasser zur Spülung der Rinnsteine und zum Feuerlöschwesen unentgeltlich zu liefern, waren hingegen ermächtigt, sich den Privatgebrauch von den Einwohnern bezahlen zu lassen. Anfänglich scheuten die Berliner Hauswirte – die damals noch in dem nicht unberechtigten Rufe der Knauserei und des engherzigen Weißbierphilistertums standen – die Kosten, sich und ihren Mieterndie Annehmlichkeiten der Wasserleitung zu ermöglichen, und vier Jahre hindurch mußte die Gesellschaft ohne Gewinn arbeiten. Da wurde sie [die Wasserleitung] bei Neubauten eingeführt und war für die Mieter natürlich ein solches Lockmittel, daß auch die alten Wirte zur Legung gezwungen wurden und eine große allgemeine Buddelei anhub. Und schon nach fünfzehn Jahren reichte das Stralauer

Werk zur Versorgung der mächtig aufblühenden Stadt nicht mehr aus. Die städtischen Behörden kauften der Gesellschaft das Werk um acht Millionen Thaler ab und errichteten am Tegeler See eine zweite Pumpstation, die 1877 vollendet war. Nun wurde auch die Hochstadt an das Rohrnetz angeschlossen, das dadurch eine neue Erweiterung fand. So wurde das unterirdische Berlin für die Hauptstadt immer wichtiger. [...]

Der Segen dieser großartigen Werke für die gesamte kulturelle Entwicklung Berlins ist ein schier unberechenbarer. Ganz abgesehen von den Annehmlichkeiten, welche die Wasserleitung im Haushalt bietet – jetzt ist jede bessere Wohnung mit einer Badestube versehen –, ermöglicht der Reichtum des Wassers uns eine Straßensprengung, die ihresgleichen sucht, und eine Straßenreinigung, wie sie keine Großstadt in Europa besitzt. Sie ist die Vorbedingung zu dem kühnen Plane der Kanalisation gewesen, durch dessen geniale Ausführung Groß-Berlin zu einer der gesündesten Städte der Welt geworden ist.

Die Kanalisation gehört zu jenen mustergültigen Werken, durch welche die Kommune Berlin sich den Ruf der Unübertroffenheit erobert hat.

Selbstverständlich ist ein solches Riesenwerk nicht geschaffen, ohne daß zuvor die Geister mächtig aufeinandergeplatzt wären. »Hie Abfuhr, hie Kanalisation!« lautete das Feldgeschrei, das zahllose berufene und unberufene Federn in Bewegung setzte, in zahllosen Reden in öffentlichen und fachmännischen Versammlungen erörtert wurde. Aber als im Dezember 1872 der vom Professor Virchow verfaßte »Generalbericht über die Arbeiten der städtischen gemischten Deputation für die Untersuchung der auf die Kanalisation und Abfuhr bezüglichen Fragen« erschien, da war die Mehrheit für die Kanalisation gewonnen und die städtischen Behörden nahmen einen neuen, vom Stadtbaurat Hobrecht entworfenen Entwässerungsplan für Berlin an. Es begann eine unheimliche Buddelei, bei der die Häuser selbst in Mitleidenschaft gezogen wurden. Wer sie miterlebt hat, der sieht allen noch kommenden unterirdischen Veränderungen mit Seelenruhe und Kaltblütigkeit entgegen. Auch jetzt nach seiner Fertigstellung hat das Werk noch manchen Gegner, aber im großen und ganzen ist die Berliner Bürgerschaft doch mit den Erfahrungen zufrieden, die sie mit der Kanalisation gemacht hat. [...]

Die Post ist bei ihren Verkehrsanlagen wesentlich oberhalb der Erde geblieben. Unterirdische Leitungen hat aber die sogenannte Rohrpost. Die ersten pneumatischen Verbindungen wurden in Berlin im Jahre 1865 geschaffen; sie beförderten aber nur Briefe zwischen der Börse, dem Haupttelegraphenamt und einigen anderen Stadttelegraphenstationen. Der ältere Berliner wird sich erinnern, daß die Passanten der Börsenbrücke auf das Sausen der Kapseln zu horchen pflegten. Dort war die Leitung nicht unter dem Wasser hindurch, sondern am Brückengeländer entlang geführt. Die erste öffentliche, zur Beförderung von Briefen und Karten dienende Rohrpost ist erst 1876 mit 15 Stationen und einer Gesamtlänge von 26 km dem Verkehr übergeben worden. Die Zahl der Stationen mußte bald vermehrt werden; 1894 gab es bereits 44. [...]

Die Rohrpost ist in Berlin ein sehr beliebtes Verkehrsmittel, obwohl sie ganz andere Ausdehnungen angenommen haben würde, wenn ihr im Telephon nicht die größte Konkurrenz entstanden wäre. Im allgemeinen soll eine Rohrpostsendung den Empfänger in einer Stunde erreichen.

Das unterirdische Berlin beschäftigt mittelbar und unmittelbar eine ungeheure Menge von Menschen, und wer weiß, ob nicht eine Zeit kommen wird, in der unter der Erde und in der Luft der stärkere Verkehr herrscht!

Aus: Schmelzer, Otto: Der Berliner Untergrund. In: Kühnemann, Albert (Hrsg.): Groß-Berlin. Bilder von der Ausstellungsstadt. Berlin 1896/97, S. 125–128

Das unterirdische Berlin um 1884

Dietmar Arnold: Mein erster Einstieg

Frühmorgens um fünf klingelt der Wecker. Ich mache leise meinen kleinen Bruder wach, wir steigen schnell in unsere Sachen und hinterlassen den Eltern eine Notiz auf dem Küchentisch: »Sind im Wald zum Hütten bauen«. Doch wir haben etwas ganz anderes im Sinn. Gemeinsam mit fünf verschworenen Freunden, die bereits unten an der Straßenecke warten, wollen wir unsere erste Expedition in die Unterwelt starten.

In der Schule kursierten spannende Geschichten über eine riesige, unterirdische Bunkeranlage im Bezirk Wedding. Das wollten wir uns nicht entgehen lassen. Erste Erkundungen vor Ort hatten ergeben, daß ein halb verschütteter Gang in das Innere der Kriegsruine führte. Diesen wollten wir heute freilegen und für den Einstieg nutzen.

Mit Klappspaten, Taschenlampen, Butterbroten und einem Schlauchboot im Gepäck – wir hatten das verheißungsvolle Gerücht von einem unterirdischen See aufgeschnappt – steigen wir Zwölf- bis Fünfzehnjährige also den Trümmerberg am Humboldthain hinauf. Meterhohe Betonreste des gesprengten Flak-Turmes ragen uns entgegen. Nach allen Seiten spähend, erreichen wir den Zustieg unterhalb der alten Außenplattform. Eine Betonwand neueren Datums soll den Eingang eigentlich versperren, ist aber zu unserer Freude nicht tief genug in den Boden eingelassen worden. Mit den Spaten buddeln wir einen Durchschlupf und zwängen uns, einer nach dem anderen, ins Innere. An den Seiten des Ganges türmt sich meterhoher Trümmerschutt auf. Er könnte herabstürzen und uns begraben, doch daran denkt jetzt keiner. Der Sog in die Tiefe hat uns voll erfaßt. Die ersten Meter können wir uns noch im Entengang bewegen, doch dann wird es enger. Die Rucksäcke mit der Ausrüstung vor uns herschiebend, kommen wir nur noch bäuchlings robbend voran. Plötzlich taucht zur Linken ein Riß in der dicken Bunkerwand auf, breit genug, um sich hindurchzuquetschen. Dann geht es auf dem Hosenboden eine steile Schutthalde hinab. Unten angelangt, gönnen wir uns eine Verschnaufpause: »Aktion Einstieg« gelungen.

Wir klettern weiter hinab, stellenweise über alte Treppenreste, vorbei an zerborstenen Betonplatten und abermals zwischen Spalten hindurch. In einem tiefer liegenden Geschoß stoßen wir auf unseren ersten Fund: Hunderte von Glasampullen in verschiedenen Größen, allesamt mit einer unbekannten Flüssigkeit gefüllt. Die Beutestücke werden begierig eingesteckt, wer die reichhaltigste Sammlung hat, gilt als Sieger. Unser Weg endet schließlich in einer riesigen Halle, an deren Ende sich ein vermauertes Tor befindet. Anhand einer alten Fotografie stellen wir später fest, daß es sich um die frühere Haupteinfahrt im einstigen Erdgeschoß handelt. In die Seitenwände sind schulterhohe Öffnungen eingelassen, die den Blick auf weitere Hallen freigeben. Weiße Stalaktiten wachsen von den Decken, verbreiten Tropfsteinhöhlen-Atmosphäre und spiegeln sich im hüfthohen Wasser wider.

Als wir gebückt durch ein weiteres Untergeschoß streifen, stoßen wir abermals auf einen Schatz: In einem Gang stapeln sich Teile medizinischer Geräte, Emailleschüsseln und diverse Metallgehäuse. Einige von ihnen haben noch lesbare Aufschriften, so daß wir sie als Überreste von

Funkgeräten identifizieren können. Hinter einer durch Schuttmassen versperrten Seitenabzweigung vermuten wir weitere Räume. Eifrig graben wir uns durch das Geröll. Plötzlich rutschen aus einer frei werdenden Nische Munitionsmagazine herab. Ein Fund, der die Goldgräberstimmung weiter anheizt. Am Ende sind wir stolze Besitzer von 20 Karabinermagazinen, zwei Panzerfäusten, Resten von Uniformen und Stiefeln sowie einigen halbovalen Aluminiumschildern. Daß es sich hierbei um Erkennungsmarken handelt, die Aufschluß über Soldatenschicksale geben können, erfahre ich erst Jahre später.

Die Beute wird ins »Basislager« in der großen Halle zurückgetragen und aufgeteilt. Es folgen wilde »Kriegsspiele« in dieser skurrilen unterirdischen Landschaft. Plötzlich stellt jemand überrascht fest, daß es inzwischen sehr spät geworden ist. Wir haben hier unten jedes Zeitgefühl verloren. Das dürfte Folgen haben zu Hause. So schnell wie möglich wollen wir zurück an die Oberfläche, wobei wir nicht auf Anhieb die richtige Route finden. Unser Gepäck ist auch schwerer als beim Einstieg. Mit der Panzerfaust im Rucksack wird mir auf dem Heimweg dann doch mulmig. Als wir einem Streifenpolizisten begegnen, siegt das schlechte Gewissen. Mit den Worten: »Das haben wir beim Spielen auf dem Bunkerberg gefunden«, drücke ich ihm einfach die Waffe in die Hand. Bevor der verdutzte Mann reagieren kann, sind wir schon wieder weg. Wir verschweigen freilich, daß im Bunker noch eine zweite Panzerfaust liegt. Wahrscheinlich befindet sie sich noch heute dort, wo wir sie 1979 versteckt haben.

Kaum hat sich der erwartete Ärger zu Hause gelegt, handeln wir uns neuen ein. Einer von uns ist auf die glorreiche Idee gekommen, mit den gefundenen Ampullen zwecks Analyse zu seinem Chemielehrer zu gehen. Prompt meldet sich die Polizei bei meinen Eltern, und ich muß die »Kostbarkeiten« rausrücken. Ein Beamter klärt meine verschreckte Mutter über den vermuteten Inhalt auf: Verdacht auf Pocken- und Typhusbakterien. Wir müssen uns als wahre Meister im Schwindeln erweisen, um den wirklichen Fundort zu verheimlichen. Auf diese Weise gelingt es uns aber, noch einige Male in »unseren Bunker« hinabzusteigen und sein scheinbar endloses Labyrinth zu erkunden. Eines Tages ist der Einstieg dann endgültig mit Beton zugegossen. Mit Klappspaten ist nun nichts mehr auszurichten.

Jahre später hat mich mein Weg erneut in die verborgene Welt unter der Stadt geführt. Nun allerdings im Auftrag von Behörden, als Vermessungstechniker, Stadtplaner und Mitbegründer der Arbeitsgemeinschaft »Berliner Unterwelten«, die sich zum Ziel gesetzt hat, Licht in das Dunkel der vielen unerschlossenen Hohlräume unter Berlin zu bringen.

Leitfaden durch die Berliner Unterwelten

Haben Paris und Rom ihre geheimnisumwobenen Katakomben, Moskau seine berühmte Metro und Wien eine Kanalisation, die durch den Film »Der Dritte Mann« zu Weltruhm gelangte, so hat auch Berlin einen Untergrund, um den ein eigener Mythos rankt. Dabei bieten vor allem die baulichen Hinterlassenschaften der Nationalsozialisten ein fruchtbares Feld für immer neue Spekulationen. Hin und wieder tauchen unbekannte unterirdische Bauwerke auf, die in der Presse schnell zu »Geheimbunkern«[1], »Kultstätten«[2] oder zu »tickenden Zeitbomben«[3] werden. Luftschutzbunker und Tunnelbauten von den Reißbrettern der »Generalbauinspektion« (GBI) unter Albert Speer sind regelmäßig dankbare Aufhänger für die Medien. Doch die Unterwelt einer Großstadt ist weit vielschichtiger und erweist sich als um so spannender, je tiefer man in sie vordringt.

Untergrundgeschichte spiegelt Stadtgeschichte wider. Je nachdem, wo man die Erde aufgräbt oder in die Tiefe steigt, stößt man auf Zeugnisse vergangener Zeiten. Verdrängte oder längst vergessene Geschichte(n), Geheimnisse, Reste nicht vollendeter oder zerstörter Bauten, manchmal bloß ein paar Knochen und Scherben kommen plötzlich wieder zum Vorschein. Daneben verlaufen heute jene Leitungssysteme, die den »Organismus Stadt« am Leben erhalten. Das Gewirr der städtischen Eingeweide, im Fachjargon auch als »U-Anlagen«[4] bezeichnet, ist häufig selbst vom Fachmann kaum noch zu überblicken. »Wasserrohre, Gasrohre, Kabel für den elektrischen Strom, Kabel für Telephon und Telefax, Rundfunk- und Fernsehsender, Rohre für Fernheizung und Rohrpost, alles das mit Haupt- und Nebensträngen, Schächten, Gullys, Hydranten, Schlammsammlern, Entwässerungsrinnen, Transformern, Lüftungsgittern, By-Pass-Leitungen, und dergleichen mehr«[5] kreuzen sich scheinbar chaotisch mit den Anlagen der Kanalisation sowie den verschiedenen Verkehrstunneln. Hinter dem vermeintlichen Chaos verbirgt sich jedoch eine hochorganisierte Ordnung. Allein in Berlin sind mehrere tausend Menschen jeden Tag damit beschäftigt, das unterirdische System in Gang zu halten, zu reinigen und zu erneuern, es zu modernisieren oder zu erweitern. Vom Schädlingsbekämpfer in den Entwässerungskanälen über den Streckenläufer, der das U-Bahnnetz kontrolliert, bis zu den Entstörungsspezialisten der Telekom oder den Suchtrupps eines Kampfmittelräumdienstes – sie alle gehen ihrer »unsichtbaren« Arbeit nach. In einigen Fällen benutzen aber auch Bankräuber oder Kaufhauserpresser den Untergrund, um durch dunkle Kanäle zu entkommen.

Daß die Geschichte des Berliner Untergrundes noch vergleichsweise jung ist, liegt an den schwierigen geologischen Gegebenheiten der Stadt, vor allem an dem sehr hohen Grundwasserspiegel inmitten des eiszeitlichen Urstromtals. Der Baugrund war für die Anlage ausgedehnter Katakomben oder umfangreicher Kelleranlagen kaum geeignet. Viele Bereiche, die bebaut wurden, waren vormals Morast- oder Sumpflandschaften. Im Untergrund verborgene Torflinsen und unberechenbare Schwemmsände, etwa mit Treibsand vergleichbar, gefährden auch heute noch Bauvorhaben oder verursachen infolge falscher Fundamentgründungen erhebliche Gebäudeschäden, die manchmal sogar zu Einstürzen führen können. Ist es in New York möglich, ohne größere Umstände direkt neben Wolkenkratzern Baugruben bis in jede gewünschte Tiefe zu treiben – der Untergrund aus Granitgestein fängt alle Lasten ab –, so sind in Berlin aufwendige Aussteifungen der Baugruben, oft mit umfangreichen Grundwasserabsenkungen verbunden, notwendig.

Paris und Moskau ruhen dagegen auf Kalksandsteinschichten, aus denen mit relativ geringem Aufwand Steine zum Aufbau an der Oberfläche gebrochen werden konnten. Die hierdurch entstandenen Hohlräume nutzte man in der Stadt an der Seine später als unterirdische Friedhöfe. Unter dem Place Denfert-Rochereau kann man in diesen Katakomben noch heute die riesigen Knochenberge einstiger Bewohner von Paris besichtigen.[6] Auch das Anlegen einer Kanalisation und der Bau der Metro waren hierdurch wesentlich einfacher. Imposante Dimensionen auch in Moskau: Dort fährt die Metro stellenweise sogar 70 Meter unter der Oberfläche. In Berlin war

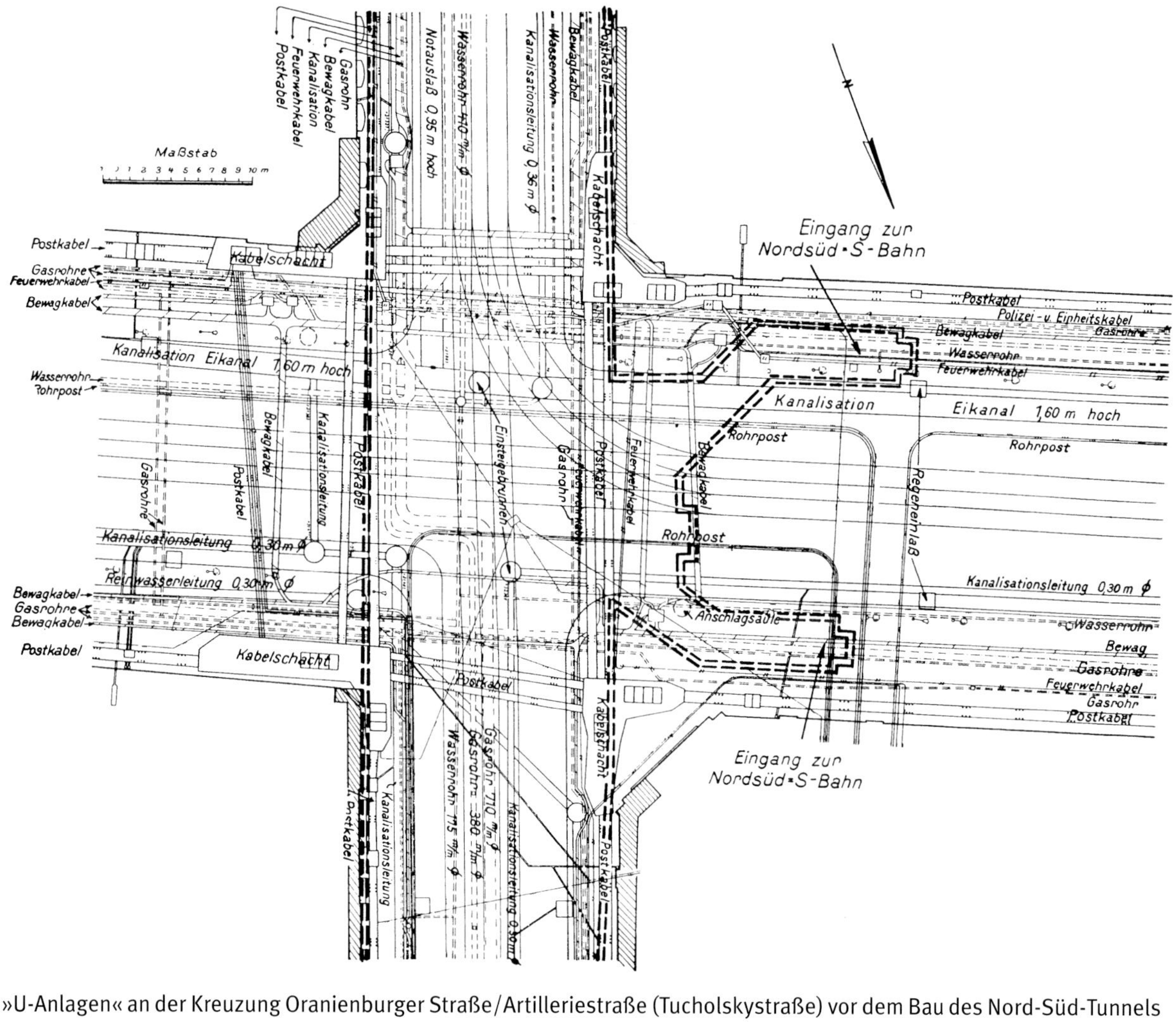

»U-Anlagen« an der Kreuzung Oranienburger Straße/Artilleriestraße (Tucholskystraße) vor dem Bau des Nord-Süd-Tunnels der S-Bahn

man jedoch zumeist gezwungen, die Baugruben der U-Bahntunnel in der offenen, sogenannten »Berliner Bauweise« von oben auszuheben, anstatt horizontal Stollen voranzutreiben. Erst nach Absicherung der Baustellen gegen Wassereinbrüche konnten die eigentlichen Arbeiten am Bauwerk beginnen. Anschließend mußten die Tunnelbauten von außen gegen Grundwasser abgedichtet werden, ehe die Ausschachtungen wieder verfüllt werden konnten.

Wegen dieser schwierigen Voraussetzungen war lange Zeit nicht abzusehen, daß es Berlin zu einem ansehnlichen unterirdischen System bringen würde. Im Grunde genommen kann von einer Untergrundbebauung in der deutschen Metropole erst seit dem Beginn der Industrialisierung in der Mitte des vorigen Jahrhunderts gesprochen werden, als neue Techniken den Gang in die Tiefe ermöglichten. Bis dahin beschränkte sich die Ausnutzung des Untergrundes auf das Anlegen von Brunnen, niedrigen Kellern sowie kleinen Grabkammern und Gruften unter den Kirchen. Zu militärischen Zwecken wurden Festungsgräben angelegt, die bis in das Jahr 1650 zurückverfolgt werden können, als um die Stadt ein Ring von Bastionen errichtet wurde. Durch die Entwicklung zunehmend stärkerer Artilleriewaffen mußten die Militärexperten später ihre Anlagen zum Schutz mit immer mehr Erdreich überdecken, wie sich das heute noch an den Kasematten der Spandauer Zitadelle sowie an den Hohlgängen und Pulvermagazinen des Forts Hahneberg deutlich erkennen läßt.

Im Zuge der Industrialisierung entstanden beachtenswerte Kellergewölbe in den Höhenzügen nördlich und südlich des alten Berlins. Der Kreuzberg und der Prenzlauer Berg sind die bekanntesten von ihnen. Da aus topographischen Gründen der Grundwasserstand hier nicht so hoch lag, war es möglich, in die Tiefe zu bauen. An diesen Orten ließen sich deshalb die großen Berliner Brauereien nieder, die beträchtliche Lagerkapazitäten und Kühlräume unter ihren Produktionsstätten benötigten. Sie wurden damit zu Pionieren der Entwicklung im Untergrund. Dagegen war der relativ späte Baubeginn der Berliner U-Bahn nicht nur auf zuviel Sand und Wasser zurückzuführen. Als zusätzliches Hindernis erwiesen sich die Betreiber der Berliner Stadtentwässerung, die um ihr Werk fürchteten und gegen die Planungen einer Metro intervenierten. Zur Jahrhundertwende war der größte Teil der Innenstadt an das neue Kanalisationssystem angeschlossen, an dem seit 1875 intensiv gearbeitet wurde. So gingen die ersten U-Bahnstrecken erst 1902 in Betrieb. Wegen ihrer geringen Tiefenlage nannte man sie anfangs auch »Unterpflasterbahn«. Zu diesem Zeitpunkt gab es nicht nur

Rekonstruktion des Unterbaus der Berliner Festungsanlagen

Das unterirdische Paris

in Paris und London, sondern auch in Budapest und Glasgow bereits unterirdische Verkehrswege. Berlin sollte erst Anfang der dreißiger Jahre über ein wirklich leistungsstarkes Schnellbahnnetz unter der Erde verfügen.

Während des Zweiten Weltkrieges sind die Bunkerbauten als Symbole der totalen Mobilmachung in die Geschichte Berlins eingegangen. Mit diesen Anlagen sollte der Bevölkerung suggeriert werden, daß der laufende Krieg berechenbar zu führen sei. Möglichen negativen Auswirkungen schien man einen vermeintlich hinreichenden Schutz entgegensetzen zu können. Dies erwies sich als Illusion. Viele Menschen haben während der Bombennächte im Luftschutzbunker traumatische Erfahrungen mit dem Untergrund gemacht. Obwohl der Krieg mit einer verheerenden Zerstörung der Stadt endete und ein Großteil der Bunker nach Kriegsende von den Alliierten gesprengt wurde, ging man im Zeichen des Kalten Krieges in beiden Stadthälften bald wieder dazu über, einige Anlagen instandzusetzen und sogar neue – diesmal »atombombensichere« – zu planen und später auch zu bauen.

Die Teilung Berlins und der Mauerbau 1961 zerrissen nicht nur die Strukturen an der Oberfläche, sondern auch im Untergrund: Wasser- und Stromleitungen wurden gekappt, die Gasversorgung und fast sämtliche Nachrichtenleitungen unterbrochen, die Kanalisation unter der Sekto-

Der erste U-Bahntunnel der Welt, London 1863

rengrenze mit Eisenbahnschienen gegen Flüchtlinge verbarrikadiert. Es begann die Ära der Flucht- und Spionagetunnel, der Geisterbahnhöfe und der »Senatsreserven«.

Nach dem Fall der Mauer ist der unterirdische Teil schneller wieder zusammengewachsen als der oberirdische. Irrt der Berlinbesucher im einstigen Grenzland noch immer zwischen Stadtbrachen und unübersichtlichen Großbaustellen umher, sind die Weichen im Untergrund längst gestellt. Sämtliche U-Bahnverbindungen sind wieder hergestellt – ganz im Unterschied zu den S-Bahnanschlüssen ins Umland. Die Telekommunikation zwischen den Stadthälften funktioniert reibungslos. Inzwischen entsteht am Spreebogen vor dem Reichstag eines der umfangreichsten und teuersten Tunnelbauwerke des Kontinents. Dort liegen Zukunft, Gegenwart und Vergangenheit dicht beieinander. In unmittelbarer Nachbarschaft zu den neuen Tunneltrassen befinden sich unterhalb des Sowjetischen Ehrenmals im Tiergarten drei verwaiste Tunnelstücke – Überreste der bombastischen NS-Vorhaben für die »Welthauptstadt Germania«.

Durch Kriegszerstörungen, Nachkriegswirren und Mauerbau hat sich die Topographie der Stadt stark verändert. Beträchtlich ist auch der Verlust an Wissen über die Vergangenheit. Pläne, Fotografien, Akten und sonstige Dokumente verbrannten, wurden gestohlen oder verschwanden unter mysteriösen Umständen aus den Archiven. Gäbe es eine Karte der »dunklen Welten« unter Berlin, wären die weißen Flecken darauf noch groß. »Schatzsucher«, Archäologen, Historiker und Geophysiker, aber auch die Munitionsbergungsdienste, Enttrümmerungsfirmen und Tiefbauämter dürften sich über mangelnde Arbeit in den nächsten Jahren nicht zu beklagen haben, zumal die wachsende Metropole immer mehr Funktionen in die Unterwelt verlegt. Die Verknappung innerstädtischer Freiflächen und der damit verbundene Anstieg der Bodenpreise waren und sind ein wesentlicher Grund dafür, die Stadt unter der Stadt auszubauen. Mittlerweile reichen die im Untergrund verbauten Gelder (ca. 40 % der Bauwerte)[7] fast an die Summen der Oberflächenbebauung heran. Bei den Vorstößen unter die Straßen Berlins wird auch künftig noch mit Überraschungen zu rechnen sein.

Fundament und Gründung

Wann die ersten Bewohner im Gebiet des heutigen Berlins begannen, sich den Untergrund für ihre Zwecke nutzbar zu machen, ist schwer zu sagen. Zunächst gab es auch keinen Grund, den sandig-sumpfigen Boden in größerem Maße zu erschließen, denn Siedlungsland war oberirdisch reichlich vorhanden. Spuren einzelner unterirdischer Nutzung lassen sich allerdings bereits aus der Zeit vor 12 000 Jahren nachweisen. Bei archäologischen Ausgrabungen im Fließtal unweit von Tegel entdeckte man in den fünfziger Jahren die Vorratsgruben eiszeitlicher Rentierjäger, in denen sie das Fleisch erlegter Tiere auf diese Weise wie in einem Tiefkühlschrank konservierten.[1] Aus der Bronzezeit (etwa 1800–700 v. Chr.) finden sich Grabstellen im Boden, und aus der Zeit der germanischen und slawischen Siedlungen des Frühmittelalters gibt es zahlreiche Brunnenreste.[2] Feste Siedlungen entstanden im Berliner Umland bekanntlich erst Ende des 12. Jahrhunderts und dann an solchen Stellen, wo es etwas weniger naß und sumpfig war, auf Talsandkuppen, die sich aus der Spreeniederung heraushoben.[3]

Von einer gezielten baulichen Nutzung des Untergrundes kann erst im Zusammenhang mit größeren Kirchenbauten gesprochen werden, die katakombenartige Gewölbe als Gruften erhielten, so die Kirche des Dominikaner-Klosters auf dem Gelände des heutigen Schloßplatzes zwischen der Breiten Straße und der Brüderstraße. Sie war ein Vorgänger des späteren Berliner Doms, Hof- und Schloßkapelle für den Kurfürstlichen Hof und barg die erste Familiengruft der Hohenzollern in Berlin. Die Gewölbe unter dem Glockenturm dienten auch »zur Einsperrung und Verwahrung von Malefikanten«, wie es in alten Chroniken heißt.[4] Auch unter der alten Gertraudenkirche auf dem Spittelmarkt, die 1734 einem Neubau weichen mußte, soll es prächtige gotische Gewölbe gegeben haben.

In die Franziskaner-Klosterkirche, deren Ruine am U-Bahnhof Klosterstraße erhalten ist, wurden im zweiten Viertel des 18. Jahrhunderts mit den Geldern einer Stiftung des Chronisten und Historikers Michael Herfurth Grabgewölbe unter den Seitenschiffen eingebaut.[5] Davon ist das nördliche Tonnengewölbe erhalten geblieben.

Nur selten finden sich dagegen Hinweise auf private Kellergewölbe in den Häusern wohlhabender Bürger. Überliefert ist der sogenannte Boulettenkeller[6] am Molkenmarkt, in dem angeblich Johann Friedrich Böttger (1682–1719), der Erfinder des Porzellans, aus diversen Metallen Gold herzustellen versuchte.

Erst die Verknappung des vorhandenen Bauplatzes in der Residenzstadt Berlin führte auf-

Nördliches Gruftgewölbe der Klosterkirche

grund eines starken Anwachsens der Bevölkerung in der Neuzeit dazu, daß sich das Baugeschehen allmählich in den Untergrund verlagerte.

Gräben und Befestigungen

Die aus der Zeit des 17. Jahrhunderts stammenden Befestigungsbauten zum Schutz der kurfürstlichen Residenz hinterließen zahlreiche Spuren unter der Stadt. Berlin und sein Umland hatten während der langen Auseinandersetzungen des Dreißigjährigen Krieges arg gelitten. »Im Jahre 1648 wurden von 845 Häusern in Berlin 300 als ›wüste Stellen‹ bezeichnet, von 364 Häusern in Cölln waren 150 ›wüst‹. Die gesamte Einwohnerzahl der Doppelstadt war von etwa 12000 Einwohnern zu Beginn des Dreißigjährigen Krieges auf etwa 6000 gesunken.«[7] Dem Großen Kurfürsten Friedrich Wilhelm (1640–1688) war daher sehr daran gelegen, seine Residenz mit einem ausgeklügelten Festungssystem zu schützen. Auch wenn dieses von keiner großen strategischen Bedeutung war,[8] sollten die Bollwerke zumindest Sicherheit vermitteln und neue Ansiedler in die Stadt locken.

Im Zuge der 1658 begonnenen Arbeiten an den Schanzenwerken entstanden bis 1685 nicht nur 13 Bastionen innerhalb eines Festungsgürtels, der mit acht Meter hohen und sechs Meter breiten Wällen verbunden war,[9] sondern auch Gräben vor der Festung mit einer beachtlichen Breite von bis zu 55 Metern, von denen Fragmente bis heute erhalten geblieben sind.

Mit dem Ausbau der Befestigungen begann die Stadt stark anzuwachsen. 1685 lebten in Berlin-Cölln wieder über 17000 Einwohner,[10] bis 1709 hatte sich die Einwohnerzahl auf 57000 sogar vervierfacht[11]. Der Zuwandererstrom ließ die Sicherungsanlagen bald zu einem baulichen Hindernis werden, weshalb 1734, während der Regierungszeit des »Soldatenkönigs« Friedrich Wilhelm I. (1713–1740), mit dem Abbruch der Festungsanlagen begonnen wurde. Zuerst verschwanden die westlichen Befestigungen auf der Köllnischen Seite. Die Bollwerke auf der östlichen Seite der Stadt wurden ab 1745 abgetragen. Die Wassergräben blieben allerdings zunächst erhalten. Sie wurden begradigt und dienten als offene Abwasserkanäle sowie zum Abführen von Hochwasser. Nach und nach überdeckelte man immer größere Kanalabschnitte, um Platz zu gewinnen, aber auch, um sich des Gestanks der in die Kanäle eingeführten Abwässer zu erwehren. An »Prinzessin Luise, wohnhaft am stinkerigen Graben«, hatte Kronprinz Friedrich Wilhelm IV. einst die Post für seine Schwester adressiert.[12] Mit dem Bau der Kanalisation Ende des 19. Jahrhunderts schüttete man die meisten Gräben zu.

Daß Festungsreste dennoch nicht völlig verschwunden sind, bekam ein Kutscher in den zwanziger Jahren dieses Jahrhunderts zu spüren. Sein Fuhrwerk brach auf einem Hinterhof südlich der Neuen Schönhauser Straße plötzlich ein, weil es eine nur zum Teil zugeschüttete und längst vergessene Zisterne der alten Festungsanlage überlastet hatte.[13] Noch 1995 stießen Gartenbauarbeiter vor der Staatsoper auf die steinernen Seitenwände eines vergessenen Kanalabschnittes. Sie waren fast eineinhalb Meter dick und vier Meter tief und können inzwischen von außen besichtigt werden.[14] Auch unter dem Pflaster der von Carl Gotthard Langhans in der Mohrenstraße errichteten Kolonnaden, die dort den einstigen Wasserlauf des Festungsgrabens andeuten, sind Kanalreste erhalten. Deshalb ist der Straßenabschnitt hier für den Schwerlastverkehr gesperrt.

Anders verlief die Geschichte des östlichen Berliner Festungsgrabens, Königs- oder auch Zwirngraben genannt, der eine neue Funktion bekam. Er wurde mit der entstehenden Kanalisation in das System der Notauslaßkanäle integriert und

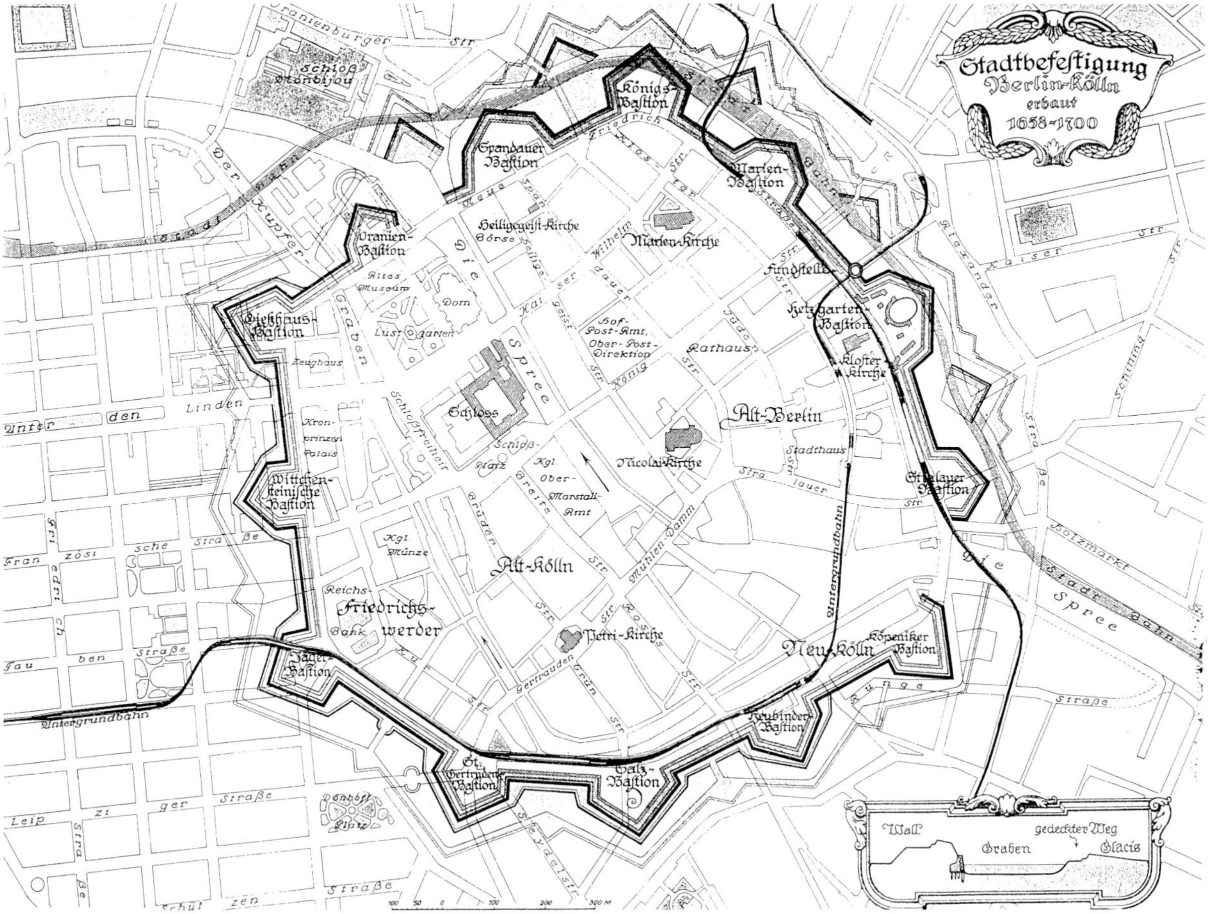

Die Befestigungsanlagen Berlins um 1700 und ihre ursprüngliche Lage im Stadtgrundriß von 1915

mit großen Rohren versehen. Dort, wo einst die Berliner Börse stand, sind in der Ufermauer bis heute die Ausmündungen dieses Hauptnotauslasses sichtbar. Die Einmündung von der Spree ist ebenfalls noch vorhanden. Über eine Wehranlage unter der Wiese zwischen Rolandufer und Stralauer Straße kann hier bei Spreehochwasser zusätzlich Wasser abgeleitet werden.

Andere Reste der einstigen Wallanlagen sowie die Fundamente eines kurfürstlichen Pulverturmes kamen bei den Bauarbeiten für die U-Bahnlinie 2 zum Vorschein.[15] Sie wurden 1906 am Spittelmarkt sowie 1912 an der Grunerstraße abgetragen.

Kasematten und Pulvermagazine

Die umfangreichsten unterirdischen Verteidigungsanlagen auf dem Gebiet des heutigen Berlin finden sich in der Spandauer Zitadelle, die im 16. Jahrhundert zum Schutz der Havelübergänge und als Zufluchtsort für den kurfürstlichen Hof errichtet worden war. Obwohl Spandau damals eine eigenständige Stadt bildete, gab es vielfältige Verbindungen mit Berlin.

Die 1560 begonnenen Arbeiten auf dem Zitadellengelände, das zwischen mehreren Havelarmen lag, erwiesen sich als äußerst schwierig und konnten erst nach vierunddreißigjähriger

Bauzeit abgeschlossen werden.[16] Um die komplizierten Bodenverhältnisse zu meistern, half man sich beim Bau der Anlage dadurch, »daß man Hunderte von riesigen Baumstämmen in Verbindung mit Schwellen (Pfahlroste) in den Sumpf rammte, bis man auf festen Baugrund stieß«[17]. Die Technik bewährte sich weit ins 20. Jahrhundert hinein. Auf dieser Konstruktionsart entstanden später ganze Stadtviertel. Selbst der Reichstag und die ehemalige Königliche Bibliothek, die »Kommode« Unter den Linden, ruhen auf Tausenden von Holzpfählen.

Tiefliegende Kellergewölbe waren auf diese Weise aber nicht zu errichten. Die erforderlichen unterirdischen Verteidigungsanlagen entstanden vornehmlich durch nachträgliche Übererdung. Dazu gehören Kasematten genauso wie Pulvermagazine und teilweise zweigeschossige Verteidigungsgalerien sowie sogenannte schwarze Gänge, die der Erschließung dienten.[18]

Teile der Zitadelle und ihrer unterirdischen Anlagen wurden zeitweilig als Gefängnis genutzt. Von 1874 bis 1919 war hier der Reichskriegsschatz mit den französischen Reparationszahlungen eingelagert, der nach dem verlorenen Ersten Weltkrieg zurückgegeben werden mußte. Im Dritten Reich dienten Teile der Zitadelle dann als »Heeresgasschutzlaboratorium«. Noch Ende der achtziger Jahre waren wegen vermuteter Altlasten deswegen Teilbereiche gesperrt. 1942/43 kam eine »Luftsicherungszentrale« zur Erfassung alliierter Bomberverbände hinzu, die untere Verteidigungsgalerie der »Bastion König« wurde zu Luftschutzräumen umfunktioniert.

Auch Berlins zweites erhaltenes Festungswerk, das Fort Hahneberg, verfügt über ausgedehnte unterirdische Räumlichkeiten. 1882–1888 als »Deutsches Einheitsfort« erbaut, sollte die Anlage die Spandauer Rüstungsfabriken schützen. Durch die Entwicklung neuer Sprengstoffe und Granatentypen war sie aber bereits bei der Fertigstellung militärisch überholt. Bis zum Ende des Zweiten Weltkrieges blieb das Fort Hahneberg Militärstützpunkt, diente aber nur Ausbildungszwecken. Das zuvor in den Kellern des Reichstags untergebrachte Zentralarchiv der Wehrmedizin ist gegen Kriegsende hierher ausgelagert worden. (Noch 1990 konnten Reste von Krankenblättern aufgefunden werden.) Die Rote Armee kostete es 1945 keine besondere Mühe, die Festung zu besetzen und damit ihre militärische Nutzung zu beenden.[19]

Zu den teilweise mehrgeschossigen unterirdischen Anlagen gehören die Gewölbe der ehemaligen Pulvermagazine, Mannschaftsunterkünfte,

Verbindungsgang zur unteren Verteidigungsgalerie, Spandauer Zitadelle (1996)

mehrere Verbindungsgänge zu den Grabenwehren sowie ein 36 Meter tiefer Brunnen. Weitere Tiefetagen existieren nicht, auch wenn die Mythen darum nicht abreißen wollen. 1994 war in einer Tageszeitung zu lesen: »In der Nazizeit sollen sechs Etagen tief reichende Kellerräume, das wären etwa 36 Meter, unter dem Fort gebaut worden sein. Zu welchem Zweck, wisse bis heute kein Mensch. [...] Legenden besagen auch, daß 1945 zwei erfahrene Taucher, die ergründen wollten, was sich in der Tiefe des Brunnens verbirgt, dafür schwer bezahlen mußten. Einer ertrank, weil seine Sicherungsleine riß, der andere wurde irrsinnig, weil er das, was er gesehen habe, vermutlich nicht verkraften konnte.«[20] Die Wirklichkeit sieht nüchterner aus. Die erkennbaren Zerstörungen beruhen kaum auf Kriegseinwirkungen, vielmehr diente das Fort den Spandauern nach Kriegsende als Steinbruch.

Heute zählen die Spandauer Festungsanlagen im Sommer zu den großen Touristenattraktionen, die Berlin zu bieten hat. Das Fort Hahneberg wird von einem Verein ehrenamtlich instand gesetzt, der regelmäßige Führungen anbietet. Die Spandauer Zitadelle ist Biologen ein wichtiges Studienobjekt, dienen ihre Kasematten doch Fledermäusen aus dem gesamten Havelland als Winterquartier. Die Anlage ist vor allem in baugeschichtlicher Hinsicht von herausragender Bedeutung. Neben der Zitadelle in Jülich am Rhein ist sie die einzige erhaltene Festungsanlage des 16. Jahrhunderts im mitteleuropäischen Raum.[21] Hier konnte auf besonders extremem Terrain der Umgang mit dem schwierigen Berliner Untergrund erprobt werden. Möglicherweise ist es kein Zufall, daß der italienische Festungsbaumeister Chiaramella de Gandino seine Erfahrungen ausgerechnet in Venedig gesammelt hatte.

Parochialstraße im Jahre 1831 mit Rinnsteinen und schlechter Straßenpflasterung

Wasserspeicher und Filtergewölbe

Als man Mitte des 19. Jahrhunderts damit begann, eine zentrale Trinkwasserversorgung für die Stadt zu schaffen, ging es erstmals großflächig in den Untergrund. Bis dahin bedienten sich die Berliner aus 900 öffentlichen und einigen Tausend privaten Ziehbrunnen und Handpumpen.[22] Da England in der Wasserversorgung zu dieser Zeit bereits über einige Erfahrung verfügte, schloß die Preußische Staatsregierung 1852 einen Vertrag über 25 Jahre mit der Firma Fox & Crampton,[23] der vorsah, die Gebäude der Stadt gegen Bezahlung mit fließendem Trinkwasser zu versorgen und auch die Rinnsteine zu spülen sowie Löschwasser bereitzustellen. Zusätzlich mußte vom erwirtschafteten Gewinn ein Fonds angelegt werden, der den Bau und Unterhalt eines »Kloakensystems« ermöglichen sollte. 1856 wurde von der Berlin Waterworks Company das erste

Steigrohrturm und offenes Wasserbassin auf dem Windmühlenberg, heute Prenzlauer Berg (1856)

Wasserwerk bei Stralau in Betrieb genommen, das mit einem auf dem Windmühlenberg in Prenzlauer Berg gelegenen offenen Reinwasserbehälter und einem Steigrohrturm durch eine große unterirdische Leitung verbunden war.

Die gesetzten Erwartungen in die Rinnsteinspülung erfüllten sich jedoch nicht. Die nun bequeme Entnahme sowie die Einführung des »Water-Closets« ließen den Wasserverbrauch sprunghaft ansteigen, so daß die Rinnsteine die stinkenden Abwassermengen nicht mehr bewältigen konnten. Die Verschmutzung der Straßen nahm in beängstigendem Maße zu, die Berliner Wasserläufe wurden regelrecht verseucht, was wiederum die Wasserentnahme beeinträchtigte. Zudem weigerte sich die englische Gesellschaft, neue Stadtgebiete an die Wasserversorgung anzuschließen, da sie den erzielten Gewinn nicht geschmälert sehen wollte, solange die Stadt Berlin nicht bereit war, den Konzessionsvertrag zu verlängern. Schließlich übernahm die Stadt Berlin 1873 für 25,5 Millionen Goldmark die Gesellschaft.

Wegen der großen Anzahl von Industriebetrieben an der Oberspree und der damit verbundenen zusätzlichen Gewässerverschmutzung mußte 1893 das Stralauer Werk aufgegeben werden. Am Tegeler See und bei Friedrichshagen am Müggelsee waren inzwischen neue Wasserwerke entstanden, die zugleich große unterirdische Anlagen erhielten. Auf der Hochfläche an der Landsberger Allee und auf dem Spandauer Berg wurden Zwischenwerke mit unterirdischen Reinwasserbehältern errichtet, die über kilometerlange Druckrohrleitungen mit den Wasserwerken verbunden waren. Das zu diesen Standorten hochgepumpte Trinkwasser konnte nun je nach Bedarf in das städtische Leitungsnetz eingespeist werden.

Für die »Hochstadt«, ein neues Stadtgebiet im heutigen Bezirk Prenzlauer Berg, wurde 1877 auf dem Windmühlenberg anstelle des offenen Bassins ein unterirdischer Wasserspeicher von 3300 m^3 Fassungsvermögen errichtet. Schon vierzehn Jahre später mußten die Anlagen um ein weiteres Wasserreservoir von 7115 m^3 sowie einen neuen Wasserturm erweitert werden.

Das Wasser, das hier ankam, wurde nicht der Oberfläche von Seen und Flüssen entnommen, sondern stammte aus Tiefbrunnen, die an Seeufern gelegen waren, um so das natürliche Uferfiltrat zu nutzen – eine Methode, die bis heute angewandt wird. Trotzdem machten sich kurz nach Inbetriebnahme des Tegeler Wasserwerks braune Ausflockungen im Trinkwasser bemerkbar, die auf eine sich schnell vermehrende Algenart zurückgingen. Um dem zu begegnen, wurden gewaltige unterirdische Filtergewölbe erbaut. Die Bodenfläche der Gewölbe bedeckte man mit einer 1,20 m hohen Filterschicht aus feinem Sand, Kies und Feldsteinen, durch welche das Wasser hindurchsickerte, um nach diesem Prozeß algenfrei in große, ebenfalls unterirdisch gelegene Reinwasserbehälter geleitet zu werden.

Auf dem Gelände des Wasserwerkes am Müggelsee entstand in diesem Zusammenhang ab 1889 der vielleicht größte unterirdische Komplex Berlins. Hier wurden im Laufe der Jahre insgesamt 46 Filtergewölbe mit einer Raumfläche von je 2330 m^2 errichtet, um das unter der Oberfläche aus dem See gesaugte Wasser reinigen zu können. Das ergibt eine Gesamtfläche von etwa 108 000 m^2 und entspricht gut der doppelten Größe des Platzes der Republik vor dem Reichstag. Die Filteranlagen wurden mit Kreuzgewölben überbaut und gegen Frosteinwirkung mit Erde überdeckt. Während der größere Teil der Gewölbe unter dem Niveau der Umgebung liegt, ragen die Decken mit ihren Abdeckungen zum Teil aus dem gewachsenen Boden als künstliche Hügel heraus.

In ihrer ersten Ausbaustufe wurden die Friedrichshagener Anlagen 1891–93 in Betrieb genommen und förderten im Juli 1894 fast 2,4 Millionen m^3 Trinkwasser in das Berliner Leitungsnetz. Die unter dem Straßenpflaster verlegten Hauptverteilerrohre hatten bereits zu diesem Zeitpunkt eine Gesamtlänge von rund 780 km. Gegenwärtig liegen unter den Berliner Straßen rund 7700 km Trinkwasserleitungen, davon 1500 km Hauptleitungen mit einem Rohrdurchmesser von bis zu 1,40 m. Täglich fließen durch sie durchschnittlich 700 000 m^3 Trinkwasser, gefördert aus über 1200 Tiefbrunnen der zwölf Wasserwerke.[24]

Einige historische Wasserwerke können gelegentlich besichtigt werden. In der Belforter Straße am Prenzlauer Berg blieben weite Teile der ursprünglichen Anlagen erhalten. Nachdem die Berliner Wasserwerke den Standort 1914 aufgegeben hatten, wurden in die beiden unterirdischen Wasserspeicher Durchgänge gebrochen. Die Behälter dienten fortan als unterirdische Lagerräume. Einzelne Keller mißbrauchte die SA 1933 als »wildes« Konzentrationslager.[25] In den Kriegsjahren 1940–45 wurde im kleinen Wasserspeicher ein Luftschutzraum eingerichtet, ab 1950 nutzte ihn die Straßenreinigung. Des großen Speichers bediente sich bis zur Wiedervereinigung der VEB »Fischhandel«, woran sich die Anwohner wegen des manchmal unerträglichen Gestanks noch gut erinnern können. Die Anlagen stehen seit 1990 unter Denkmalschutz und werden, als eines der wenigen positiven Beispiele im Umgang mit dem Berliner Untergrund, heute für kulturelle Zwecke genutzt.

Auch die unterirdischen Filtergewölbe des Wasserwerks Friedrichshagen benötigt man nicht mehr, seitdem in Berlin nur noch Brunnenwasser gefördert wird. Sie sind 1993, ebenfalls als herausragendes Zeugnis der Technik- und Architekturgeschichte Berlins, unter Denkmalschutz gestellt worden und können inzwischen besichtigt werden.

Brauereikeller und Weinschänken

In Berlin existierte über mehrere Jahrhunderte ein ansehnlicher Weinanbau, zu dem auch entsprechende Weinkeller gehörten. Eine polizeiliche Anordnung aus dem Jahre 1580 regelte den privilegierten Verzehr. Das Volk war vom Weingenuß ausgeschlossen.[26] Im 16. Jahrhundert verfügte die Stadt immerhin über 55 Weinberge und 7 Weingärten. Erst der strenge Winter von 1740 vernichtete sämtliche Weinstöcke. Straßennamen wie »Weinmeisterhornweg« in Spandau oder »Weinbergsweg« in Mitte erinnern heute noch an die Berliner Winzerzeit.

Dort, im »Walhalla-Tunnel«, einem großen ehemaligen Weinkeller unterhalb des gleichnamigen Theaters, hat »Carow's Lachbühne«, ein wohlbekanntes Etablissement in den zwanziger und dreißiger Jahren, sein Domizil gefunden, verräuchert war es, aber jeden Abend dicht besetzt. In ähnlichen Gewölben, vier Meter unter der Oberfläche, lag nahe dem Alexanderplatz das Restaurant »Alt-Heidelberg«, in dem manchmal eine etwas zwielichtige Kundschaft verkehrte.[27]

Bier wird in Berlin bereits seit dem 14. Jahrhundert gebraut. Der erste schriftliche Beleg dafür findet sich in einer Urkunde aus dem Jahre 1319, derzufolge es den Bürgern Berlins gestattet war, für den eigenen Gebrauch Bier zu produzieren, nicht aber für den Verkauf. Das war nur lizensierten, abgabepflichtigen Wirten vorbehalten. Kurfürsten und Könige förderten das Bierbrauen, stellte es doch eine willkommene Steuereinnahmequelle dar. Um die einheimischen Brauer zu schützen, erhoben sie Schutzzölle auf die Einfuhr fremder Biere. Friedrich II. sah im Bier das Getränk, »das für unser Klima paßt«[28], war er doch selbst mit Biersuppe groß geworden.

Der unaufhaltsame Aufstieg industrieller Brauereien begann in der zweiten Hälfte des 19. Jahrhunderts. Damit verbunden war die Erschließung des Untergrundes für ausgedehnte Kühl- und Lagerkeller.

1838 hatte der Bayer Georg Leonhard Hopf eine Brauerei auf dem Tempelhofer Berg errichtet, wo er das erste Bockbier Berlins produzierte und untergäriges Bier, auch Lagerbier genannt, braute, das schnell in Berlin beliebt wurde. Ihm folgte der Apotheker August Prell, der 1842 in der Neuen Jakobstraße den Vorläufer der späteren Schultheiss-AG gründete. Noch im selben Jahr erwarb er einen Lagerkeller in der damals noch vor den Toren Berlins gelegenen Schönhauser Allee, denn in der Innenstadt lag der Grundwasserspiegel für Brauereikeller zu hoch. Tiefliegende trockene Keller waren aber notwendig, wollte man das in Mode gekommene untergärige Bier produzieren.[29] Bis dahin wurde in Berlin vorwiegend obergäriges Bier getrunken, also Weiß-, Bitter-, Braun- und Weizenbier.[30]

In der Folgezeit verlegte auch Conrad Bachmann seine Brauerei, später unter dem Namen »Spandauerberg« bekannt, an den heutigen Spandauer Damm, weil er dort ausgedehnte Keller errichten konnte. 1855 gründete Georg Patzenhofer, ein junger Braumeister aus München, eine Brauerei in der Neuen Königstraße in Mitte, wo er erstmalig die Berliner mit Dunkelbier beglückte. Wenige Jahre später zog es ihn mit seiner Firma auf die Friedrichshöhe im Friedrichshain. 1867 gab es 50 Brauereien,[31] die alle große Kellergewölbe benötigten, denn für die Herstellung untergärigen Bieres sind bestimmte Produktionsbedingungen einzuhalten. Damit der Gärungsprozeß einen angemessenen Verlauf nimmt, muß es kühl sein, bei genau regulierbaren, gleichmäßigen Temperaturen von 0–2 °C, die Luft trokken und rein. Kühlaggregate waren zu dieser Zeit noch nicht bekannt. Daher errichteten die Brauer Kelleranlagen mit meterdicken Wänden und massiven Gewölbedecken, in denen sich Luken befanden, um die frostkalte Winterluft mehrere Wochen lang eindringen zu lassen, so daß nicht nur die Lagerfässer gründlich kalt wurden. Auch das Mauerwerk mußte ausfrieren, damit es sich später bereifte. Stiegen die Temperaturen allmählich wieder an, wurde Eis eingebracht.[32] An ein Brauen im Sommer war nicht zu denken.

Bis in die achtziger Jahre hinein hatten die Brauereien immer wieder unter zu warmen Kellern zu leiden. Eine wesentliche Verbesserung brachte erst eine von Karl von Linde erfundene Maschine, die künstliche Kälte erzeugte. 1883 wurde sie in Berlin zuerst im Böhmischen Brauhaus an der Landsberger Allee eingeführt.[33] Ganze Straßenzüge, bis dahin als Lagerkeller benötigt, konnten nun mit neuen Wohnhäusern bebaut werden, auch wurde die Errichtung oberirdischer Lagerhäuser in mehreren Etagen, so bei der »Actienbrauerei AG« an der Stromstraße, möglich.[34] Künftige Lagerkeller brauchten nicht mehr so umfangreich zu sein, da nun ständig gebraut werden konnte, sich die Lagerzeiten verkürzten und die nicht mehr benötigten Eiskeller zusätzlich als Lagerflächen zur Verfügung standen. Die Dimensionen blieben dennoch gewaltig. »Nichts imponiert mehr als die lange Reihe riesiger Gärbottiche in den Gärkellern von Schultheiss und Patzenhofer«, heißt es in einem Bericht aus dem Jahre 1921. »Eine ständige Gärungskontrolle wacht darüber, daß nicht fremde Gärungserreger sich einschleichen, nur durch peinliche Sauberkeit und rassenreine Hefe kann eine einwandfreie Gärung erreicht werden. Glasierte Steinwände und mit weißer Emaillefarbe gestrichene Decken versuchen in diesen Gärkellern der Entstehung und Weiterbildung der gefürchteten Krankheitserreger Herr zu werden, während zahlreiche Ventilatoren für die ständige Zufuhr gereinigter und gekühlter Luft in den Stätten sorgten, in welchen die Hefe ihre Aufgabe vollbringt, bis die mit Hefe so angestellte Würze als Bier zur Erlangung der Konsumreife in Lagerkellern untergebracht wird. Diese Lagerkeller bargen allein beim Schultheiss-Unternehmen in 4000 Fässern zirka 320000 Hektoliter fertiges Bier und verfügen bei beiden Betrieben noch über besonders zeitgemäße Behälter in Form von innen mit Glasemaille überzogenen Stahltanks.«[35]

Lagerkeller der Schultheiss-Brauerei am Kreuzberg (1955)

Die Brauereien wurden auf diese Weise zu Pionieren des Untergrundes und förderten zudem die Ausdehnung Berlins, denn ihr Drang nach immer größeren und tieferen Kellern hatte sie über die alten Stadtgrenzen hinausgetrieben. 1883 war die Stadt im wahrsten Sinne des Wortes von Großbrauereien umzingelt. Es gab sie in Moabit (Actienbrauerei), auf dem Prenzlauer Berg (Brauerei Pfefferberg, Bötzow-Brauerei, Schultheiss-AG), im Friedrichshain (Patzenhofer, Aktienbrauerei Friedrichshain, Böhmisches Brauhaus), am Kreuzberg (Union-Brauerei, Happoldt, Rixdorf-AG) sowie in Spandau (Spandauerberg, Leusche), um nur die wichtigsten Fabrikationen anzuführen. Von hier aus wurden nicht nur die durstigen Kehlen Berlins versorgt, sondern das Gebräu wurde auch ins Ruhrgebiet, nach Sachsen und Schlesien geliefert.[36] Einige Brauereien verfügten über monumentale, burgähnliche Bauten mit angeschlossenen Biergärten, die sich rasch zu Anziehungspunkten für den sonntäglichen Ausflugsverkehr entwickelten.

Neben der volkstümlichen Berliner Bierkultur gab es weiterhin traditionelle Weinlokale, deren Kellergewölbe als exotische Treffpunkte galten. Zu den bekanntesten zählten der »Klosterkeller« und der »Kaiserkeller« in der Friedrichstraße sowie die nur ein paar Schritte entfernt gelegenen historischen Kellereien von Lutter & Wegner.

1890 schlossen sich die größeren Brauereien zu einem Kartell zusammen, dem »Verein der Brauereien Berlins und Umgebung«, kurz: »Brauereiring« oder auch nur »Ring« genannt.[37] Er markierte den Beginn einer Konzentrationsbewegung, die dazu führte, daß vor allem während des Ersten Weltkrieges die »Großen« der Branche die »Kleinen« schluckten. Aus der vielfältigen Berliner Brauereilandschaft wurde ein von drei, vier Konzernen beherrschter Industriezweig. Mit dem 1920 erfolgten Zusammenschluß von Schultheiss und Patzenhofer entstand in Berlin zeitweilig sogar die größte Brauerei der Welt.

Als eigene Stadtviertel für sich sind die heute teilweise unter Denkmalschutz stehenden Braueanlagen Zeugnisse Berliner Industriekultur. So zum Beispiel die ehemalige Brauerei Pfefferberg in der Schönhauser Allee 176. Gegründet wurde sie im Jahr 1841 durch den bayerischen Braumeister Pfeffer. Nach Angliederung an die Schultheiss-Brauerei im Jahr 1919 wurde sie in eine

Lagerkeller der Schultheiss-Brauerei, Schönhauser Allee/Sredzkistraße (1995)

Schokoladenfabrik umgewandelt. Geblieben sind aber die großen Kelleranlagen, die Besucher heute noch in Erstaunen versetzen können: »Die Luft ist kühl, es riecht modrig, man tritt in Pfützen. Der kleine, dunkle Lichtkegel der Taschenlampe streift über verrostete Fässer, Autoreifen, feuchte Kellerwände, verliert sich in Gängen und in den Höhlen der Tonnengewölbe. Hier, zehn Meter unter dem Kopfsteinpflaster des Gewerbehofes auf dem Pfefferberg, bleibt die Temperatur immer gleich. [...] Ein Stockwerk tiefer liegen die Räume wie unterirdische Kirchenschiffe nebeneinander. Der längste davon ist so tief, daß das

Licht der Taschenlampe sein Ende nicht erreicht. Von der Decke tropft Wasser.«[38]

Nur wenige Häuserblöcke weiter nördlich, an der Sredzkistraße, sieht es ähnlich aus. Hier befand sich der Standort I der Schultheiss-Brauerei, die heutige »Kulturbrauerei«. In den fünfziger Jahren mußte an dieser Stelle wegen verschmutzten Grundwassers das Bierbrauen aufgegeben werden. Zur Altmetallgewinnung begann man kurz darauf, die stillgelegten Kesselanlagen in zwölf Meter Tiefe auseinanderzuschneiden. Die Arbeiten erwiesen sich jedoch als so umständlich, daß sie mittendrin abgebrochen wurden. Das Übriggebliebene bildet heute ein einzigartiges, wenn auch skurriles Industriemuseum, Filmemacher können von einer solchen Kulisse nur träumen.

Vom Rinnstein zur Kanalisation

Was oben reinkommt, muß auch irgendwann unten wieder raus. Das gilt für die Nahrungsaufnahme beim menschlichen Organismus ebenso wie für den innerstädtischen Wasserkreislauf. Je mehr also über die neuen Wasserwerke in die Stadt hineinkam, desto mehr mußte auch entsorgt werden.

Bis vor 150 Jahren löste man dieses Problem auf höchst primitive Weise.[39] Alle Abwässer flossen ungeklärt in die Berliner Seen und Flüsse. Dorthin gelangten sie über offene, stinkende Kanäle. »Das Hauptübel waren die etwa 0,5 m breiten, mit faulendem Unrat angefüllten Rinnsteine, die sich als offene, schlecht ausgepflasterte Gräben zwischen Fahrdamm und Bürgersteig hinzogen. Sie besaßen Tiefen bis zu 0,60 m. Vor jeder Haustür waren sie durch zwei auf Eisenstangen ruhende Bohlen überbrückt, durch die der Verkehr zwischen dem Fahrdamme und dem Bürgersteige vermittelt wurde.«[40]

Das aus den Küchen anfallende Spül- und Badewasser reichte in der Regel nicht zum Freispülen der Rinnsteine aus. Hinzu kam das meist zu geringe Gefälle der Straßen sowie die mit der steten Zunahme der Bevölkerung Berlins vermehrt anfallenden Abwässer. Daher verstopften die Rinnsteine immer öfter, wodurch sich übelriechende Seen auf den Straßen bildeten. Sanitäre Anlagen fanden sich meist in einer Art Gemeinschaftstoilette als Plumpsklosett mit darunterliegender Sammelgrube auf den Hinterhöfen. Diese mußten von Zeit zu Zeit entleert werden, ein Geschäft, das die berüchtigten »Eimer-Weiber« nächtlicherweise besorgten[41] und das dabei in der Regel einen derartigen Gestank verbreitete, daß die Bewohner des betroffenen Hauses oft vorübergehend zum Auszug gezwungen waren.

Diese Zustände waren einer repräsentativen Großstadt unwürdig und stellten zugleich eine erhebliche Seuchengefahr dar. Cholera und Typhus, die klassischen Armutskrankheiten, verbreiteten sich im 19. Jahrhundert rasch und erfaßten bald weite Teile der Bevölkerung.

Daraufhin schlossen sich Ärzte, Ingenieure und hohe Verwaltungsbeamte in der Stadtplanung zusammen, um die Anlage geschlossener, unterirdischer Kanalisationssysteme durchzusetzen.[42] Man hatte den Menschen als Standortfaktor entdeckt.[43] Wenn es dem einzelnen gut ging, so profitierte davon nicht nur der Betroffene, sondern auch sein Arbeitgeber. Ging es ihm schlecht, verursachte das Kosten, und sei es nur wegen des Arbeitsausfalls.

Nach einer Studienreise durch England und Frankreich kam Berlins Stadtbaurat Friedrich Wiebe 1860 zu der Überzeugung, daß eine Kanalisation nach britischem Vorbild, aber den lokalen Verhältnissen angepaßt, für Berlin eine absolute Notwendigkeit sei. Dabei wurde er grundsätzlich von Rudolf Virchow, dem berühmten Virologen, unterstützt, der dann aber doch

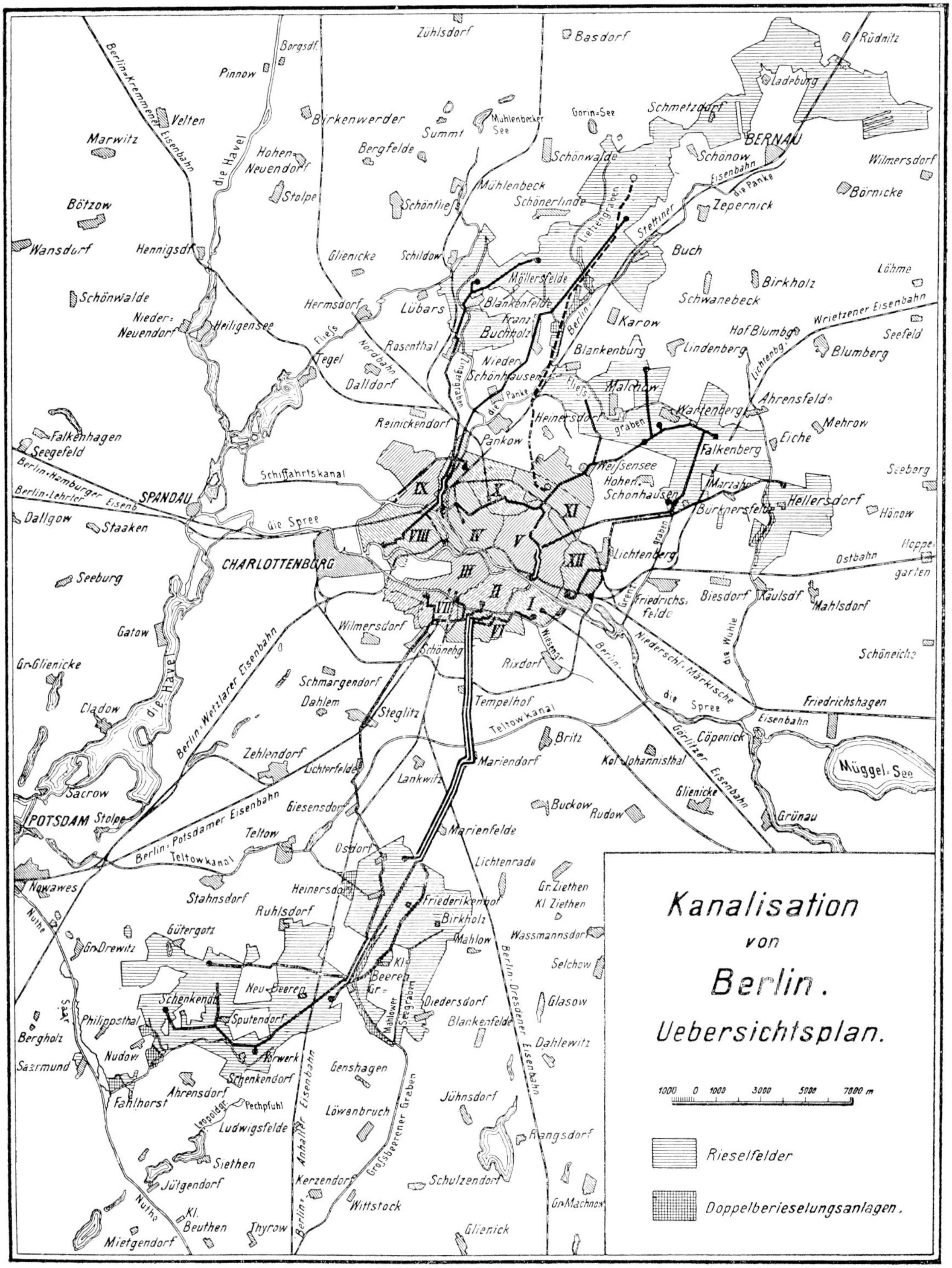

Das Berliner Abwassersystem im Jahre 1906

Reinigungsarbeiten im Hauptsammelkanal

James Hobrecht mit seinen Kanalisationsplänen den Weg ebnete.[44] Hobrechts Vorstellungen eines radialen Kanalisationssystems konnten sich aus mehreren Gründen gegen andere Projekte, darunter auch das von Wiebe, durchsetzen. Erstens hatte er eine meinungsbildende Lobby hinter sich, die mit ihren sozialpolitischen Forderungen dieses Projekt stark befürwortete. Zweitens konnte auf diesem Wege die Verschmutzung des Spreewassers verhindert werden, aus dem ja nach wie vor noch Trinkwasser bezogen wurde. Drittens konnte er Vorurteile widerlegen, wonach die Schaffung von Rieselfeldern am Stadtrand zu einer gefährlichen Verseuchung des Ackerlandes führen würde.[45] Die Filterkapazitäten des Erdbodens erwiesen sich stabiler als angenommen. Viertens bekam die Stadt das modernste Kanalisationssystem der damaligen Zeit, das international als vorbildlich angesehen und zudem exportfähig war.[46] Fünftens schließlich hielt sich Berlin mit dem Ankauf notwendiger Rieselfelder die Option offen, später in die Region hineinzuwachsen. (In der Tat sind weite Teile des heutigen nordöstlichen Stadtgebietes auf diese Landerwerbungen in den letzten dreißig Jahren des vorigen Jahrhunderts zurückzuführen.)

Gemäß den Hobrechtschen Vorstellungen wurde die Stadt in zwölf Radialsysteme aufgeteilt, zu denen jeweils eigene Rieselfelder gehörten. In diese voneinander unabhängigen Einzelbezirke – mit römischen Ziffern numeriert – sind wesentliche Teile Charlottenburgs und Schönebergs von Anfang an einbezogen worden.[47] Im Gegensatz zu den Planungen Wiebes, der die Abwässer nördlich von Charlottenburg direkt in die Spree leiten wollte, sah Hobrecht den Transport des Schmutzwassers, seien es die Hausabwässer oder Regenwasser, in zentrale Pumpstationen vor, »um von hier aus [...] durch Maschinenkraft zur landwirtschaftlichen Verwertung und vollständiger Klärung durch Berieselung zu gelangen«.[48]

Am 1. Januar 1876 ging als erstes das Radialsystem III mit dem Pumpwerk in der Schöneberger Straße und dem Rieselfeld Osdorf in Betrieb, genau zwei Jahre später war das erste Radialsystem vollständig kanalisiert.[49] Unter der Leitung Hobrechts sind zwischen 1876 und 1886 fast alle Radialsysteme fertiggestellt worden, nur für die Nr. XI, im Nordosten der Stadt, brauchte man etwas länger. Erst 1907 war die Bebauung in diesem Bezirk so weit fortgeschritten, daß sich der Einbau eines Entwässerungswerkes lohnte. Das Kanalisationsnetz wuchs bis zur Jahrhundertwende von 30 km auf knapp 890 km an, die 1000-km-Marke wurde 1906 überschritten. Bei der Bildung von Groß-Berlin im Jahre 1920 erhöhte sich sozusagen über Nacht die Länge des Kanalisationsnetzes von knapp 2980 km auf 4150 km. Damit einher ging der Zuwachs an

Beseitigung des alten Sammelkanals in der Hauptstraße für den Bau der Schöneberger U-Bahn (1908)

Zitadelle Spandau: Bastion Königin

Hohlgang, Fort Hahneberg △

◁ Verbindungsleiter zwischen oberer und unterer Verteidigungsgalerie, Zitadelle Spandau

Graben-Kaponniere, Fort Hahneberg

Historischer Weinkeller an der Großen Hamburger Straße, heute »Mittelalterliche Schänke Excalibur«

Zentraler Raum im ehemaligen kleinen Wasserspeicher, Prenzlauer Berg

Großer Wasserspeicher, Prenzlauer Berg

Alte Filtergewölbe, Wasserwerk Friedrichshagen △ ▽

Baumwurzel im einstigen Filtergewölbe, Wasserwerk Friedrichshagen ▷

Überreste eines Lagertanks der ehemaligen Patzenhofer Brauerei, Friedrichshain

Unterbau der Sudkessel bei Patzenhofer, Friedrichshain

Bau des Regenwasserüberlaufkanals unter der Wichmannstraße/Lützowplatz

Rieselfeldern: Waren es 1876 lediglich 52 ha, so betrug die Gesamtfläche der berieselten Felder 1926 bereits 10 700 ha,[50] was etwa einem Achtel der Berliner Stadtfläche entsprach.

Dies war auch dringend notwendig, denn die rasch wachsende Stadt hatte einen erheblichen Ausstoß. Ein einzelner Mensch produziert zwar relativ wenig an biologischen Abfällen, etwa 100 bis 500 Gramm Kot und 1 bis 1,5 Liter Urin pro Tag,[51] aber bei einer Zusammenballung Hunderttausender von Menschen wird das schnell zu einem Problem. Bei allen Berlinern kommt man, einen Durchschnittswert von 350 Gramm vorausgesetzt, jeden Tag ungefähr auf 1300 Tonnen Kot. Umgerechnet auf das ganze Jahr, macht das 474 500 Tonnen. (Zum Vergleich: Der Eiffelturm in Paris wiegt 9700 Tonnen). Heute beträgt die Reinigungsleistung aller sieben Berliner Klärwerke 736 000 m³ am Tag. (Zum Vergleich: In 54 Tagen wäre damit der Müggelsee oder in 274 Tagen die Edertalsperre südwestlich von Kassel zu füllen.[52])

Inzwischen ist die Entwässerungskanalisation auf 8500 km angewachsen, davon 3600 km Schmutzwasser-, 3000 km Regenwasser- und 1900 km Mischwasserkanäle. Für starke Wolken-

Mündung des Regenwasserüberlaufkanals unterhalb der Tiergartenschleuse

brüche gibt es zusätzliche Notauslaßkanäle, über die nicht zu bewältigende Abwassermengen verdünnt direkt in die Spree eingeleitet werden. Vor den Einmündungen hat man nachträglich große unterirdische Regenwasser-Rückhaltebecken eingebaut, so daß ein Überlaufen der Kanalisation in die Berliner Gewässer kaum noch zu befürchten ist. Eines der größten von ihnen, an der Naumannstraße in Schöneberg gelegen, faßt 6500 m^3 und wurde 1976 in Betrieb genommen.[53] Dort können sich auch Schmutzstoffe absetzen, bevor sie abgepumpt und zum nächsten Klärwerk geleitet werden. Noch immer aber weist das Berliner Stadtgebiet Flecken auf, die noch zu kanalisieren sind, vorwiegend Kleingartensiedlungen an der Peripherie, in Spandau, Gatow, Köpenick, Weißensee, Pankow und Treptow.[54] Das Werk Hobrechts wartet also noch auf seine Vollendung.

Als wir das erste Mal in die Kanalisation einstiegen, erwarteten wir penetranten Gestank und Tausende von Ratten, die sich beim Scheinwerferlicht in die schmalen Seitenkanäle zurückziehen. Aber nichts dergleichen. Zwar riecht es hier unten leicht modrig, aber von Ratten keine Spur. Wie wir erfahren, nutzen sie die Kanalisation lediglich dazu, sich von einem Hauskeller in den nächsten zu bewegen. Durch beschädigte Abwasserrohre gelingt ihnen das mühelos. Ein ständiger Aufenthalt hier unten wäre für sie höchst lebensgefährlich. Bei starken Regenfällen schwillt der Wasserpegel derart schnell an, daß er innerhalb weniger Minuten bis an die Decke reicht.

Ein Grund auch, warum Kanalarbeiter ständig bestens über die aktuelle Wetterlage informiert sein müssen. Der plötzliche Regenguß in einem anderen Stadtteil kann für sie zur existentiellen Bedrohung werden, wenn sie sich zu weit entfernt von einem Ausstieg aufhalten.

Beim Gang durch die Kanalgewölbe nehmen wir mit Erstaunen wahr, was so alles durch die Abflüsse der Wohnungen gespült wird. Das reicht von Zigarettenkippen, Ohrenstäbchen und Binden bis hin zu Gardinenresten und Holzspänen.

Einstiegsschacht in die Kanalisation, von der Kanalsohle aus gesehen

Dies sei noch harmlos, erklärt uns ein fachkundiger Begleiter der Berliner Wasserbetriebe. Vor zehn bis zwanzig Jahren hätten sich hier noch ganz andere Sachen abgespielt. Damals war es bei Katzenbesitzern üblich, sich des nach Herstellerangaben angeblich wasserlöslichen Katzenstreus durch Betätigung der Klospülung zu entledigen. Zahlreiche Verstopfungen im Kanalsystem waren die Folge. Heute weiß man es besser, doch die Wasserwerke warnen immer wieder davor, die Toilette als Müllkippe zu mißbrauchen.

Während eines Rundganges unter den Straßen Schönebergs stoßen wir bei anderer Gelegenheit auf eine zerbrochene Mauer mitten im Kanalbett. Zur Wasserregulierung hatte man hier einst eine 50 cm hohe und 40 cm starke Sockelwand eingezogen, die aber den Auswirkungen heftiger Wolkenbrüche nicht gewachsen war. Die Wassermassen drückten das Mauerwerk kurzerhand beiseite. Die gewaltige Kraft der Fluten ist es auch, die der Architektur dieser unterirdischen Stadt ihren Stempel aufgedrückt hat: Hier gibt es keine Ecken und Kanten, alles hat, in vollendeter Klinkerbauweise, abgerundete Formen erhalten.

Rohrpost – die kleine U-Bahn Berlins

Die Rohrpost, gewissermaßen ein Vorläufer der »großen« Untergrundbahn, stellt ein weitgehend vergessenes Kapitel in der Kommunikations- und Verkehrsgeschichte Berlins dar und wird zumeist nur unter rein technischen Aspekten betrachtet.[55] Dabei war die Rohrpost weit mehr als eine bloße technische Errungenschaft. Sie gehörte zum Alltag vieler Berliner und wurde millionenfach als wichtige Informationsübermittlung in der Großstadt genutzt. Zugleich stellt sie einen wesentlichen Beitrag der Post zur Erschließung des Untergrundes dar.

Die »Pneumatische Depeschenbeförderung«,

In einem Rohrpostamt in Berlin (1884)

wie sie ursprünglich hieß, wurde 1865 eingeführt. Sie war nach London, Paris und Wien die vierte Rohrpostanlage der Welt überhaupt und wohl die bedeutendste in Mitteleuropa. Die »Kgl. Telegraphendirektion« hatte die Firma Siemens & Halske mit dem Bau der 1,7 km langen Anlage zwischen Haupttelegraphenamt in der Oranienburger Straße und der Börse am Hackeschen Markt betraut. Winzige Depeschenwagen mit kleinen Laufrädern legten diese Strecke unterirdisch in knapp 1½ Minuten zurück. Drei Jahre später kam eine zweite Linie von der Zentralen Telegraphenstation an der Oberwallstraße zum Potsdamer Platz hinzu. Beide Strecken dienten zunächst ausschließlich dem behördeninternen Transport von Telegrammen und durften nicht öffentlich genutzt werden.

Der eigentliche Ausbau des Rohrpostnetzes begann dann ab 1874, nachdem man die Erfahrungen anderer Großstädte gründlich ausgewertet und sich für runde Büchsen als Beförderungsbehälter entschieden hatte. Zwei Jahre später, am 1. Dezember 1876, konnte in Berlin der öffentliche Rohrpostverkehr aufgenommen werden.

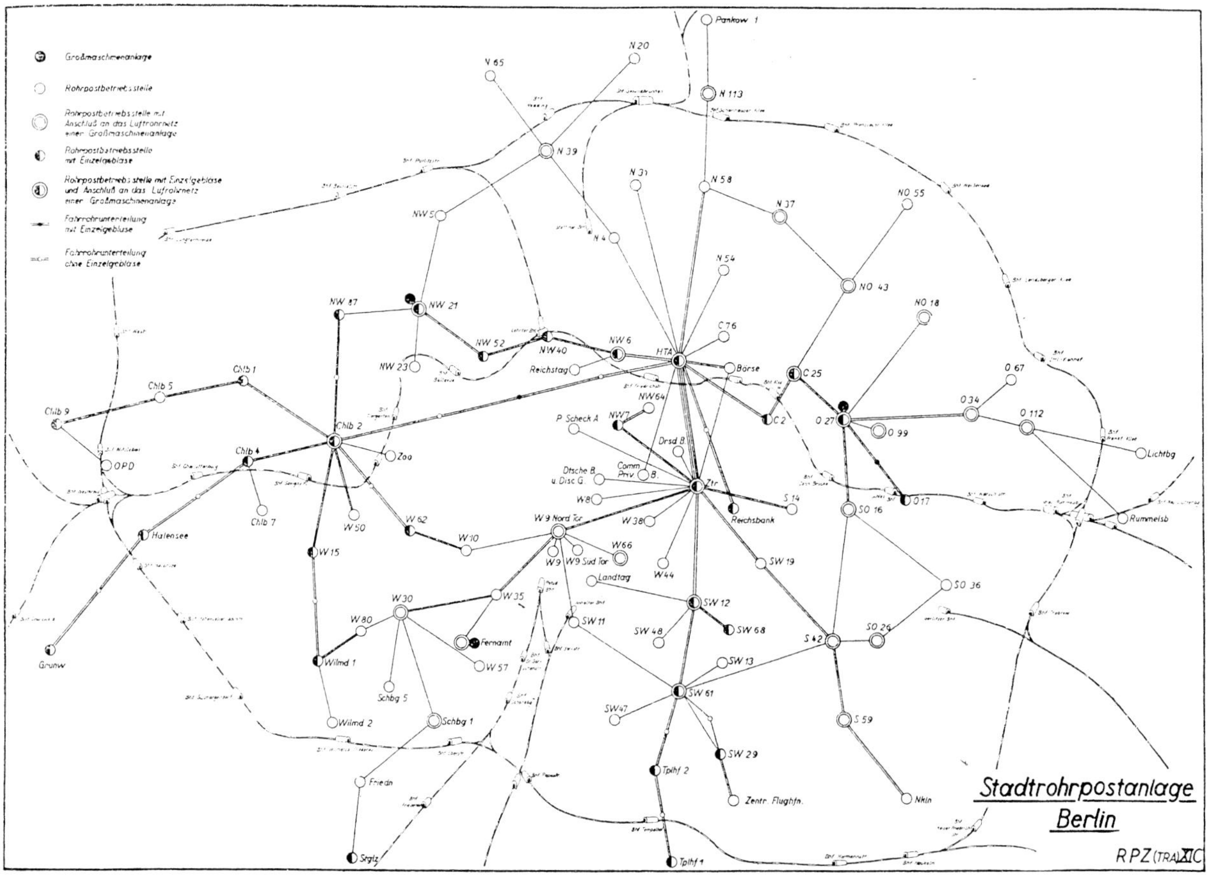

Ausdehnung des Rohrpostnetzes zu Beginn der 30er Jahre

Die Anlagen waren diesmal von den Ingenieuren Felbinger (Wien) und Crespin (Paris) gebaut worden. Siemens & Halske hatte beim Kampf um die Bewerbung das Nachsehen.[56] Es entstanden eigene Rohrpostämter, die in der Regel an die bestehenden Post- und Telegraphenämter angegliedert wurden. Von hier aus konnten Postkarten, Briefe und Telegramme verschickt werden. Verbunden waren die Ämter mit einem unterirdischen Rohrnetz aus schmiedeeisernen Röhren von 6,5 cm Durchmesser, die in der Regel 1,25 m unter dem Straßenpflaster verlegt waren. Die zylinderförmigen Büchsen von 15 cm Länge bestanden aus verzinktem Eisenblech oder aus Aluminium und waren mit einer Sohllederhülle versehen. Diese Büchsen konnten nun einzeln oder auch zu einem Zuge vereinigt befördert werden. Dazu diente verdichtete oder verdünnte Luft, die in sechs über die Stadt verteilten Maschinenstationen erzeugt wurde.[57]

Gerade in den ersten zwanzig Jahren ihres Bestehens erlebte die Rohrpost einen enormen Aufschwung. Die Zahl der Rohrpostämter stieg von 15 im Jahre 1876 auf 74 im Jahre 1908 an, auf ihrem Höhepunkt waren es 1944 schließlich 99. Die Netzlänge vergrößerte sich von anfänglichen 21 km auf 126,5 km (1908) und erreichte 1944 knapp 245 km.[58] Die Anzahl den Rohrpostsendungen stieg von 1,3 Millionen (1876) auf 12,4 Millionen (1913) und schließlich 26,1 Millionen

Sendungen während der Weimarer Republik, als der eigentliche Höhepunkt erreicht wurde.[59] Die Einführung und der stete Ausbau des Telefonnetzes (seit 1881) beeinträchtigten diese Entwicklung nicht. Die Nachfrage war enorm, die Schnelligkeit der Rohrpost unübertroffen. Der Spruch: »Sag's ihm schnell durchs Rohr, der Liebesbrief kommt sonst zu spät«,[60] brachte dieses Bedürfnis auf den Punkt.

Das weitverzweigte Netz bestand nunmehr aus 27 Linien, die nach einem geregelten Fahrplan in Abständen von 15 Minuten mit einer Geschwindigkeit von zehn Metern pro Sekunde von einem Rohrpostzug aus jeweils 20 Büchsen »befahren«

Kompressorstation für die Rohrpost im ehemaligen Haupttelegraphenamt, Oranienburger Straße (1995)

wurden.[61] Hauptzentrale und wichtigster »Umschlagbahnhof« der Rohrpost blieb das Haupttelegraphenamt in der Oranienburger Straße. Die zweite Schaltzentrale befand sich in Charlottenburg in der Goethestraße. In der Regel brauchte eine Sendung auch mit »Umsteigen« bis zum Zielamt weniger als eine Stunde, wo sie dann sofort ausgetragen wurde.

Gruften und Denkmale

Öffentliche Denkmale gibt es in Berlin seit Mitte des 17. Jahrhunderts. Sie wurden nicht nur oberirdisch errichtet, in zwei Fällen haben sie auch mit dem Untergrund zu tun. So entstand nach den napoleonischen Befreiungskriegen 1819 auf dem Kreuzberg nach Plänen Friedrich Schinkels ein neogotisches Sieges-Denkmal, das am 30. März 1821 von König Friedrich Wilhelm III. persönlich eingeweiht wurde.[62] Wegen seiner geringen Ausmaße wurde das Bauwerk damals jedoch heftig kritisiert, so daß man sich alsbald für eine Erhöhung der Anlage entschied, damit sie besser zur Geltung kam. Unter das Monument wurde ein fast acht Meter hohes kathedralenartiges Gewölbe gesetzt. Der kräftige Unterbau bildet ein Achteck mit einem unterirdischen Durchmesser von 42 m. »Für das sichtbare Mauerwerk wurden schlesischer Granit und Sandstein verwendet, für das innere Mauerwerk Ziegel mit Kalkmörtel.«[63]

Heute dient dieser Unterbau profanen Zwekken. Das Bezirksamt Kreuzberg hat hier alte Skulpturen gelagert. Dabei bieten sich für die eindrucksvollen Räume durchaus auch andere Nutzungen an, zumindest für die Sommermonate. Ein Café oder eine Bar böte den Besuchern eine ungewöhnlich romantische Atmosphäre. Bei Kerzenschein, sanfter Musik und gutem Wein käme die Wirkung des Raumes mit seinen vielen Pfeilern und Schattenspielen erst richtig zur Geltung.

»Münzfries« von Schadow, eingelagert in den Gewölben unter dem Kreuzberg-Denkmal (1996)

Dazu müßte der Unterbau jedoch umgebaut und mit zusätzlichen Eingängen versehen werden, wogegen es bei der Denkmalpflege Bedenken gibt. In der kalten Jahreszeit ist die Anlage allerdings von anderen Bewohnern belegt. Auch hier überwintern Fledermäuse.

Das zweite unterirdische Fundament eines Denkmals findet sich unter der »Schloßfreiheit«, jenem heute etwas kahlen Platz zwischen dem früheren Stadtschloß und dem Spreekanal, auf dem bis Ende des vorigen Jahrhunderts noch Häuser standen, darunter die traditionsreiche Buchhandlung Haude & Spener. Doch weil die Stadtplanung der damaligen Zeit »endlich die häßliche Wasserseite dieser Straße aus dem Mittelpunkte einer so großartigen Umgebung«[64] entfernen wollte, wurde der ganze Straßenzug durch eine Lotteriefinanzierung von der Stadt erworben und 1892 abgebrochen. Am 18. August 1895 war hier Grundsteinlegung für ein Nationaldenkmal zu Ehren Wilhelms I. Am 22. März 1897 enthüllte Kaiser Wilhelm II. feierlich das gewaltige Bronzedenkmal anläßlich des 100. Geburtstags seines Großvaters.[65] Der Entwurf stammte von Reinhold Begas, die architektonische Gestaltung erfolgte gemeinsam mit Gustav Hahnhuber. Die pompöse Ausstattung mit großen Löwenfiguren um den Sockel brachte dem Denkmal im Volksmund die Bezeichnung »Wilhelm in der Löwengrube«[66] ein. Eine andere Bezeichnung dafür lautete »Zoo von Wilhelm Zwo«. Nicht ganz zu Unrecht, denn auf dem Monument tummelten sich »32 Eidechsen, 21 Pferde, 18 Schlangen, je 16 Eulen, Fledermäuse und Krebse, 10 Tauben,

8 Schafe, 6 Mäuse, 4 Löwen, je zwei Adler, Raben und Stiere, ein Eichhörnchen, je ein Eisvogel, Karpfen und Frosch«[67].

Das gesamte Bauwerk mußte wegen des nicht tragfähigen Untergrundes auf einer ausgedehnten Pfahlgründung errichtet werden. Auf dieser ruhten, um der Anlage die gewünschte repräsentative Höhe zu verleihen, ausgedehnte Gewölbeanlagen. Der aus wasserwirtschaftlichen Gründen damals noch notwendige Mühlengraben mußte zudem aufwendig unter dem Monument hindurchgeführt werden. Mit dem Umbau der Mühlendammschleuse und der Zuschüttung des Mühlengrabens Anfang der dreißiger Jahre verlor dieser Ausgleichskanal dann aber seine Funktion.

Das Nationaldenkmal hat, im Gegensatz zu den umliegenden Gebäuden, den Zweiten Weltkrieg halbwegs gut überstanden und war beliebtes Fotomotiv für die Soldaten der Roten Armee. Den neuen Machthabern in Ost-Berlin waren diese Wilhelminischen Relikte aber ein Dorn im Auge. Aus der Denkmalsliste gestrichen, verschwanden die Aufbauten bereits 1949/1950, ein Jahr vor Abriß des Schlosses, trotz verhaltener Proteste.[68] Als erstes holte man das Reiterstandbild und sämtliche Bronzeplastiken vom Denkmalsockel, schon weil die SED zu ihrem Pfingsttreffen der Jugend den ehemaligen Schloßplatz, inzwischen in Marx-Engels-Platz umbenannt, als Aufmarschfläche benötigte. Die weitere Demontage ging mit dem Abbruch des Stadt-

Maurerarbeiten am Unterbau für das Nationaldenkmal Kaiser Wilhelms I. (1895)

Gewölbekonstruktion für das Reiterstandbild Kaiser Wilhelms I.

schlosses einher. Einzig die Löwengruppe blieb erhalten und wurde später im Tierpark Friedrichsfelde aufgestellt.

Die unterirdischen Gewölbekammern gerieten völlig in Vergessenheit. Sie gehören mit rund 1200 m^2 zu den größten und imposantesten Anlagen dieser Art in Berlin. Der Boden ist mit Sand bedeckt, der mit Fertigstellung der Fundamente in die Anlage eingebracht wurde, um das Niveau in den Gewölben über die damalige Hochwasserlinie zu heben. Eindringendes Sickerwasser hat mittlerweile alles in ein bizarr anmutendes Hügelrelief verwandelt. An den Gewölbedecken erwecken jahrzehntelang gewachsene Kalkablagerungen fast den Eindruck einer richtigen Tropfsteinhöhle. Stadtschloß und Nationaldenkmal gibt es nicht mehr. Um so reizvoller aber, daß mitten im Berliner Stadtzentrum im Untergrund Reste des einstigen Ensembles erhalten blieben, handelt es sich doch um ein Ingenieurbauwerk von herausragender Bedeutung.[69]

Nicht weit entfernt, findet sich ein weiteres unterirdisches Relikt: die Hohenzollerngruft unter dem Berliner Dom. Die heutige Domgruft hatte mehrere Vorläufer. Erstmals wurde unter Kurfürst Joachim II. 1536 eine Gruft unter der Dominikanerkirche auf dem Schloßplatz angelegt, die rasch zu eng wurde. Georg Wilhelm, der Vater des Großen Kurfürsten, mußte so in Königsberg beigesetzt werden. Sein Sohn ließ daraufhin neue Ka-

Teilzerlegte Biertanks, ehemals Standort der Schultheiss-Brauerei I, Prenzlauer Berg

»Spiegeleier«-Stalagmiten – Schultheiss I, Prenzlauer Berg

Absperrventil – Schultheiss I, Prenzlauer Berg

Pumpenanlagen – Schultheiss I, Prenzlauer Berg

Hauptsammelkanal der Kanalisation, Schöneberg

Sende- und
Empfangsapparate
der Rohrpost
im einstigen Haupt-
telegraphenamt,
Oranienburger Stra

Überwölbter Umflutkanal, Berlin Mitte △ ▽

◁◁ Tropfsteine in den Fundamentgewölben des einstigen Nationaldenkmals, Berlin-Mitte
◁ Stützgewölbe des Kreuzberg-Denkmals

takomben erbauen. Als unter Friedrich II. die alte Dominikanerkirche abgebrochen und 1750 durch einen Bau des Holländers Boumann auf dem Lustgarten ersetzt wurde, mußten die Särge mit umziehen. Später stellte sich heraus, daß dabei einige von ihnen vergessen wurden, darunter die der Kurfürsten Johann Cicero, Joachim I., Joachim II. und der Kurfürstin Elisabeth. Sie lagen verborgen in einem abgetrennten Teil der ursprünglichen »Markgrafengruft«. Historiker gehen davon aus, »daß die Gebeine noch heute unter dem Straßenpflaster des Marx-Engels-Platzes ruhen«[70], der inzwischen ja bekanntlich Schloßplatz heißt, auch wenn er kein Schloß mehr hat. Die Archäologen haben ihn mittlerweile in Beschlag

Tropfsteinbildungen unter dem Schloßplatz (1995)

genommen. Hoffentlich werden sie die Zeit haben, dieses Rätsel zu lösen.

Als 1893 der Schinkelsche durch den Wilhelminischen Dom ersetzt wurde, erhielt die neue Gruft, direkt unter der Predigtkirche gelegen, genügend Platz, um alle Sarkophage aufzunehmen. Sie ist mittlerweile auch wieder für die Öffentlichkeit zugänglich, obgleich nur ein kleiner Teil zu sehen ist. Vieles muß hier unten noch restauriert werden,[71] auch wenn oben schon alles fertig zu sein scheint.

Westliches Kontergewölbe des Nationaldenkmals Kaiser Wilhelms I. kurz vor der Fertigstellung (1895)

»Blinde Tunnel« und tote Gleise

An manchen Stellen finden sich im Berliner Untergrund Tunnelansätze ohne konkrete Nutzung. Derartige »Blinde Tunnel« gibt es bei den unterirdischen Schnellbahnsystemen genauso wie bei Straßenunterführungen und Fußgängerverbindungen. Es sind Bauvorleistungen für geplante, häufig aber nicht verwirklichte Verkehrsanlagen oder Vorhaben, die von der verkehrspolitischen Entwicklung überholt und daher aufgegeben wurden. Manche Projekte ließen sich aus finanziellen Gründen nicht vollenden oder hatten derart gravierende technische Mängel, daß sie eingestellt werden mußten. Gemeinsam ist ihnen, daß sie während des Zweiten Weltkrieges mehrheitlich zu Bunker- und Luftschutzanlagen oder zu Rüstungsproduktionsstätten umgebaut worden sind. All diese Anlagen sind »blind« im doppelten Sinne: Sie enden einerseits als stillgelegte Verkehrsadern im Nichts und führen andererseits ein verborgenes Dasein unter Ausschluß der Öffentlichkeit. Gerade diese vergessenen »Denkmale« sind es aber, die uns heute noch als eine Art Zeitspeicher vergangener Epochen außergewöhnliche Einblicke in verschiedene Abschnitte der Verkehrs- und Stadtgeschichte Berlins gewähren. Es sind Orte, an denen man Geschichte im wahrsten Sinne des Wortes ganz nahe kommen kann.

Die Untergrundbahn gilt als das Verkehrsmittel unter der Oberfläche schlechthin. Sie macht in einzigartiger Weise öffentlich zugänglichen Untergrund erfahrbar. Jede Großstadt von Rang verfügt heutzutage über eine eigene Metro. Nur wenige Städte können aber auf eine so lange Tradition zurückblicken wie Berlin, deren U-Bahn eine der ältesten ihrer Art in Europa ist. Kaum vorstellbar scheint die Stadt heute ohne die neun U-Bahnlinien mit ihren 168 Stationen.[1] Die Verkehrsentwicklung hat die Berliner von Anfang an stark interessiert und spielte in der öffentlichen Debatte stets eine große Rolle. In Dutzenden von Büchern und Broschüren, die von den zahlreichen Interessenverbänden und Verkehrsinitiativen in den letzten Jahren herausgegeben worden sind, schlägt sich dieses Interesse nieder.[2] Zu jeder Streckeneröffnung findet sich die Schar engagierter und »selbsternannter« Verkehrsexperten ein, die die neuesten Errungenschaften prüfend in Augenschein nimmt.[3] Die offizielle BVG-Statistik weist seit Juli 1996 eine Betriebslänge der U-Bahn von exakt 143,2 km aus, davon 123,1 km Tunnelanlagen, bei einer Bauwerkslänge von insgesamt knapp 152 km.[4] Die Differenz ergibt sich vorwiegend aus Tunnelbauwerken, die nicht dem öffentlichen U-Bahnbetrieb dienen. Die BVG nutzt diese Abschnitte vor allem als Kehr- und Abstellanlagen. Nicht erfaßt werden von dieser Statistik aber etwa drei Kilometer Tunnelanlagen, die keine direkte Verbindung zum heutigen Netz haben.

Schon bei den ersten Tunnelstrecken der U-Bahn wurden »blinde« Bauabschnitte geplanter Linien errichtet, um bei späteren Erweiterungen Kosten zu verringern und den Berlinern zusätzliche Buddeleien zu ersparen. Dies sollte sich in allen späteren Entwicklungsphasen des Berliner U-Bahnnetzes wiederholen.

Östliche Zufahrtsrampe des AEG-Tunnels an der Brunnenstraße mit Wärterhäuschen

AEG-Versuchstunnel in Wedding

Berlins erste Verkehrstunnel entstanden Ende des vorigen Jahrhunderts zur Bauerprobung für ein mögliches U-Bahnnetz. Zwei Großunternehmen, Siemens & Halske sowie die AEG, bemühten sich damals um den Zuschlag für dieses zukunftsträchtige Projekt. Siemens hatte bereits im Jahre 1879 auf der Gewerbeausstellung in Berlin die erste elektrische Lokomotive vorgestellt und seitdem unter anderem im Bergbau erprobt. Die AEG ihrerseits trat 1891 erstmals mit einem kompletten Konzept für ein ausschließlich unterirdisch geführtes Verkehrssystem in Berlin hervor. Die sogenannte »AEG-Röhrenbahn« orientierte sich bautechnisch an bereits in London realisierten U-Bahnstrecken. Als Pionier im Tunnelbau verwirklichte die AEG in Berlin unter großen Schwierigkeiten zwei Versuchsprojekte in Wedding und in Stralau. Letztendlich aber setzte sich Siemens mit seinem aus dem Jahre 1888 stammenden Hochbahnentwurf gegenüber der AEG durch. Das Unternehmen traf zum einen nicht auf den Widerstand der Kanalisationserbauer, die eine Schädigung des gerade fertiggestellten Abwassersystems befürchteten.[5] Zum anderen ließ sich aufgrund der schwierigen Berliner Bodenverhältnisse ein Hochbahnprojekt wesentlich schneller

Ansicht des Brustschildes beim Tunnelbau zwischen Stralau und Treptow

realisieren als eine unterirdische Streckenführung. Daß später ein Großteil der ursprünglich als Hochbahnstrecken geplanten Linien dann doch als »Unterpflasterbahn« ausgeführt wurde, bewies im nachhinein, daß der AEG-Entwurf durchaus realistisch war.

Um den Beweis anzutreten, daß sich im märkischen Sand Tunnel bauen lassen, hat die AEG ihre beiden Fabriken an der Brunnenstraße und an der Ackerstraße mit einer elektrischen Tunnelbahn verbunden. 1895 begannen die Arbeiten an der anfangs 270 m langen eingleisigen Tunnelstrecke. Die Endstationen lagen an der Oberfläche, die Röhre selbst führte bis in eine Tiefe von 6,50 m hinunter. Elliptisch geformt, wies sie eine Breite von 2,60 m und eine Höhe von 3,15 m auf. Von 1897 bis vermutlich 1914 rollten hier die Züge der elektrischen Tunnelbahn, die ausschließlich betriebsinternen Zwecken diente. Personen wurden in Triebwagen befördert, auf denen querstehende Sitzbänke angebracht waren. Ein Beteiligter erinnert sich: »Mit 30 Sachen ging es durch den Keller. [...] Zu einem solchen Betrieb gehörte natürlich auch ein Stationsvorsteher. Er stellte Weichen, gab Abfahrtszeichen und bediente die Signale. Doch was heißt schon Signale – wenn eine Holzbohle über die Schienen gelegt wurde, bedeutete das ›Rot‹ – der Zug mußte also halten. Später modernisierte man dieses System. Jeder Zugführer, der für den Tunnel freie Fahrt hatte, erhielt einen roten Stab auf den Weg. Das hieß praktisch ›Grün‹. Auch so kam man über die

Tunnelbauweise im Schildvortrieb unter der Spree

Strecke.«[6] Um 1910 wurde die östliche Tunnelrampe abgebrochen, der Tunnel selbst aber um über hundert Meter in die Kellerräume eines Neubaus verlängert.[7] Nach dem Zweiten Weltkrieg ist eine Estrichschicht eingezogen worden und verkehrten hier unten ausschließlich Elektrokarren. Heute führen nur noch einige Stromkabel durch den erstaunlich gut erhaltenen Tunnel, der über beeindruckende Hall- und Echoeffekte verfügt, so daß man erahnen kann, mit welch' infernalischem Getöse die Wagen einst durch den langen, engen, vielfach gewundenen Schlauch gerattert sein müssen.[8]

Spreetunnel Stralau – Treptower Park

An der 1895–99 erbauten Spreeunterfahrung für den Straßenbahnbetrieb war die AEG ebenfalls maßgeblich beteiligt. Erstmals in Deutschland kam hierbei die in England entwickelte neuartige Bauweise im Schildvortrieb zur Anwendung. Man entschied sich für den Bau eines Versuchstunnels auf der Halbinsel Stralau. Zur Gewerbeausstellung im Treptower Park 1896 sollte das Projekt fertiggestellt sein. Die 454 m lange Tunnelanlage führte unter der an dieser Stelle fast 200 m breiten Spree hindurch. Sie wurde von der »Gesellschaft für den Bau von Untergrundbahnen« errichtet, an der neben der AEG mehrere alteingesessene Firmen beteiligt waren.

Eine kompliziertere Stelle hätte man sich wegen des ständig nachrutschenden Schwemmsandes nicht aussuchen können.[9] Der Abraum wuchs rasch an und übertraf das tatsächliche Tunnelvolumen erheblich. Bodenabsenkungen verursachten zudem den Einsturz eines am Spreeufer errichteten Probemauerwerkes. Durch diese Schwierigkeiten erfolgte die Inbetriebnahme erst mit dreijähriger Verspätung am 18. Dezember 1899. Die Kritiker der AEG-Planungen sahen sich in ihrer ablehnenden Haltung bestätigt. Dennoch »hat dieser Versuch den Beweis geliefert, daß die Ausführung auch unter den schwierigen Verhältnissen, wie sie der Berliner Untergrund bildet, technisch durchführbar ist, allerdings ist durch diese Probe-Ausführung noch nicht der Beweis

Straßenbahn vor der Einfahrt in den Stralauer Spreetunnel

Mund des Spreetunnels auf der Stralauer Seite (1898)

geliefert, daß das Verfahren ohne Gefahr in den städtischen Straßen in eng bebauten Vierteln angewendet werden darf.«[10]

Die Tunnelbauer legten bereits 1898 den Entwurf für eine weitere »Tiefbahn« vor. Diese sollte von der Chausseestraße über die Friedrichstraße bis zum Kreuzberg führen, eine Vorplanung der rund zwanzig Jahre später realisierten heutigen U6.[11]

Die Ausmaße der Stralauer Tunnelröhre waren nur wenig größer als die Anlage unter dem AEG-Gelände. Für die eingleisige Straßenbahnstrecke mußten wegen des geringen Tunnelquerschnittes daher spezielle Wagen gebaut werden, etwas niedrigere als die der anderen Berliner Straßenbahngesellschaften. Durch den Tunnel fuhr die Straßenbahnlinie vom Schlesischen Bahnhof nach Oberschöneweide. Er verlor aber durch den Ausbau des Straßennetzes und die zunehmende Motorisierung immer mehr an Bedeutung.[12] Die Fahrgastzahlen sanken kontinuierlich. Im Februar 1932 wurde er geschlossen.[13] Für die Olympischen Sommerspiele 1936 und die 700-Jahr-Feier im Jahr darauf richtete die Stadt Berlin die Anlage nochmals als Fußgängertunnel her, woran sich manch älterer Berliner noch erinnert: »Ich lernte ihn an der Hand meines Vaters kennen. Der Tunnel war mir immer ein wenig unheimlich. Eine Betonröhre. An den Seiten zogen sich Rohre und Kabel entlang. Von oben tropfte das Wasser herab. Die Vorstellung, daß über meinem Kopf Schlepper und Spreezillen entlangschipperten, machte mir angst. Ich war jedesmal froh, wenn wir den Tunnel auf der Stralauer oder Treptower Seite verließen. Aber ich freute mich auch wieder auf den nächsten Unterwassergang. Eigenartig.«[14]

Nach dem Zweiten Weltkrieg wurde die Anlage aufgegeben. Da eine Instandsetzung nicht in Frage kam, sind die Zufahrtsrampen zugeschüttet worden. Heute erinnert nur noch der Name »Tunnelstraße« auf der Stralauer Seite an Berlins ersten öffentlichen Verkehrstunnel.

Die frühen Tunnelprojekte der AEG werden oft fälschlich als erste U-Bahn Berlins bezeichnet. Dabei sind sie von einer Straßenbahn mit elektrischer Oberleitung befahren worden, auch die Haltepunkte lagen ausschließlich oberirdisch. Der Begriff »U-Bahn« prägte sich erst später aus, als im Untergrund die Siemens'schen Streckenpläne Stück für Stück Wirklichkeit wurden.

Der Lindentunnel für die Straßenbahn

1914 begann man mit dem Bau des sogenannten Lindentunnels. Infolge des Ersten Weltkrieges konnte der Straßenbahntunnel erst am 19. De-

Abriß des Spreetunnels auf der Treptower Seite (4. September 1968)

zember 1916 vollständig in Betrieb genommen werden.[15] Die Anlage hat eine interessante, wenn auch nicht einfache Vorgeschichte. Seit 1870 gab es seitens der Berliner Pferde-Straßenbahngesellschaften Bestrebungen, den Straßenzug Unter den Linden zu queren. Auf einer Länge von über zwei Kilometern bestand keine Nord-Süd-Verbindung, weil der Kaiserliche Hof eine Beeinträchtigung des »repräsentativen Charakters« der Flanier- und Parademeile Berlins befürchtete. Erst 1894 ist eine Pferdebahnverbindung über den Straßenzug genehmigt worden. Oberleitungen waren Unter den Linden nicht erwünscht. Von 1901 bis Anfang 1907 verkehrten auf der Lindenkreuzung die Straßenbahnen mittels elektrischer Unterleitung, die in das Straßenpflaster eingelassen war, eine sehr aufwendige Methode. Die Wagen stoppten, und die Schaffner montierten einen nachgeschleppten Stromabnehmer, um den Straßenzug zu überqueren. Durch die große Störanfälligkeit besonders im Winter scheiterte dieser Versuch. Bis zur Fertigstellung des Lindentunnels überspannte dann doch eine Oberleitung über 60 Meter den Boulevard.

Bald zeichnete sich ab, daß das vorhandene Doppelgleis den stetig zunehmenden Verkehrsanforderungen nicht gewachsen war. Planungen für weitere Kreuzungspunkte fanden die grundsätzliche Ablehnung Kaiser Wilhelms II., der mit den Worten »drunter durch, nicht drüber hinweg« die Diskussion beendet haben soll.[16] Schon seit 1901 beschäftigten sich die Ingenieure mit verschiedenen Tunnelkonzepten. Diese gipfelten in einem weitläufigen Untertunnelungsplan der »Großen Berliner Straßenbahn-Gesellschaft« (GBS), der einem eigenständigen U-Bahnnetz vergleichbar war.[17]

Die Stadt entschied sich in Absprache mit der GBS für eine zweiarmige Tunnellösung. Zwischen Singakademie (dem heutigen Maxim-Gorki-Theater) und Universität führte eine viergleisige

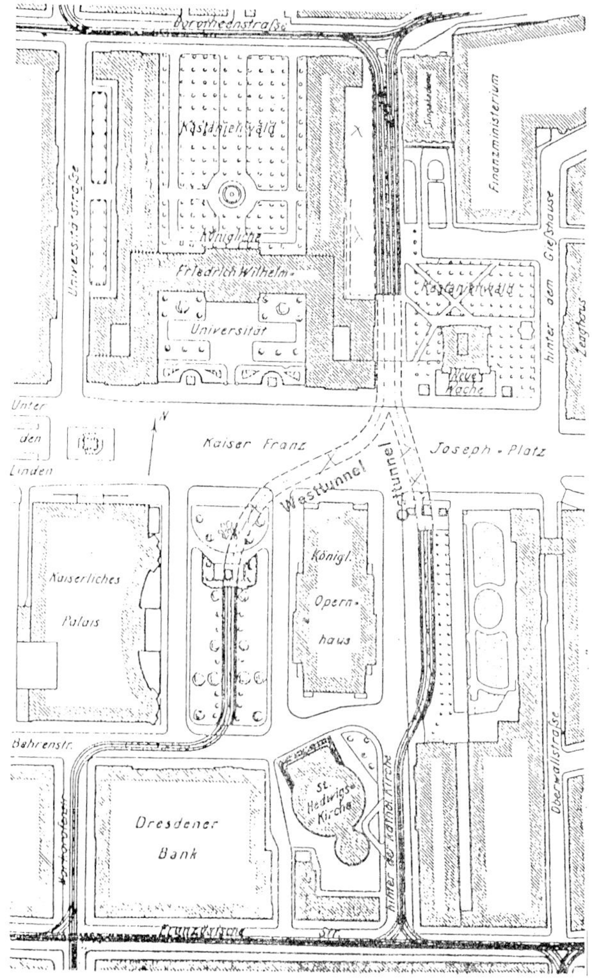

Lageplan des Lindentunnels (1916)

Tunnelrampe des Lindentunnels vor der Singakademie (heute Maxim-Gorki-Theater)

Rampe in den Tunnel hinein, der sich unter der Straße verzweigte. Die Gesamtlänge des Tunnels betrug einschließlich der Zufahrtsrampen 556 m, die eigentliche unterirdische Tunnelstrecke 187 m für den westlichen, 123 m für den östlichen Tunnelzweig.[18] Im östlichen Bereich lag die Tunnelhöhe bei 4,65 m, da die GBS als Betreibergesellschaft sich die Option offenhalten wollte, Doppelstockwagen einzusetzen.[19] 1923 mußte der Betrieb durch den westlichen Tunnelzweig eingestellt werden. Durch Neubau und Inbetriebnahme der schnelleren U-Bahn von der Seestraße nach Kreuzberg (der heutigen U6) blieben viele Fahrgäste aus, obendrein zeigten sich die Folgen der Inflation.

1926 wurde die südöstliche Zufahrtsrampe zugeschüttet. Im verbliebenen Tunnelstumpf wurden Ende der dreißiger Jahre Beleuchtungsversuche für die vorgesehenen Straßentunnel der Nord-Süd-Achse durchgeführt. Im Zweiten Weltkrieg wurde die Anlage schwer getroffen. Erst im Frühjahr 1950 begann man sie wieder instand zu setzen, Trümmer aus der Reichskanzlei lieferten dafür das Material.[20] Knapp ein Jahr nach seiner Wiederherstellung, im September 1951, stellte man den Straßenbahnverkehr durch den Lindentunnel endgültig ein. Die verbliebene südliche Tunnelausfahrt wurde vermauert und eingeebnet. Fernheizungsrohre, die später durch den einstigen Verkehrsweg gezogen wurden, machen eine nochmalige Nutzung als Straßenbahntunnel unmöglich.

Die aus DDR-Zeiten um den Lindentunnel rankenden »Stasi-Geschichten« entpuppten sich nach der Wende zumeist als Legende. Anfänglich nutzte die Staatsoper die Anlage als Kulissenlager. Ende der sechziger Jahre stellten dort Betriebskampfgruppen Fahrzeuge und Geräte ab. Später standen dort auch Mannschaftswagen der Volkspolizei bei Großveranstaltungen in Bereitschaft. Im westlichen Tunnelzweig wurde zudem ein Schaltraum für Überwachungskameras eingebaut. Nach der Wende bemühten sich engagierte Berliner Künstler um das Bauwerk und nutzen es seitdem für kulturelle Zwecke. Im Bereich der einstigen Tunnelrampe des Westzweiges ist 1994 die »Stille Bibliothek« installiert worden. Ein mit leeren Regalen versehener Raum, in den man vom Bebelplatz durch eine Glasscheibe hinunterschauen kann, erinnert als Mahnmal an die Bücherverbrennungen dort am 10. Mai 1933.

Erste »Unterpflasterbahnprojekte«

Nachdem die Firma Siemens & Halske erfolgreich in Budapest die »König Franz Joseph-Untergrundbahn« errichtet hatte, die am 1. Mai 1896 in Betrieb ging, erarbeitete sie 1897 ein vergleichbares Projekt für Berlin. Der vorgesehene Streckenabschnitt vom Potsdamer Platz zur Schloßbrücke sollte Bestandteil eines Liniensystems mit den drei Endpunkten Zoologischer Garten, Warschauer Brücke und Schloßbrücke sein.[21] Die drei Kilometer lange Strecke mit vier Haltepunkten[22] sollte unter der heutigen Ebertstraße, am Brandenburger Tor und dem Reichstagsgebäude vorbei und dann am Reichstagufer entlang führen, »unter welchem die Bahn sich in einer nach der Spreeseite hin offenen Galerie unmittelbar an der Ufermauer entlang zieht«[23]. Der Endpunkt lag vor dem Zeughaus, etwa an der Stelle der heutigen unterirdischen Toilettenanlage.

Besonderer Wert wurde auf die unmittelbare Oberflächennähe gelegt, »damit die Fahrgäste nur einen möglichst geringen Höhenunterschied zwischen der Straßenoberfläche und dem Bahnhof zu überwinden haben«[24]. Schon bei der Planung dieser Linie war man sich bewußt, daß man auch auf die Anlagen anderer unterirdischer Nutzer stoßen würde. Gewissenhaft wurden für jeden Streckenabschnitt die im Wege liegenden Gas-

»Unterpflasterbahn«-Entwurf am Reichstagufer (1897)

und Wasserleitungen aufgelistet. An der Bodestraße zwischen Neuem und Altem Museum stieß man auf »die Rohrpostleitung, welche neben der Eisernen Brücke unter dem Kupfergraben geführt ist. Da aber an diesem Punkt schon wegen der Brückenrampe eine tiefere Lage des Tunnels sich ergiebt, so läßt sich auch die Ueberführung der Rohrpostleitung über den Bahntunnel hinweg ohne Weiteres ermöglichen.«[25] Bei der Untersuchung der unterirdischen Gegebenheiten trafen die Planer noch auf zwei weitere Hindernisse, den Heizkanal hinter dem Reichstagsgebäude und einen Lieferantengang von der Spree zur Markthalle in der Dorotheenstraße.[26]

Obwohl diese Linie bereits »durch allerhöchste Order bewilligt«[27] war, wurde sie nicht realisiert. Reizvoll genug bleibt aber die Vorstellung, wie es wohl wäre, aus einer Art Ehrenloge in U-Bahnzügen am Reichstagufer seine Blicke über die Spree auf das nördliche Ufer schweifen zu lassen. Wie so etwas ausgesehen hätte, konnte man lange Zeit am U-Bahnhof Spittelmarkt sehen. Dieser war zur natürlichen Belichtung des Bahnhofs mit einer Fenstergalerie zur Wasserseite hin versehen, die man im Zweiten Weltkrieg aus Luftschutzgründen vermauerte.

Das U-Bahnnetz entsteht (1896–1919)

Die erste Bauphase der Berliner U-Bahn begann mit Aufnahme der Bauarbeiten für die Hochbahnstrecke im Jahre 1896 durch die »Hochbahngesellschaft«, eine Siemens-Tochter, und endete mit dem Ersten Weltkrieg. Verkehrsbauten waren zu diesem Zeitpunkt noch Sache privater Unternehmen, eine städtische Verkehrsgesellschaft gab es zunächst nicht. Siemens & Halske und AEG suchten sich auf diesem entstehenden Baumarkt die »Filetstücke« heraus. 1902 gingen die ersten beiden Strecken der Hochbahngesellschaft in Betrieb. Untergrundstrecken lagen nur zwischen Nollendorfplatz und dem »Knie« sowie im Bereich des Potsdamer Platzes. Am Zoologischen Garten hatten die Planer keine befriedigende Lösung gefunden, um mit einer Hochbahn über die Stadtbahnviadukte hinwegzukommen. Außerdem wollten die Stadtväter von Charlottenburg keine »häßliche« Hochbahn in der Nähe der Kaiser-Wilhelm-Gedächtniskirche. Deshalb gingen sie hier in die Tiefe, ebenso wie am Potsdamer Platz, wo die enge Bebauung nur unterirdische Verkehrslösungen zuließ.

Auch die anderen Stadtgemeinden begannen, U-Bahnstrecken zu planen. Im damals eigenständigen Charlottenburg wurde 1906 eine Strecke zum Wilhelmplatz (heute Richard-Wagner-Platz) und 1908 zum Reichskanzlerplatz (Theodor-Heuss-Platz) fertiggestellt und von der Hochbahngesellschaft betrieben. Im gleichen Jahr erfolgte die Verlängerung über den Potsdamer Platz hinaus bis zum Spittelmarkt. Auch die Stadt Schö-

Baugruben in der offenen »Berliner Bauweise« für die ersten U-Bahnlinien (1902)

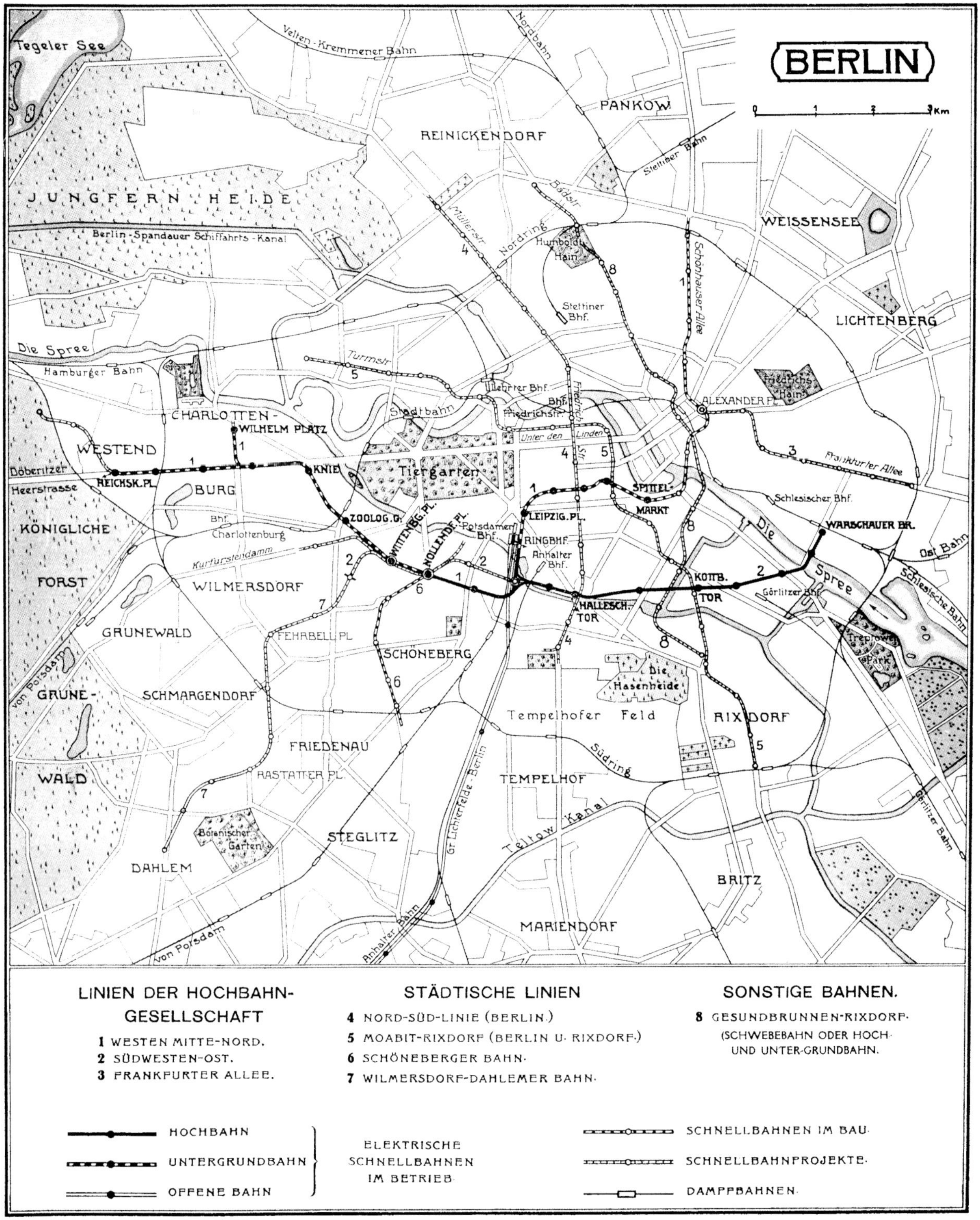

Untergrund- und Hochbahnnetz (1909)

neberg begann mit Schnellbahn-Planungen auf ihrem Gebiet. Nach rund zweijähriger Bauzeit nahm 1910 die U-Bahnlinie zwischen Nollendorfplatz und Hauptstraße (Innsbrucker Platz) ihren Betrieb auf. Bis zum Ersten Weltkrieg erfolgten weitere Streckenverlängerungen vom Spittelmarkt zum Nordring (heute Schönhauser Allee) sowie vom Wittenbergplatz zur Uhlandstraße und nach Dahlem (U-Bahnhof Thielplatz). Auch die Streckenverlängerung bis zum Reichssportfeld (heute Olympiastadion) konnte noch fertiggestellt werden. Der Ausbruch des Ersten Weltkrieges schränkte die intensive Bautätigkeit erheblich ein, sie kam schließlich gegen Kriegsende aus Mangel an Arbeitskräften und Baumaterialien völlig zum Erliegen.

Mit dem U-Bahnbau einhergehend wurden spezielle Bauwerke entwickelt. Bei der Verlängerung der Linie vom Spittelmarkt zur Schönhauser Allee mußte die U-Bahn mit der Spree zum ersten Mal einen Wasserlauf unterqueren.[28] 1912 kam es auf der Baustelle der Spreeunterfahrung durch unzureichende Absicherungen zu einem Unfall. Die Spree drückte eine Spundwand ein, die Wassermassen überfluteten den Schacht bis zum Potsdamer Platz.[29] An dieser und an allen weiteren Gewässerunterfahrungen wurden als Folge der Katastrophe beidseitig Wehrkammern eingebaut, um im Falle eines Wassereinbruchs die angrenzenden U-Bahntunnel abschotten zu können. Weitere Probleme ergaben sich bei Kreuzungen mit der Kanalisation. In diesem Fall errichtete man, nach dem Prinzip der kommunizierenden Röhren, sogenannte Düker, die den Abwasserfluß unter den U-Bahnstrecken hindurch gewährleisten und immer unter Wasser stehen.[30]

»Blinde Tunnel« aus der Zeit vor dem Ersten Weltkrieg sind die fertiggestellten Teilstücke einer geplanten Linie nach Lichtenberg. Fährt man auf der U2 in Richtung Pankow, so stößt man am Bahnhof Klosterstraße noch auf deren Relikte.

Prototyp eines U-Bahnwagens der Nord-Süd-Bahn (heute U6), Baujahr 1914, die mit Oberleitungen geplant war

Hier war eine Verzweigung vorgesehen. Eine Strecke führt heute nach Pankow, die andere, Richtung Lichtenberg, wurde nicht gebaut. Der U-Bahnhof ist aber bereits mit einem dritten Gleistrog versehen. Man kann ihn an der außergewöhnlichen Breite des Bahnsteiges, den noch sichtbaren Bahnsteigkanten sowie an dem am nördlichen Ende eingebauten Museumswagen erkennen, der die beabsichtigte Gleisführung sichtbar macht. Hinter dem Bahnhof führt ein 150 m langes Tunnelstück unter der heutigen U2 hindurch und endet an einer Abschlußwand.[31] Der Tunnelstutzen, im Kleinprofil ausgeführt, verlor endgültig seine Bedeutung, als Ende der zwanziger Jahre die Linie vom Alexanderplatz bis nach Lichtenberg und weiter nach Friedrichsfelde im Großprofil verwirklicht wurde. Technisch gesehen besteht der Unterschied zwischen Klein- und

Großprofil vor allem darin, daß die Wagen – nicht die Spurweite – im Großprofil mit 2,65 m breiter sind als diejenigen im Kleinprofil mit 2,30 m. Daraus folgt, daß Kleinprofilwagen bei entsprechender Umrüstung durchaus durch Tunnel von Großprofil-Strecken fahren können, nicht aber umgekehrt.[32]

Ein weiteres Stück der Kleinprofil-Linie nach Lichtenberg gibt es unter dem Bahnsteig der U2 am U-Bahnhof Alexanderplatz. Hier wurde ein etwa 1500 m^2 großer Bahnhofsabschnitt eingebaut. Auch dieser Bauteil wurde später nicht mehr benötigt. Die Investitionen waren jedoch nicht ganz umsonst – heute befinden sich an dieser Stelle Betriebsräume der BVG. Ursprünglich war hier ein etwa vier Kilometer langer Abschnitt Richtung Lichtenberg geplant, der 1916 fertiggestellt sein sollte. Niemand konnte zum Zeitpunkt des Baubeginns 1913 ahnen, daß der Erste Weltkrieg diesem Vorhaben einen Strich durch die Rechnung ziehen sollte.[33] Krieg und Großprofil zusammen versetzten dem U-Bahnabzweig von Klosterstraße nach Lichtenberg das endgültige Aus.

»Blinde Tunnel« finden sich auch am U-Bahnhof Wittenbergplatz, die auf Umbauarbeiten aus den Jahren 1911–15 zurückgehen. Im Zuge der Streckenerweiterungen in Richtung Westen entstand hier ein Knotenpunkt, an dem fortan drei Linien aufeinandertrafen: die Dahlem-Wilmersdorfer Bahn (heutige U1), die »Kurzstrecke« bis zur Uhlandstraße (U15) sowie die inzwischen zum Reichskanzlerplatz (Theodor-Heuss-Platz) erweiterte Stammbahn mit der Streckengabelung zum Wilhelmplatz. Für den endgültigen Ausbauzustand waren insgesamt vier Bahnsteige vorgesehen, der nördliche von ihnen wurde allerdings nicht fertiggestellt. Die vorgesehene Gleisführung ist nur in Ansätzen vorhanden. Im Bahnhof selbst befindet sich unter der Zugangshalle hinter der nördlichen Außenwand ein kleiner Raum, der Teil des vierten Bahnsteiges werden sollte. Östlich des Bahnhofs wird die hier viergleisige Strecke in Richtung Nollendorfplatz von einem rund 50 m langen Tunnelstück unterquert, das nur über einen kleinen Zustiegsschacht zwischen den Gleisen erreichbar ist. An dieser Stelle sollte eine Strecke vom Wittenbergplatz in Richtung Lützowplatz und dann in die Stadtmitte geführt werden. Nur ein Stummelansatz ist davon vorhanden.

Die zeitgleich erbaute Linie zur Uhlandstraße unter dem Kurfürstendamm sollte die Verlängerungen nach Dahlem und nach Halensee aufnehmen. So stellte es sich zumindest die Stadt Charlottenburg vor. Die Abzweigung nach Südwesten war am Olivaer Platz geplant. Damals ist bereits ein ca. 245 m langer Tunnelstutzen fast bis zur Knesebeckstraße realisiert worden, der seitdem als Kehr- und Abstellanlage dient. Es kam anders. Die Strecke nach Dahlem, zum Thielplatz, zweigt heute vom Wittenbergplatz ab; die geplante Verlängerung der Kurfürstendamm-Linie nach Halensee wurde nicht mehr ernsthaft verfolgt. Für die Charlottenburger blieb nur die Rumpfstrecke zur Uhlandstraße, mit 1,2 km lange Zeit die kürzeste U-Bahnlinie Berlins. Einst verfügte die Station über zwei Zugänge. Der östliche wurde bei den Streckenumbauten Ende der fünfziger Jahre vermauert und enthält heute ein Stellwerk der BVG.[34]

Schon im Jahre 1906 wurde der Streckenabschnitt vom Knie zum Wilhelmplatz eingeweiht. Der Bahnhof Bismarckstraße (Deutsche Oper) ist hierbei auf Betreiben der Stadt Charlottenburg großzügig mit zwei Bahnsteigen ausgestattet worden. Die mittleren Gleise dienten den von und zum Wilhelmplatz fahrenden Zügen. Die Außengleise waren für die geplante Streckenverlängerung nach Westend zum Reichskanzlerplatz vorgesehen und wurden zwei Jahre später in Betrieb genommen. Den Norden Charlottenburgs erreichte die U-Bahn erst sieben Jahrzehnte später, mit der Verlängerung der U7 am 1. Oktober

1980 zum Rohrdamm. Der alte Bahnhof Wilhelmplatz wurde abgebrochen, dagegen blieb auf einer Länge von 618 m der Streckentunnel unter der Richard-Wagner-Straße erhalten. Er wird heute gelegentlich zur Überführung vom Kleinprofilwagen zum Großprofil genutzt, in ihm soll mitunter auch das Sondereinsatzkommando (SEK) der Berliner Polizei Übungen abhalten.

Zu den Erbschaften aus der frühen U-Bahnzeit gehört die »Stummelbahn« vom Nollendorfplatz zum Innsbrucker Platz (U4). Ende 1910 dem Betrieb übergeben, rühmte sich das damals noch eigenständige Schöneberg, als sechste Stadt Europas über eine eigene U-Bahn zu verfügen.[35] Doch zu den geplanten Verlängerungen nach Süden und Norden ist es niemals gekommen.[36] Mit dem Umbau des Bahnhofs Nollendorfplatz verschwand der alte Endbahnhof unter der Motzstraße, die Linie endet seitdem in der heute noch bestehenden zweistöckigen Untergrundstation.

Von den ursprünglichen Plänen für den Schöneberger Eigenbedarf ist am Innsbrucker Platz ein über 200 m langes Anschlußstück unter der Eisackstraße in Richtung Süden übriggeblieben. Von dessen Ende führte zudem ein weiteres unterirdisches Gleis zu der einst an der Otzenstraße gelegenen Betriebswerkstatt, die man aber bereits Anfang der dreißiger Jahre aufgab. Unbrauchbar wurde der »Eisacktunnel« erst Anfang der siebziger Jahre, als für die Untertunnelung der Stadtautobahn der südliche Teil des U-Bahnhofs und ein gutes Stück des Tunnelstutzens abgebrochen wurden. Erhalten blieb lediglich ein vom übrigen U-Bahnnetz abgeschnittenes Reststück

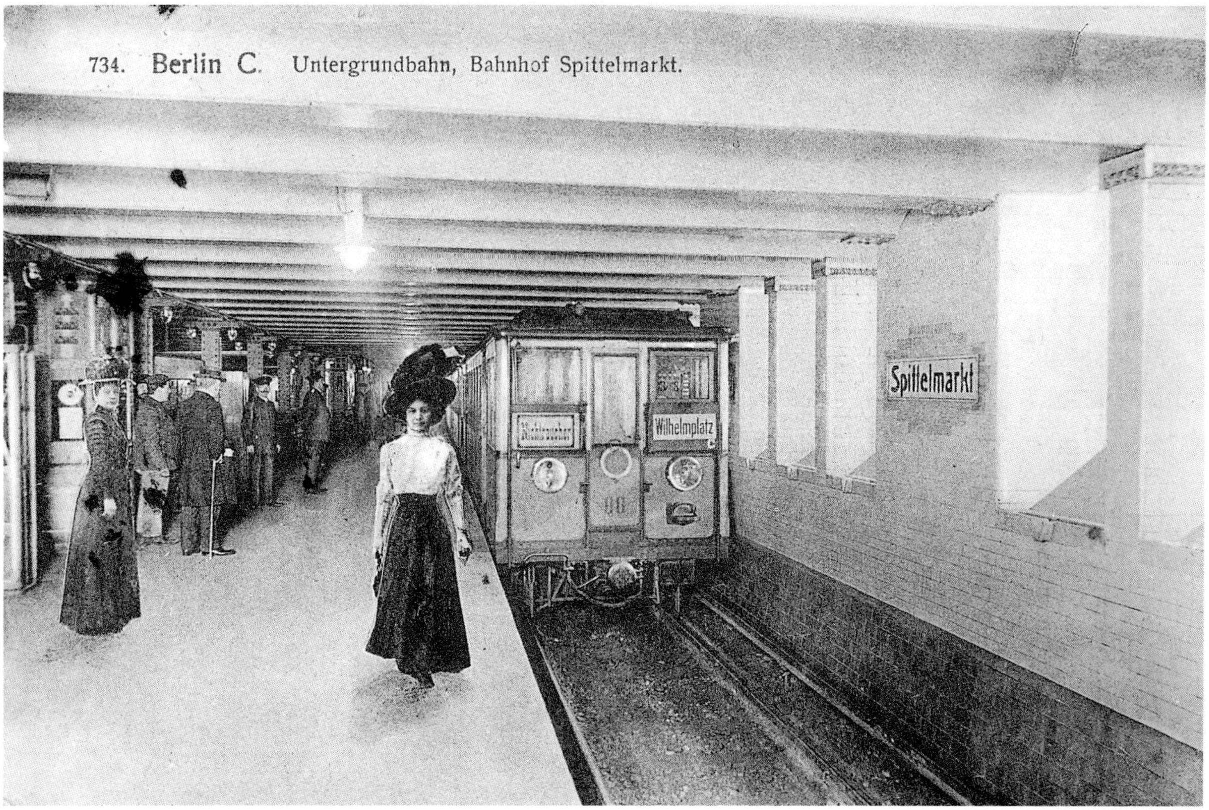

U-Bahnhof Spittelmarkt mit offener Fenstergalerie

Örtliche Besichtigungsfahrt einer Kommission für die Bauabnahme der U-Bahn-Linie A, der heutigen U2 (1. Dezember 1909)

mit einer Länge von 190 m – nun wirklich zum »Blinden Tunnel« degradiert. Für die beim Autobahnbau abgebrochene Kehr- und Abstellanlage der U4 forderte die BVG Ersatz. Erste Planungen sahen eine Tunnelverbreiterung nördlich des U-Bahnhofs Innsbrucker Platz vor, woraus schließlich ein U-Bahntunnel unter der Genthiner Straße wurde, der vom Nollendorfplatz bis zur Lützowstraße reicht.

Mehrere »Blinde Tunnel« gehen nicht auf unvollendete Streckenverlängerungen der zu Siemens & Halske gehörenden »Hochbahngesellschaft«, sondern auf die Pleite ihres Konkurrenzunternehmens, der AEG-Schnellbahn-AG, zurück. Sie hatte eigene umfangreiche Tunnelplanungen vorangetrieben und am 18. März 1912 mit der Stadt Berlin einen Vertrag über den Bau einer Linie von Gesundbrunnen nach Neukölln (GN-Bahn) geschlossen.[37] Hierzu wurden an verschiedenen Stellen gleichzeitig die Arbeiten aufgenommen. Einige Zeugnisse sind bis heute erhalten geblieben. Hundert Meter nordöstlich des U-Bahnhofs Klosterstraße verläuft unter der Littenstraße ein etwa 700 m langes Tunnelstück. Sogar ein U-Bahnhof wurde an der Voltairestraße im Rohbau angelegt, unter der Kreuzung zur Stra-

AEG-Versuchstunnel, Wedding

Straßenbahntunnel Stralau–Treptow, im Zweiten Weltkrieg Luftschutzraum

raßenbahntunnel Stralau–Treptow

Westlicher Zweig des Lindentunnels

Entlüftungsanlage im Lindentunnel, Berlin-Mitte

△ Ben Wargin Installation im Lindentunnel: Waisentunnel, 1996 ▷

◁ Schildvortriebskammer am Alexanderplatz in Richtung Weißensee;Unvollendeter Bahnhof
Dresdener Straße △; Zugang zum »Hängebunker« über der S-Bahn in der Stresemannstraße

»Phantomlinien«-Bahnhof Innsbrucker Platz △
Unterer Bahnsteig U-Bahnhof Adenauerplatz ▽

Realisiertes Teilstück der U-Bahnlinie Lübars–Marienfelde unter dem Tiergarten △ ▽

lauer Straße liegt noch heute seine Bahnhofsvorhalle. Gedacht war an einen Tunnel, der aus südlicher Richtung von der Brückenstraße (Heinrich-Heine-Straße) kommend durch die Neue Friedrichstraße (Littenstraße) führen, dann an der Kaiser-Wilhelm-Straße die Stadtbahn unterqueren sollte, um dort, kurz vor dem U-Bahnhof Weinmeisterstraße, in die heutige Trasse der U8 einzumünden.

Bis zum Ende des Ersten Weltkrieges konnten jedoch nur einzelne Abschnitte fertiggestellt werden. Darunter befand sich der Tunnel unter der Neuen Friedrichstraße, ein Abschnitt an der Gontard- und der heutigen Rosa-Luxemburg-Straße sowie einige hundert Meter unter der Dresdener Straße samt einem kompletten Bahnhof nördlich des Oranienplatzes. 1919 kamen die Arbeiten zum Erliegen, nur unter großen Schwierigkeiten konnte noch eine Spreeunterfahrung fertiggestellt werden. Die Schnellbahn-AG überstand die Inflationszeit nicht. Als die Stadt Berlin dann 1923 wegen Vertragsbruchs die AEG-Tochter verklagte – die Fertigstellung der GN-Bahn war bis zum 30. September 1918 zugesagt –, mußte diese Konkurs anmelden und eine Abfindung für die Wiederherstellung verschiedener Straßenzüge bezahlen. Die Stadt übernahm die bereits vorhandenen Anlagen und änderte die Planungen.

Berlin wollte am U-Bahngeschäft teilhaben und begann ebenfalls noch vor dem Ersten Weltkrieg mit Planungen für zwei eigene Strecken. In Angriff genommen wurde nur die U-Bahnlinie unter der Friedrichstraße. Das städtische Vorhaben ereilte durch den Krieg beinahe ein ähnliches Schicksal wie das der »GN-Bahn«. Hier mußten gleichermaßen die Arbeiten eingestellt werden. Streiks, Brennstoffmangel und Inflation hemmten den Baufortschritt. 1921 wurde sogar ernsthaft erwogen, die halbfertigen Tunnel wieder zuzuschütten.

Die zweite Bauphase der U-Bahn (1920–1930)

Zwei einschneidende Ereignisse umrahmen die zweite Bauphase der Berliner U-Bahn nach dem Ersten Weltkrieg. Am 1. Januar 1920 kam es durch den Zusammenschluß von acht Städten, 59 Landgemeinden und 27 Gutsbezirken zur Bildung der Stadtgemeinde von Groß-Berlin. Genau neun Jahre später wurden auf Initiative Ernst Reuters alle Berliner Verkehrsgesellschaften zur BVG zusammengeschlossen. Die Weltwirtschaftskrise setzte dann dem Höhenflug im Untergrund ein Ende. Fertiggestellt wurden nur noch kurz vor der Vollendung stehende Projekte. In der Bevölkerung machte sich angesichts der enormen wirtschaftlichen Schwierigkeiten ein Stimmungswandel gegen Streckenneubauten breit.[38] Bis dahin waren in den »roaring twenties« zentrale Bestandteile des U-Bahnnetzes der Öffentlichkeit übergeben worden: die Nord-Süd-Verbindung, die heutige U6 zwischen Seestraße und Hallesches Tor (1923), die Entlastungsstrecke zwischen Nollendorfplatz und Gleisdreieck (1926) sowie Streckenverlängerungen nach Tempelhof, Ruhleben und Krumme Lanke (1929).

Schließlich wurden die auf alten AEG-Planungen beruhende GN-Bahn (1927–30) und die Neubaustrecken vom Alex nach Friedrichsfelde (1930) vollendet, ebenso die Streckenverlängerungen nach Pankow-Vinetastraße und zur Grenzallee in Neukölln.

Der überwiegende Teil der Neubaustrecken wurde im Großprofil ausgeführt, die heute noch bestehende Aufteilung des Berliner U-Bahnnetzes in zwei Betriebssysteme war damit für immer festgeschrieben. Hier endete der Konkurrenzkampf mit einem Patt. Die ursprünglichen Betreibergesellschaften, die Hochbahngesellschaft von Siemens und die Schnellbahn-AG der AEG, führten jeweils ihr eigenes System ein. Gleichzeitig entschieden sich sowohl die AEG als auch

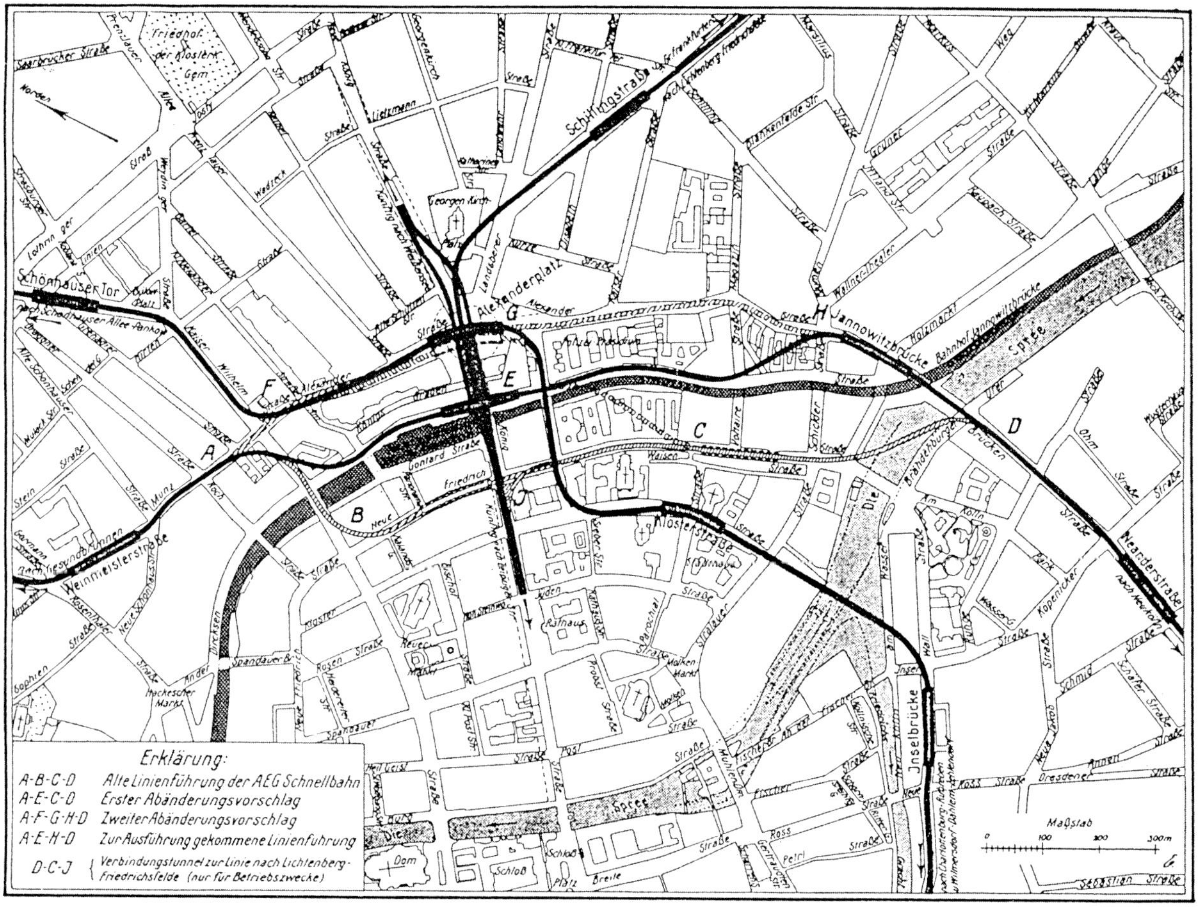

Geplante Streckenvarianten der »GN-Bahn« rund um den Alexanderplatz

die Stadt Berlin für die Ausführungen in einem größeren Tunnelprofil als auch für eine andere Technik zur Abnahme des Fahrstroms. Mit geräumigeren Wagen wollte man mehr Fahrgäste wirtschaftlicher befördern. Kurioserweise verfügte die Stadt Berlin nach Inbetriebnahme ihrer ersten Linie anfangs nicht über einen eigenen Wagenpark, so daß sie gezwungen war, bei der Hochbahngesellschaft bereitstehende Wagen zu erwerben. Diese gab die Waggons jedoch nur unter der Bedingung ab, im Gegenzug den Betrieb der neuen Strecke übertragen zu bekommen, was dazu führte, daß die erste Großprofilstrecke von Kleinprofilwagen befahren wurde. Mit nur zwei unterschiedlichen Betriebssystemen sind die Berliner übrigens noch gut weggekommen. In London gibt es bis heute fünf davon.[39]

Die Auswirkungen dieses Wettstreits sind auch an den langen Fußgängertunneln in den Kreuzungsstationen des Groß- und Kleinprofilnetzes, so am Halleschen Tor[40] und am U-Bahnhof Stadtmitte, auszumachen. Letzterer bestand ursprünglich sogar aus zwei getrennten Stationen mit unterschiedlichen Namen: »Friedrichstadt« für die obere Station der Hochbahngesellschaft, »Leipziger Straße« für die städtische Nord-Süd-Linie (U6). So mußte eigens ein 160 m langer Verbindungstunnel zwischen den Gleisen nach Norden geführt werden, damit die Fahrgäste, unbehelligt von Wind und Wetter, von einer Linie zur anderen wechseln konnten. Der Berliner erfand dafür eigenwillige Namen wie »Rennbahn«[41], »Bazillentunnel« oder auch »Mäusegang«[42].

Durch den Konkurs der AEG-Tochter Schnellbahn-AG fielen der Stadt Berlin 1923 alle bereits vorhandenen Baulichkeiten der geplanten GN-Linie von Gesundbrunnen nach Neukölln zu. Einige Streckenabschnitte im Bereich der Brunnenstraße waren bereits soweit fertiggestellt, daß sie in die Neuplanungen einbezogen werden konnten. Bei anderen Bauabschnitten, so in der Gontardstraße, war teilweise nur die Baugrube ausgehoben. Im Zuge von Überarbeitungen der ursprünglichen Planungen ließen sich einige Tunnelrohbauten nicht integrieren. Die Baugruben konnten einfach wieder zugeschüttet werden, aber bereits fertiggestellte Tunnel waren schwerer zu beseitigen. Dennoch entschloß sich die Stadt zu verkehrspolitisch sinnvolleren Lösungen und wich in einigen Abschnitten von der ursprünglichen Trasse ab. Damit wurden nicht länger benötigte Tunnel abgeschrieben, so der »Waisentunnel« unter der Littenstraße. Durch die neue Streckenführung östlich statt westlich der Stadtbahn mußte eine weitere, aufwendige Spreeunterfahrung gebaut werden. Ebenso wurden neue Tunnelanlagen nötig. Man versprach sich jedoch günstigere Anschlußmöglichkeiten zur Stadtbahn an der Jannowitzbrücke. Außerdem lag der bereits im Rohbau fertige Bahnhof Voltairestraße zu nahe am U-Bahnhof Klosterstraße. Der alte Tunnel erhielt Ende der zwanziger Jahre eine Verbindung an die Kehranlage der heutigen U5 unter der Rathausstraße und wurde fortan als Betriebs- und Abstellgleis genutzt. Der Abschnitt der Tunnelröhre unter der Spree, in der kein Gleis liegt, zählt zu den unheimlichsten aller »Blinden Tunnel«: Man stolpert durch modrige Pfützen, es gibt kein Licht, und auch mit einer guten Taschenlampe ist wegen der Krümmung das Ende nicht absehbar. Der Tunnel scheint sich im Nichts zu verlieren.

Zwischen dem Kreuzberger Oranienplatz und der heutigen Heinrich-Heine-Straße in Mitte wurde noch vor dem Ersten Weltkrieg ein Tunnelstück der AEG-Linie mit einem weiteren Bahnhofsrohbau fertiggestellt. Die heutige Streckenführung der U-Bahnlinie 8 über den Moritzplatz ist auf die Intervention des Kaufhauskonzerns Wertheim zurückzuführen. Nach Wiederaufnahme der Streckenarbeiten in der zweiten Hälfte der zwanziger Jahre wollte Wertheim gegenüber dem Karstadt-Konzern nicht zurückstehen. Dieser erhielt am Hermannplatz einen direkten Zugang vom U-Bahnhofsneubau in sein neues Kaufhaus. Gegen eine Beteiligung an den zusätzlichen Kosten in Höhe von fünf Millionen Mark wurde die Streckenführung über den Moritzplatz umgelegt. Den bereits fertiggestellten Abschnitt zum Oranienplatz benötigte man nicht länger. Im Bahnhofsrohbau errichtete die BEWAG später ein Umspannwerk, dessen Überreste noch gut erkennbar sind. Dieser Standort wurde 1988 wieder aufgegeben. Beeindruckend sind die im Bahnsteigbereich vorhandenen Mittelsäulen aus poliertem Granit, die ähnlich wie am U-Bahnhof Bernauer Straße ihren Glanz noch nicht verloren haben.[43] Planungen für eine gastronomische Nutzung Anfang der neunziger Jahre scheiterten daran, daß nicht genügend Parkplätze nachgewiesen werden konnten.

Auf halbem Wege zwischen Münzstraße und der heutigen Karl-Liebknecht-Straße liegt ein weiteres Teilstück der alten AEG-Planungen. Kurz vor den Stadtbahnbögen ist im Bürgersteig sein alter Notausstieg zu erkennen. Weitere Abschnitte führten einst an den Markthallen vorbei und sind in den sechziger Jahren beseitigt oder zum Teil als Kellerräume in die bestehenden Neubauten integriert worden.

Am U-Bahnhof Alexanderplatz sollte Berlins größter Kreuzungsbahnhof entstehen. Das Gewirr der Tunnelanlagen reicht bis zu 20 Meter unter die Oberfläche und dürfte selbst für Experten nicht leicht überschaubar sein.

Seit dem 1. Juli 1913 fuhr die U-Bahn (heute U2) zum Alexanderplatz. 1930 kamen der Bahnsteig der GN-Bahn (U8) sowie der Doppelbahnsteig der Linie nach Friedrichsfelde (U5) und der geplanten Strecke nach Weißensee hinzu und machten den U-Bahnhof zu dem verwirrenden Labyrinth, als welches er sich noch heute präsentiert. Entsprechend wurde in dieser Zeit am Alexanderplatz, damals größte Baustelle Berlins, kräftig gebuddelt: Alfred Döblin beschreibt das so: »Am Alexanderplatz reißen sie den Damm auf für die Untergrundbahn. Man geht auf Brettern. [...] Rumm rumm rumm wuchtet vor Aschinger die Dampframme. Sie ist ein Stück hoch, und die Schienen haut sie wie nichts in den Boden. [...] Wie die Bienen sind sie über den Boden her. Die basteln und murksen zu Hunderten rum den ganzen Tag und die Nacht.«[44]

Wie schon 1892 beim Abriß der alten Schloßfreiheit und viel später am Innsbrucker und Adenauerplatz zeigt sich auch hier, daß Berlin für seine Tiefbauvorhaben ganze Straßenzüge einfach verschwinden läßt. »Als man schon beinahe zum ersten Spatenstich in der Weberstraße ausholen wollte, hatte ein Berliner Geschäftsmann *die* Idee. Weshalb nicht zwischen Schilling- und Landsberger Straße eine Bresche schlagen? Die paar alten, baufälligen, zum Teil mehrstöckigen Mietsbuden an der Elisabethstraße waren schnell weggerissen. Es entstand eine Frankfurter Straße, die es vorher in Berlin nicht gegeben hatte. Und das war der Startschuß für die große Buddelei an der ganzen künftigen U-Bahnstrecke.«[45]

Das Begonnene wurde am Alex nur zum Teil realisiert, wie die in Richtung Weißensee fertiggestellten etwa 70 m und 150 m langen Tunnelstutzen bezeugen. In einem dieser »Blindtunnel« endet heute ein Abstellgleis. An den Enden der Tunnelstutzen wurden viel später, 1968, sogenannte Schildkammern eingebaut, große unterirdische Hallen, welche die Maschinen für den Schildvortrieb beim Bau der U-Bahnlinie nach Weißensee aufnehmen sollten. Aus Kostengründen entschied sich der Ost-Berliner Magistrat letztlich aber für den Ausbau und die Modernisierung der Straßenbahn.

Von den Tunnelstutzen gerät man schnell in die nächste »Untergrund«-Geschichte. Die vom Alexanderplatz nach Osten führenden U-Bahntunnel liegen in einem voluminösen Betonblock, Fundament eines weiteren Büroturmes neben dem Berolina- und Alexanderhaus. »Da die Möglichkeit geschaffen werden sollte, diesen durch seine ungewöhnlich günstige Lage besonders wertvollen Baublock mit einem zehnstöckigen Hochhaus zu bebauen, mußten im Interesse einer einheitlichen Fundamentierung dieses Hochhauses seine Fundamente gleichzeitig mit dem Tunnelbau hergestellt werden.«[46]

Den Hochbau ereilte das gleiche Schicksal wie die geplante Linie nach Weißensee, er wurde nicht fertig. Über mehrere Jahre klaffte an dieser Stelle ein riesiges Loch. Ende der dreißiger Jahre planten die Nationalsozialisten hier das »Haus des Arbeitsamtes«, zu Kriegsende waren nur Teile des Rohbaus fertig.

Westlich der unteren Bahnsteige schließt sich eine viergleisige, rund 420 m lange Kehr- und Abstellanlage an. Der Tunnelstutzen sollte der Weiterführung der geplanten U-Bahnlinien nach Steglitz und Moabit dienen. Blickt man vom Bahnhofsbereich in die Kehranlage hinein, fällt auf, daß die Gleise leicht ansteigen. Im Anschluß war ein Verzweigungsbahnhof in zwei Ebenen vorgesehen. Die Sohle der Gleise fällt in Wirklichkeit stark ab, ist aber durch Sandaufschüttungen waagerecht gehalten.

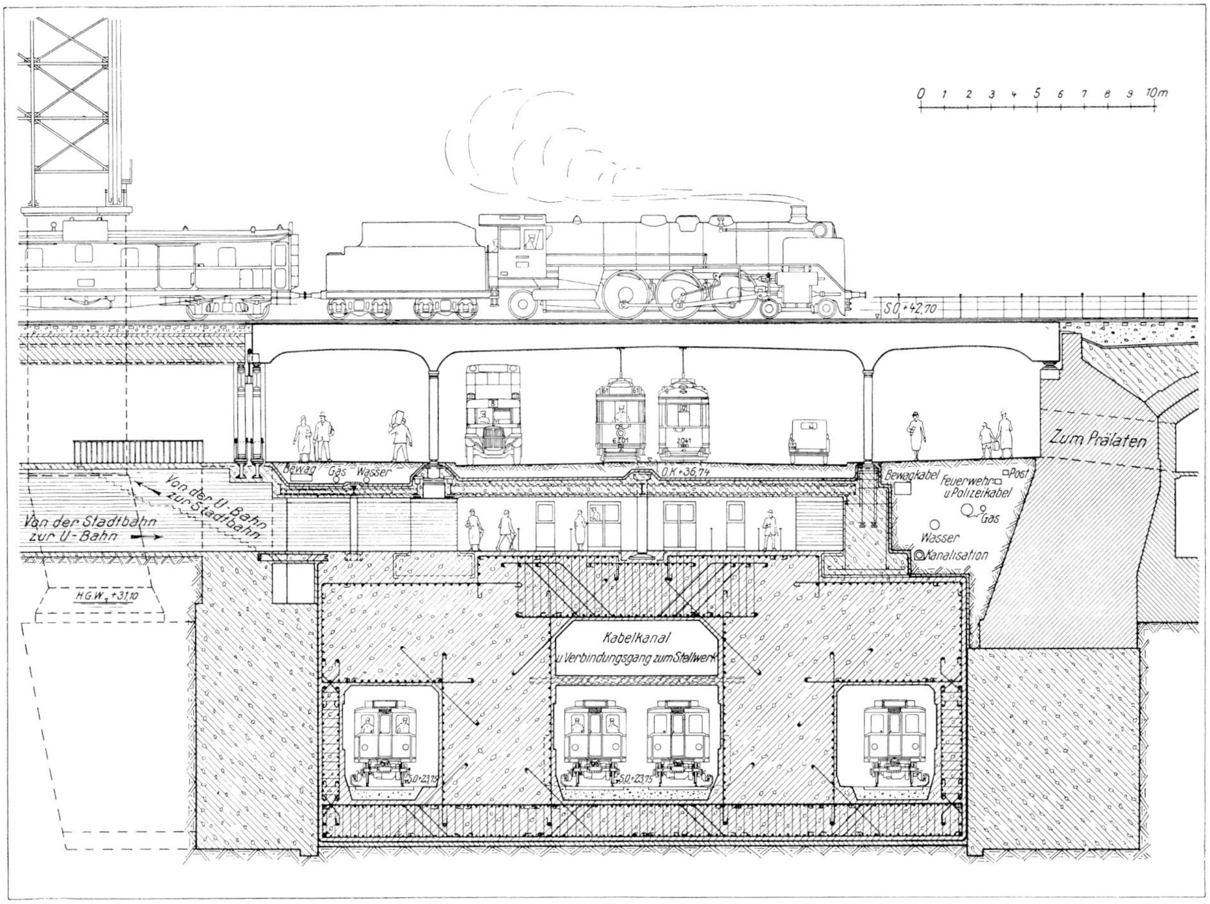

Stadtbahnunterfahrung an der Königstraße (heute Rathausstraße)

An der Grenzallee, zwischen Neuköllner Schifffahrtskanal und Teltowkanal, wollte die BVG eine große Betriebswerkstatt für die U-Bahn errichten. Von diesen Planungen ist nur ein um 1930 entstandener 120 m langer Tunnelstutzen übriggeblieben, in dem nie eine U-Bahn fuhr. Hinter der durch zwei große Holztore verschlossenen Tunnelausfahrt ist inzwischen ein Materiallager untergebracht.[47]

Die Verlängerung zur Grenzallee im Dezember 1930 war das letzte Teilstück, das, in den zwanziger Jahren geplant, noch in Betrieb genommen wurde. Für den Ausbau unter der Hermannstraße langte es nicht mehr. Ein Jahr zuvor hatte man im Anschluß an den U-Bahnhof Leinestraße bereits über 300 m Anschlußtunnel fertiggestellt. Beabsichtigt war die Verlängerung bis zur Ringbahn, aber auch hier mußten die Bauarbeiten aus wirtschaftlichen Gründen eingestellt werden.

Der seit 1929 vorhandene Tunnelstutzen südlich des U-Bahnhofs Leinestraße wurde bis 1931 um weitere 400 m verlängert. Nur die sogenannte Tunneltrompete (die Erweiterung des U-Bahntunnels an der Bahnhofseinfahrt) sowie der nördliche Zugang des geplanten Umsteigebahnhofs zur S-Bahn waren fertig, die S-Bahngleise wurden nicht mehr unterfahren. Bis die U8 am

Baustelle der U-Bahnlinie C (U6) an der Friedrichstraße (um 1920)

13. Juli 1996 zur Hermannstraße verlängert werden konnte, diente der Tunnelstutzen jahrzehntelang als Abstellfläche.

In Neukölln geht der U-Bahnbau der zwanziger Jahre zu Ende. Innerhalb von acht Jahren wurde in Berlin doppelt soviel gebaut wie in den zwanzig Jahren zuvor. Nach den schweren Jahren, die dem Ende des Ersten Weltkrieges folgten, pulsierte das Leben wieder, auch im Untergrund. Platz wurde eng, Platz wurde teuer. Jetzt unterkellerte man zweigeschossig,[48] ganz neue Dimensionen im Tiefbau zeichneten sich damit ab. Mit der vereinheitlichten U-Bahnplanung schaffte Berlin es, über seinen Horizont hinauszuschauen und den provinziellen Mief abzuschütteln. Trotz anfänglicher Rückschläge beendete die Stadt recht bald das Liegengelassene und fügte Neues hinzu. Altes mußte weichen, neue Bauformen setzten sich durch.

Die ersten U-Bahnen wurden noch durch die wohlhabenderen Bezirke geführt. In Westend, Charlottenburg, Schöneberg und Dahlem wohnten damals gut betuchte Leute. Nun, am Ausklang der zwanziger Jahre, erreichte die U-Bahn auch das Proletariat, in Wedding, Neukölln und Lichtenberg.

U-Bahnbau im »12jährigen Reich« (1933–1945)

»Insgesamt fällt ein Fazit zum Berliner U-Bahnbau in der Nazizeit widersprüchlich aus: einerseits Planungen für überdimensionale Großprojekte, andererseits keine Streckeneröffnungen – nur einige ›Blinde Tunnel‹. Und zum Ende des Krieges die vernichtende Bilanz eines weitgehend zerstörten U-Bahn-Systems.«[49] So urteilen die Historiker heute.

Tatsächlich ist in der dritten Bauphase der Berliner U-Bahn kein größeres unterirdisches Bauvorhaben bei der U-Bahn fertiggestellt worden. Anfangs, von 1934 bis 1939, waren Berlins Tunnelspezialisten vollauf mit dem Bau des Nord-Süd-Tunnels der Berliner S-Bahn beschäftigt. Gleichwohl waren weitreichende Ziele für die U-Bahn im Zuge des Ausbaus Berlins zur Reichshauptstadt »Germania« abgesteckt. Die Verantwortung dafür trug der Generalbauinspektor für die Reichshauptstadt (GBI), Albert Speer. Die Stadt Berlin richtete ein eigenes »Schnellbahnbauamt« ein, das die Baumaßnahmen koordinieren sollte. Die Neuplanungen orientierten sich weitgehend an Vorhaben aus den zwanziger Jahren. Nur im zentralen Bereich waren aufgrund der geplanten Nord-Süd-Achse umfangreiche Streckenänderungen vorgesehen, so die Verlegung der Hochbahnstrecken am Gleisdreieck in den Unter-

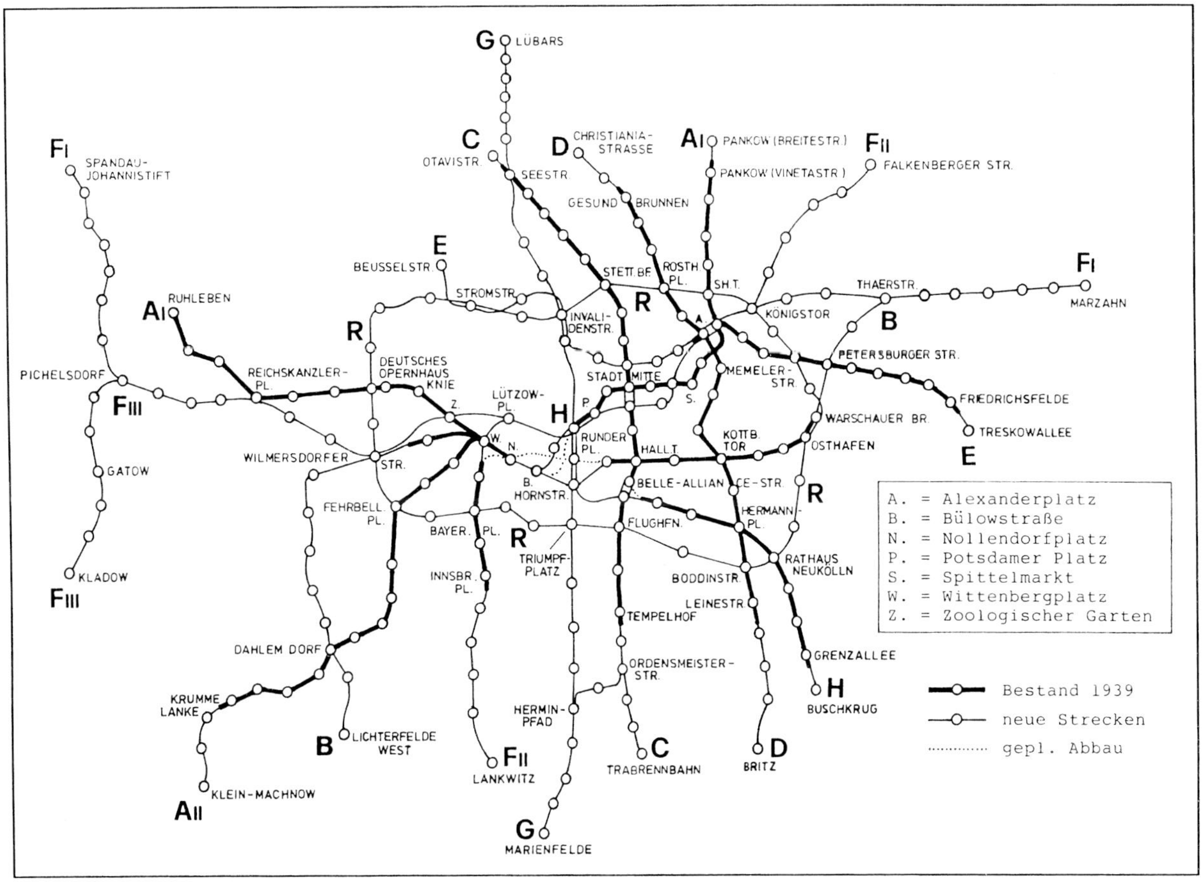

U-Bahn-Planungen 1939

S-Bahntunnel am Anhalter Bahnhof nach Rohbaufertigstellung (1938)

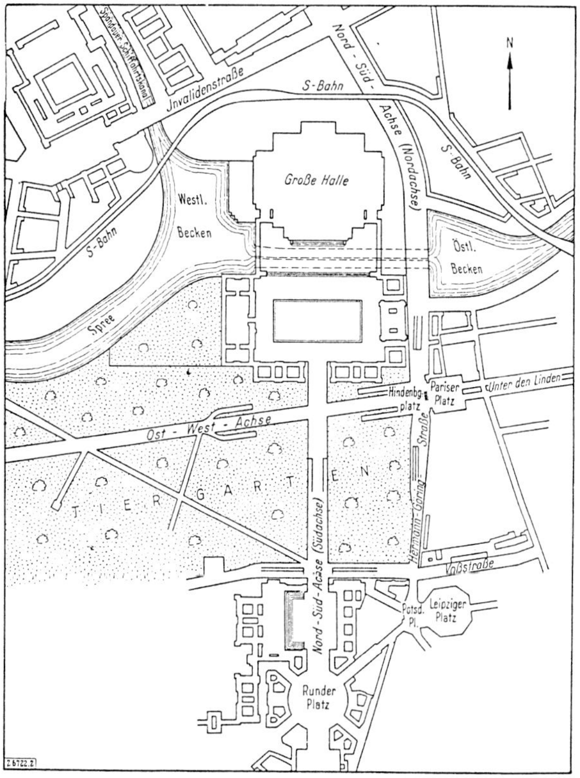

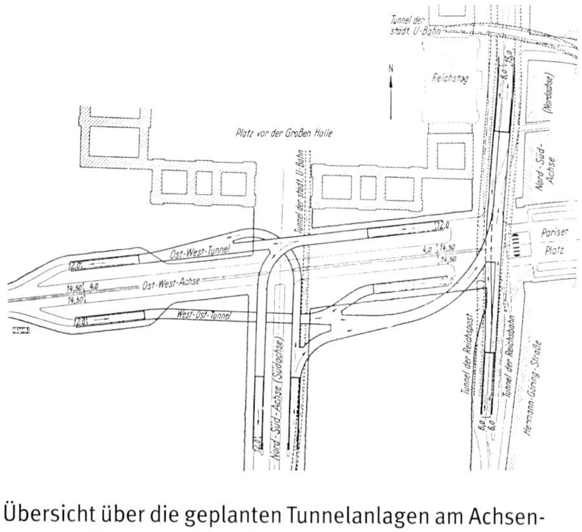

Übersicht über die geplanten Tunnelanlagen am Achsenkreuz im Tiergarten (1939)

grund. Ein U-Bahnring, ähnlich dem in Moskau, etwa in der Mitte zwischen S-Bahnring und Stadtzentrum, war in Vorbereitung. Neu war eine Linie von Lübars nach Marienfelde, parallel zur Nord-Süd-Achse. Alle diese Planungen blieben Luftschlösser, das bereits Begonnene wurde nach dem Ausbruch des Zweiten Weltkrieges als »nicht kriegswichtig« eingestellt. Die fünf fertiggestellten Rohbauabschnitte sind während des Krieges allesamt »verbunkert« worden.

Die U-Bahnlinie im Bereich des geplanten großen Achsenkreuzes im Tiergarten sollte in Höhe des heute dort gelegenen Sowjetischen Ehrenmals die Ost-West-Achse unterqueren, genau wie zwei Straßentunnel, die zeitgleich in Bau waren. Bei der Umgestaltung der Ost-West-Achse im Jahre 1938 mußten diese Tiefbaumaßnahmen besonders zügig in Angriff genommen werden, da der Straßenzug Paraden dienen sollte. Nördlich war die Baugrube des U-Bahntunnels bereits bis zum geplanten Spreedurchstich ausgebaggert. Im Spreebogen sollte vor der »Großen Halle« der Fluß begradigt und unter einem überdimensionalen Versammlungsplatz hindurchgeführt werden. Die U-Bahn hätte dabei den Flußtunnel unterquert. An den Wehrkammern arbeitete man bereits, als es 1940 zur Einstellung aller Baumaßnahmen kam. Nach dem Zweiten Weltkrieg wurden bei den Aufräumarbeiten die Zugänge zu den Tunnelanlagen zugeschüttet oder beim Bau

Beginn des Tunnelbaus für die geplante Nord-Süd-Achse (August 1938); im Hintergrund das Brandenburger Tor

des Sowjetischen Ehrenmals zubetoniert. Bei ihrer Wiederentdeckung Ende der sechziger Jahre waren sie bis oben mit Wasser vollgelaufen und mußten leergepumpt werden. In der Folge wurden sie saniert, denn ein Abriß wäre noch teurer gewesen.

Der fertiggestellte U-Bahntunnel beginnt etwa 50 m südlich der heutigen Straße des 17. Juni und endet unter der John-Foster-Dulles-Allee. Er ist insgesamt fast 200 m lang, 6,80 m breit und liegt an seinem tiefsten Punkt 16 m unter der Oberfläche. Rostige Steigeisen führen in die Tiefe hinunter. Die Luftfeuchtigkeit ist sehr hoch, sofort beschlagen jegliche Kameraobjektive und Brillen. Wer einmal dort unten gewesen ist, wird die sakrale Atmosphäre nicht so schnell vergessen. Beeindruckend ist vor allem der Hall. Man kann ein paar Töne anstimmen und es klingt sogleich wie Gregorianische Choräle.

Nordwestlich des Reichstages entstand ein weiterer, etwa 225 m langer Tunnelabschnitt für die U-Bahn vom Alexanderplatz nach Moabit. Hier wurde seit 1940 ebenfalls nicht mehr weitergebaut. 1947 sprengten britische Pioniere die Tunneldecke. Bei der Neugestaltung der Platzanlage vor dem Reichstag nach dem Zweiten Weltkrieg wurden die Tunnelreste mit Schutt verfüllt. In den neunziger Jahren lagen diese Überbleibsel den neuen Tunnelplanungen im Weg und mußten im Zuge der »Baufeldfreimachung« für viel Geld beseitigt werden.

Für den dritten Tunnelrohbau im Hinblick auf eine geplante Strecke von Steglitz nach Weißensee nutzte man die Gelegenheit aus, daß die Mühlendammschleuse zu einer modernen Doppelschleuse ausgebaut wurde. Das Schnellbahnbauamt ließ dabei auf dem Eckgrundstück Breite Straße/Mühlendamm einen etwa 90 m langen und 12 m tief gelegenen Tunnel mit einer Wehrkammer errichten, der die Spree halb unterquert. Hier wurden die Bauarbeiten erst 1942, nach ausreichender Sicherung des bereits fertiggestellten Tunnelstücks, eingestellt.

Weitere Tunnelspuren finden sich unter der Heerstraße. Auf dem Grundstück Nr. 4/4b wurde ein kurzes Tunnelstück erstellt. Im weiteren Verlauf wurden Baugruben bis zum Adolf-Hitler-Platz (Theodor-Heuss-Platz) ausgehoben und Stahlträger ins Erdreich gerammt. Die Stahlträger sind 1953 wieder aus dem Boden gezogen worden und fanden nochmals beim U-Bahnbau in der Müllerstraße Verwendung.

Manchmal wird der Berliner auf sehr unliebsame Art an die Hinterlassenschaften im Untergrund erinnert. Am 20. September 1991 kam es in der Heerstraße zu einem Unglück.[50] Der Bürgersteig sackte weg, mehrere Fußgänger rutschten in die Tiefe. Eine ältere Frau konnte erst nach

Bauarbeiten zum Nord-Süd-Tunnel am Potsdamer Platz (1937)

Rampen für den unterirdischen Stadtgüterverkehr auf dem U-Bahnhof Alexanderplatz (1944)

Stunden befreit werden. Ursache war der Versuch des Hauseigentümers, seine Tiefgarage in bisher verschüttete Tunnelreste vorzutreiben. Dabei gab die Wand eines Regenwasserkanals nach, dem plötzlich der nötige Außendruck durch das Erdreich fehlte. Ein Regenguß unterspülte den Bürgersteig, dieser brach in den Tunnelstutzen ein – ein tragisches Tunnelende.

Gegen Kriegsende lag das U-Bahnnetz in Trümmern. Allein 56 Bahnhöfe wurden zum Teil durch Bombentreffer erheblich in Mitleidenschaft gezogen, von den beschädigten Tunnelstrecken ganz zu schweigen.[51] Anstatt, wie vorgesehen, dazu beizutragen, daß Berlin für alle Zeiten geeignet und würdig erscheint, »die Hauptstadt des Deutschen Reiches zu sein«,[52] endete diese U-Bahn-Bauphase im Chaos von Trümmern, Feuersbrünsten, Wassereinbrüchen und Leichengestank.

Die U-Bahn in der gespaltenen Stadt (1945–1961)

Auch wenn zwei Jahre nach Kriegsende, am 21. April 1947, das gesamte U-Bahnnetz wieder befahren werden konnte, brauchte es insgesamt sechs Jahre, um die notwendigsten Reparaturen an Gebäuden und Anlagen vorzunehmen. Den ersten Streckenneubau gab es dann auf Ost-Berliner Gebiet im Bezirk Mitte.[53] Durch einen Tunnel zwischen den Bahnhöfen Klosterstraße und der Kehranlage am U-Bahnhof Alexanderplatz wurde im Winter 1951/52 eine Verbindung unter der Littenstraße zwischen dem Großprofil-

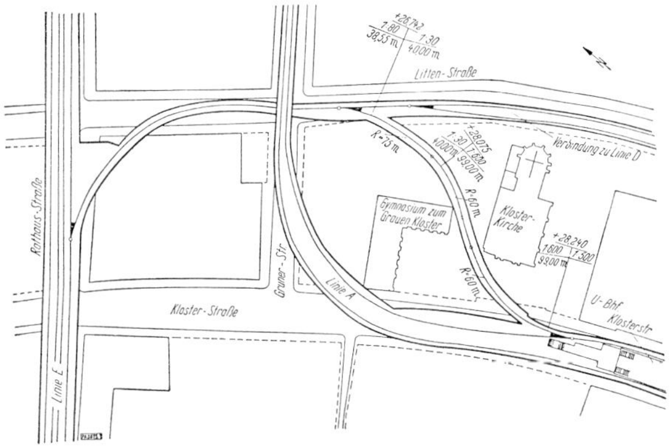

Verbindungstunnel von Klein- und Großprofilnetz zwischen Kloster- und Littenstraße

und dem Kleinprofilnetz geschaffen.[54] Bedeutung erlangte der Tunnel vor allem für die Ost-Berliner Verkehrsbetriebe, die späteren BVB. Über diesen Abschnitt konnten die BVB ihre Kleinprofilwagen in die Betriebswerkstatt Friedrichsfelde überführen und sich damit schon früh von den West-Berliner Betriebswerkstätten unabhängig machen. Für Jahrzehnte blieb das der einzige Tunnelneubau in Ost-Berlin, abgesehen von der 1973 verlängerten U5 von Friedrichsfelde zum Tierpark.

Der weitere Ausbau des U-Bahnnetzes fand in West-Berlin statt. Bis zum Bau der Mauer entstand hier die Verlängerung der U-Bahnlinie 6 von Seestraße nach Tegel (1958) sowie der U7 nach Britz-Süd (1963), wo gleichzeitig ein neuer Betriebshof eingeweiht wurde. Eine reine Neubaustrecke war die Linie zwischen Leopoldplatz und Spichernstraße, die am 28. August 1961 eröffnet werden konnte und bald zur wichtigsten

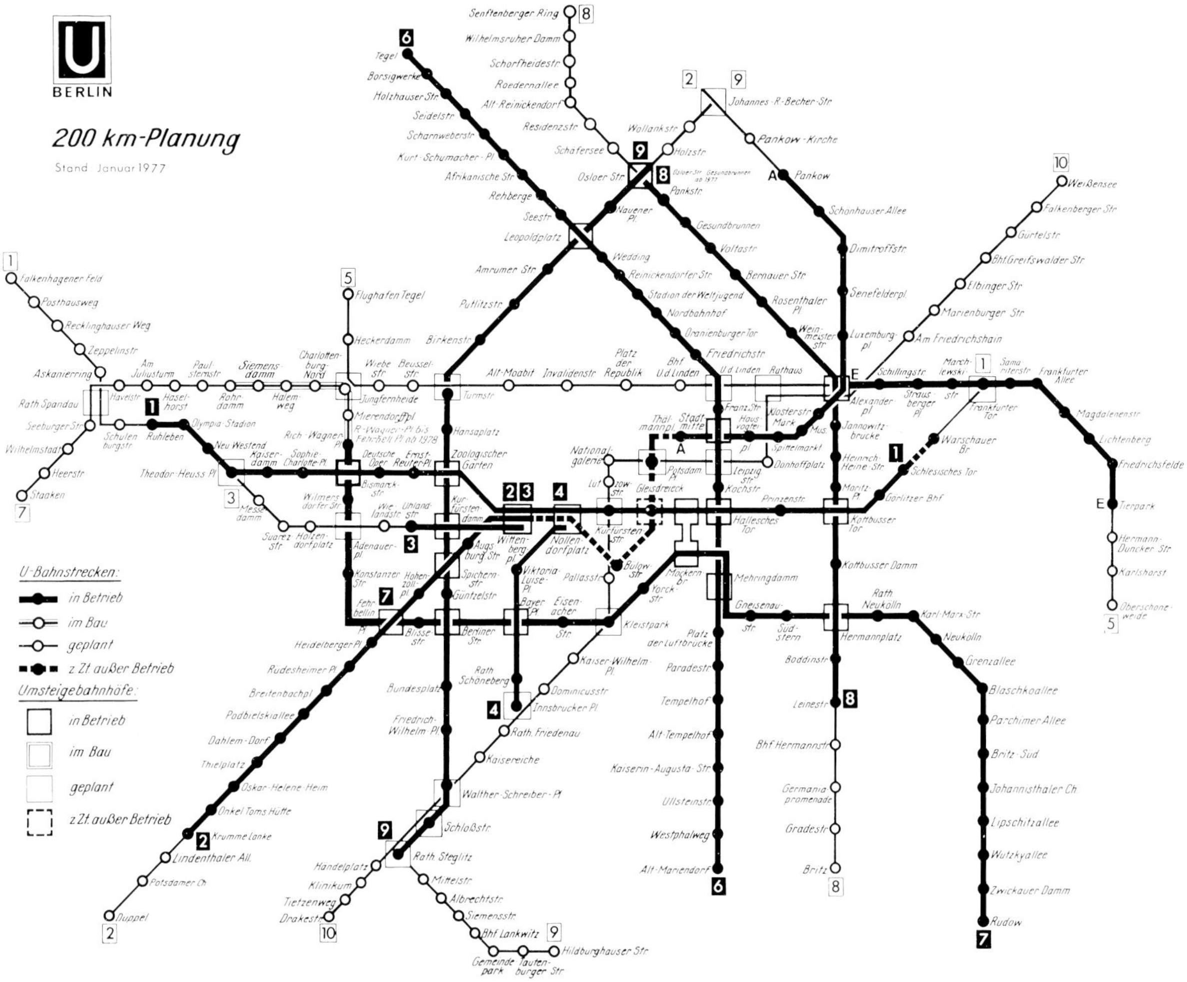

200-km-Planung der U-Bahn (Stand: Januar 1977)

Nord-Süd-Verbindung des westlichen Berlins wurde.

Auf »Blinde Tunnel« brauchte man im Nachkriegs-Berlin nicht lange zu warten. Der erste entstand 1955, als die Gesamtberliner Perspektive für die Planer noch eindeutig war. Damals entwickelte man einen weitreichenden »200-km-Plan«, der an ähnliche Projekte aus den zwanziger Jahren anknüpfte. Um das Vorhaben eines 200 km langen U-Bahnnetzes zu erreichen, sollte u.a. eine Strecke vom Alexanderplatz nach Moabit führen. Der U-Bahnhof Turmstraße auf der Linie Leopoldplatz – Spichernstraße war dafür als Umsteigebahnhof vorgesehen worden. Über dem mittleren Bahnhofsbereich entstand deshalb ein 500 m² großer Bahnhofsrohbau, der heute noch an der abgesenkten Bahnhofsdecke unten erkennbar ist. Hier führt seit 1982 ein dritter Ausgang zur Turmstraße hinauf, der allerdings bei einer späteren Verwirklichung der U5-Verlängerung nach Moabit wieder abgebrochen werden müßte.[55]

Neue Tunnel und »Phantomlinien« (1961–1989)

Nach dem Mauerbau verlor die S-Bahn als zentrales Schnellverkehrsmittel in West-Berlin zunehmend an Bedeutung. Da sie im Zuständigkeitsbereich der Deutschen Reichsbahn blieb, deren Sitz in Ost-Berlin war, wurde sie aus politischen Gründen weitgehend boykottiert. Investiert wurde in den sechziger und siebziger Jahren hauptsächlich in den Ausbau der U-Bahn, vor allem in die Verlängerung der U6 nach Alt-Mariendorf, der U7 nach Spandau und der U9 zur Osloer Straße und nach Steglitz.

West-Berlin hatte damals ausreichende Geldmittel zur Verfügung, um sich »Blinde Tunnel« auf Vorrat zu leisten. Die »Phantomlinie« U10, »eine typische Sumpfblüte der Frontstadtpolitik«,[56] ist das klassische Beispiel dafür. Sie sollte vom Kulturforum am Potsdamer Platz über die Hauptverkehrsachse Potsdamer Straße, Hauptstraße und Rheinstraße bis nach Steglitz führen. Oft wird behauptet, daß die U10 eigentlich nur dafür gedacht war, die mehrere hundert Meter weiter östlich verlaufende S-Bahn zu verdrängen,[57] doch stimmt dies so nicht. Die U10 war bereits seit den zwanziger Jahren vorgesehen und auch im 200-km-Ausbauplan von 1955 enthalten. Ihr kam die Funktion zu, die Hauptgeschäftsstraßen und Wohnviertel Friedenaus und Schönebergs besser zu erschließen, da sie durch den großen Abstand der S-Bahnhöfe nicht ausreichend an das Schienennetz angebunden waren.

Den vorgesehenen Streckenverlauf der U10 kann man an den Bauvorleistungen noch heute ziemlich deutlich ablesen. Im Süden sollte die U10, von der Drakestraße kommend, am U-Bahnhof Rathaus Steglitz mit der U9 zusammengeführt werden, wofür auch ein entsprechender Bahnhof errichtet wurde. Die heutige U9 beginnt an dem eigentlich für die U10 vorgesehenen Bahnsteig, während der ursprüngliche U9-Bahnsteig gegenwärtig als Fußgängerverbindung zur S-Bahn dient. Auch die sehr großzügig ausgebaute Kehranlage mit einem 480 m langen Tunnelstutzen verweist auf andere Nutzungsabsichten. Hier sollte die Verlängerung zur Drakestraße beginnen. Zwischen Rathaus Steglitz und Walther-Schreiber-Platz verliefen U9 und U10 laut Plan gemeinsam, doch wäre es unter der Schloßstraße für zwei U-Bahnlinien nebeneinander zu eng geworden. Daher hat der U-Bahntunnel hier vier Gleise auf zwei Etagen erhalten, was die ungewöhnliche Konstruktion erklärt, daß die U9 am Bahnhof Schloßstraße in zwei Ebenen hält. Am U-Bahnhof Walther-Schreiber-Platz sollten sich die Linien wieder trennen. Die U9 schwenkt auf ihre eigentliche Gleisführung unter der Bundesallee ein, während die U10 unter der Rheinstraße weiterverlaufen würde. In diesem V-förmig angelegten Bahnhof gibt es für die U10 bereits einen eigenen Rohbauabschnitt, hinter einer Sperrholzverkleidung im Zwischengeschoß.

Unter dem Autobahntunnel am Innsbrucker Platz finden sich die nächsten Spuren der U10. Der hiesige »Geisterbahnhof« ist das Paradebeispiel für einen »Blinden Tunnel« des Modells »Zukunft«. Mit seinem fertiggestellten Bahnsteig und den ausgeformten Gleisträgen, in denen nur die Schienen fehlen, ist er schon mehr als ein Rohbau. Gelangt man durch eine der verschlossenen Türen, öffnet sich eine andere Welt. Je tiefer man in die Geheimnisse dieser ausgedehnten Anlagen eindringt, desto stärker überkommt einen das Gefühl, daß hier nicht alles zu Ende ist. Noch schlummert der Tunnel vor sich hin, nur gelegentlich unterbrochen von den Visiten neugieriger Besuchergruppen. Ihnen präsentiert sich der Bahnhof in majestätischer Ruhe. Die Geräusche der Oberwelt hört man allenfalls gedämpft. Das Neonlicht wird durch verschiedene Stützpfeiler gebrochen und wirft skurrile Schattenbilder an die Wände. Nirgends sind Tropfsteine zu sehen, auch keine Wasserlachen. Bis auf einige Zigarettenstummel und vergilbte Zeitungsreste gibt es kaum Unrat. Die Anlage ist völlig leer, blank, nackt und wirkt so frisch und neu, als sei der Bahnhof gestern erst errichtet worden. Fertiggestellt ist auch ein großes Zwischengeschoß, dessen Ausdehnung man von außen nur vage erahnen kann. Ein kleiner Teil davon ist als Ausgang des derzeitigen U-Bahnhofs öffentlich zugänglich. Hinter Zwischenwänden verborgen liegt die eigentliche Verteilerhalle, in die auch die Notausgänge des Autobahntunnels münden. Die wenigen Betriebsräume der BVG, die sich hier finden, so zum Beispiel eine Kegelbahn, wirken in dieser Umgebung geradezu verloren.

Folgt man der Phantomlinie 10 weiter nach Norden, wird man am U-Bahnhof Kleistpark erneut fündig. Mit Verlängerung der U7 zum Fehrbelliner Platz wurde unter der Hauptstraße ein weiterer kompletter U-Bahnhof im Rohbau geschaffen, der im Gegensatz zu vielen anderen »Blinden Tunneln« tatsächlich genutzt wird: Die BVG hat hier ein Archiv, Plankammern und Aktenlager eingerichtet.

Als 1984 an dieser Stelle endlich der Bau der Linie 10 beginnen sollte, ging der S-Bahn-Betrieb in West-Berliner Hände über, so daß die bereitstehenden Gelder in die Instandsetzung des maroden S-Bahn-Netzes gesteckt wurden. Während die Wannsee-Bahn erkennbar davon profitierte, bedeutete es für die U10 vorerst das Aus. Sie blieb ein Phantom.

Auch die Verlängerung vom U-Bahnhof Uhlandstraße in Richtung Westend, die künftige U3, ist über ein Geisterstadium nicht hinausgekommen. Praktische Vorleistungen finden sich unter dem U-Bahnhof Adenauerplatz. Hier ist 1976–78 der über 2500 m^2 große Rohbau eines Kreuzungsbahnhofs errichtet worden. Hinter dem Adenauerplatz sollte die geplante Linie den Kurfürstendamm verlassen und nach Norden zur Kantstraße hin verschwenkt werden, über den Holtzendorffplatz und die Neue Kantstraße am Messegelände vorbei zum Theodor-Heuss-Platz führen.[58]

Hinter dem Fahrkartenschalter des U-Bahnhofs Adenauerplatz verbirgt sich der einzige Zugang vom Verteilergeschoß zum unteren Bahnsteig in großer Tiefenlage. Für die Verbindung mit dem Bahnsteig der U7 ist bereits ein Treppenkreuz im Rohbau fertiggestellt – doch daß hier einmal eine U-Bahn ankommt, liegt noch in weiter Ferne.

Am Messedamm stößt man auf weitere Spuren dieses Vorhabens. Beim Bau des ICC in den Jahren 1973 bis 1979 wurde eine später verworfene direkte U-Bahn-Anbindung an die Station Kaiserdamm erwogen, die nur einige hundert Meter entfernt ist. Die daraufhin erbaute Fußgängerunterführung (»Passarelle«) unter der Kreuzung Messedamm, Neue Kantstraße und Masurenallee ist eigentlich ein Bahnhofszugang. Darunter findet sich ein etwa 40 m langes Tunnelstück, die östliche Ausfahrt des geplanten Bahnhofs Messedamm. Der Rohbau hat nach Osten ein starkes Gefälle, weil eine künftige U-Bahnstrecke die Ringbahn und den Stadtring zu unterqueren hätte. Der U-Bahnhof sollte unter der Masurenallee

Ungenutzte Bahnsteighälfte im U-Bahnhof Jungfernheide (1997)

Leerer Gleistrog am U-Bahnhof Rathaus Spandau (1997)

liegen. Zur Zeit führt nur eine Nottreppe in den Tunnelstumpf hinunter.

Richtig aus dem Vollen geschöpft haben die Verkehrsstrategen am U-Bahnhof Jungfernheide, wo im Rahmen des 200-km-Netzplanes ein großzügiger Kreuzungsbahnhof entstand. Ähnlich dem U-Bahnhof Schloßstraße doppelstöckig angelegt, soll er die geplante Verlängerung der U5 vom Alex über Moabit zum Flughafen Tegel mit der U7 und dem Nordring der S-Bahn verbinden. Hinter roten Gitterzäunen liegen auf beiden Ebenen leere Gleisströge, von denen ein in Richtung Flughafen weisender 200 m langer Tunnelstutzen abzweigt, der sogar über zwei Wehrkammern an der Unterfahrung des Westhafenkanals verfügt.

Geradezu pompös geht es am Endbahnhof der U7 Rathaus Spandau zu. 64 Lampen, modernen Kronleuchtern ähnlich, bestrahlen dezent die mit Messingleisten verzierten Säulen aus schwarzem Labrador-Granit.[59] Dies ist vermutlich der einzige Bahnhof Berlins, der mit den prachtvollen Untergrundpalästen Moskaus mithalten kann.[60] Dafür warteten die Spandauer auch über 60 Jahre auf die U-Bahn. Bei der Einweihung am 1. Oktober 1984 ist zugleich auch eine 600 m lange Kehranlage übergeben worden, die beinahe schon die Entfernung zur nächsten geplanten Station Seeburger Straße umfaßt, Ausgangspunkt für die Verlängerung der U7 nach Staaken. Ein Blick von den Balustraden der Bahnhofshalle verdeutlicht die Ausmaße. In den äußeren Gleisströgen liegen keine Schienen, sie enden blind. Nur auf den inneren herrscht Fahrbetrieb. Hier unten könnte es zu einer Premiere kommen, falls eines Tages die Züge der U2 nicht in Ruhleben, sondern am Rathaus Spandau enden. Dann wären Klein- und Großprofil erstmalig an einem gemeinsamen Bahnsteig miteinander vereint.

»Blinde Tunnel« bei der S-Bahn

Der Nord-Süd-Tunnel der S-Bahn schlängelt sich wie ein Bandwurm durch das Herz der Stadt. Überall zweigen Verästelungen, Unterführungen und Gänge ab. Trotz seiner nur knapp 6 km Länge birgt er zahlreiche Ansätze nicht vollendeter Verkehrsprojekte. Die Idee zu diesem Tunnel geht auf das Jahr 1910 zurück, als man die großen Berliner Fernbahnhöfe im Norden (Lehrter und Stettiner Bahnhof) und im Süden (Potsdamer, Anhalter und Görlitzer Bahnhof) miteinander verbinden wollte. Die Stadtbahn, eine gut funktionierende Ost-West-Verbindung, sollte an der Friedrichstraße mit einer leistungsfähigen Nord-Süd-Verbindung gekoppelt werden. Zu Beginn der zwanziger Jahre begann die Deutsche Reichsbahn-Gesellschaft mit den Planungen, die wegen der fehlenden Freiflächen in der dicht bebauten Innenstadt eine unterirdische Streckenführung vorsahen. 1925 lag ein erster Entwurf mit verschiedenen Streckenvarianten vor. Wenig später wurden im Zusammenhang mit anderen Bauaktivitäten sicherheitshalber schon erste Bauvorleistungen erbracht, auch wenn die endgültigen Entscheidungen noch ausstanden.

So stieß man bei Tiefenenttrümmerungen auf dem Gelände der ehemaligen Neuen Reichskanzlei 1988 auf eine etwa 1,5 m starke, mit Stahlträgern bewehrte Betondecke, über die zunächst viel spekuliert wurde. Sie entpuppte sich als ein Reststück des geplanten S-Bahnhofs Wilhelmplatz. Ursprünglich sollte der Nord-Süd-Tunnel vom Bahnhof Friedrichstraße unter der heutigen Glinkastraße und den Ministergärten hindurch zum Potsdamer Platz geführt werden. Das Tunnelfragment entstand 1928–30 im Zusammenhang mit dem von Eduard Jobst Siedler errichteten Erweiterungsbau der Alten Reichskanzlei.

Den Nationalsozialisten kam das weit fortgeschrittene Projekt des Nord-Süd-Tunnels politisch sehr gelegen. Die 1933 in Angriff genommenen Bauarbeiten wurden als Arbeitsbeschaffungsmaßnahme und als »Spiegelbild der großen Wende, die mit der nationalsozialistischen Erhebung heraufgeführt worden ist«,[61] propagandistisch ausgeschlachtet. Noch vor Beginn der Olympischen Sommerspiele von 1936 sollte wenigstens der Streckenabschnitt zum Brandenburger Tor in Betrieb gehen, wenn schon nicht der gesamte Tunnel zu schaffen war. Wegen kurzfristiger Planungsänderungen und des hohen Termindrucks wurden die Arbeiten sehr hastig ausgeführt. So kam es am 18. August 1935 infolge unzureichender Baustellen-Absteifungen in einem Abschnitt südlich des Brandenburger Tors zum Einsturz der Baugrube. 19 Arbeiter fanden dabei den Tod.[62] Trotzdem wurde der nördliche Bauabschnitt bis zum Bahnhof Unter den Linden noch rechtzeitig fertig. Der südliche Teil bis zum Potsdamer Platz folgte drei Jahre später. Mit der feierlichen Eröffnung des dortigen S-Bahnhofs am 8. Oktober 1939 ist der Nord-Süd-Tunnel seiner Bestimmung übergeben worden.

Hätten die Nationalsozialisten ihre Pläne verwirklicht, wäre der Bahnhof Potsdamer Platz ein wichtiges Verbindungsglied zwischen dem geplanten neuen Südbahnhof westlich vom Tempelhofer Ringbahnhof und dem neuen Nordbahnhof zwischen den Bahnhöfen Putlitzstraße und Wedding auf der Ringbahn geworden.[63] Er wurde deswegen viergleisig ausgebaut und mit zwei Bahnsteigen ausgestattet. Viergleisig ist auch die Strecke unter der Ebertstraße bis ans Brandenburger Tor. Über die beiden Außengleise läuft der Verkehr Richtung Friedrichstraße, auf den Innengleisen, heute eine Abstell- und Kehranlage, die in Eisenbahnerkreisen salopp »Heuboden« genannt wird,[64] war die Bahnverbindung am Reichstag entlang zum neuen nördlichen Zentralbahnhof vorgesehen. Die Wannsee-Bahn sollte ursprünglich direkt von der Großgörschenstraße durch einen weiteren Tunnel den Potsdamer Platz erreichen und direkt mit der Ringbahn verknüpft werden. Drei Tunnelstutzen mit beachtlichen Überfahrungsbauwerken über die Gleise der S1, S2 und S25 erinnern am südlichen Bahnhofsende noch an diese Absichten.

Planungsänderungen verursachten »Blinde Tunnel« auch rund um den Anhalter Bahnhof. Entgegen früheren Projektierungen entwickelte Generalbauinspektor Albert Speer die Idee einer S-Bahnverbindung vom Anhalter zum Görlitzer Bahnhof. Dies führte dazu, daß alle anderen, bereits weit fortgeschrittenen Bauarbeiten unterbrochen und verändert werden mußten, wobei einige bereits ausgeführte Tunnelteile wieder mit Sand zugeschüttet wurden.[65] Südlich des Anhal-

Bergungs- und Aufräumarbeiten nach dem Einsturzunglück an der Nord-Süd-Bahn (August 1935)

ter Bahnhofs, kurz vor der Tunnelgabelung der S1, S2 und S25, mußte dagegen das Tunnelstück aufgeweitet werden, um eine Ausfädelung der S-Bahn zum geplanten riesigen Südbahnhof an der Papestraße zu ermöglichen. In Höhe einer gedachten Verlängerung der Hornstraße sollte ein die Berliner Untergrunddimensionen sprengender unterirdischer Umsteigebahnhof entstehen.[66] Neben vier Mittelbahnsteigen allein für die S-Bahn hätten noch zwei weitere U-Bahnlinien Platz gefunden. Von diesem gigantischen Vorhaben blieb lediglich ein Tunnelstumpf, in den die BVG 1984 ein S-Bahn-Gleichrichterwerk einbauen ließ.

Ohne jeden Anschluß blieb ein Bahnhof unter dem U-Bahnhof Moritzplatz. Er war für eine Strecke gedacht, die unter der Oranienstraße zum Potsdamer Platz führen und hier in einen gemeinsamen Bahnhof mit der S-Bahn münden sollte.[67] Anfangs war er als Umsteigemöglichkeit zu der niemals verwirklichten, in den zwanziger Jahren geplanten U-Bahnlinie von Neukölln nach Moabit vorgesehen. Diese U-Bahnpläne gab man bereits vor 1933 zugunsten einer geplanten S-Bahn vom Lehrter Bahnhof zum Görlitzer Bahnhof auf.[68] Der rund 1100 m^2 große Rohbau unter dem U-Bahnhof hätte in diesem Fall der S-Bahn gedient. Aber auch daraus wurde nichts. Nach 1945 übten hier gelegentlich das Technische Hilfswerk und die amerikanischen Streitkräfte. Heute

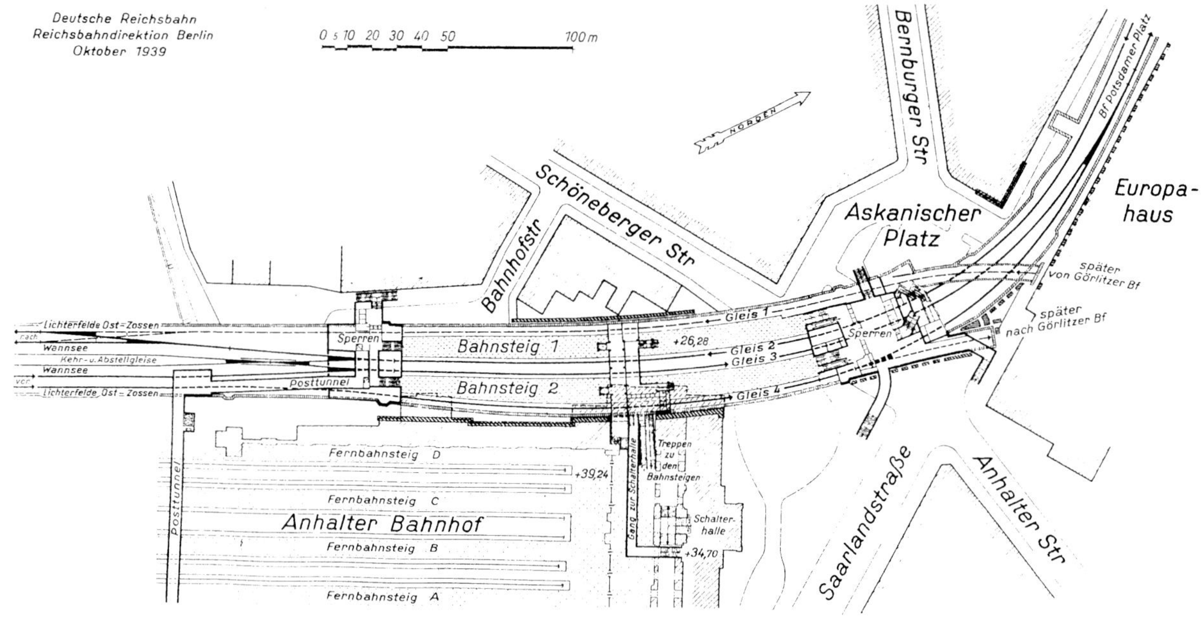

Unterirdische Anlagen am Anhalter Bahnhof

steht der Rohbau bis auf ein 1984 eingebautes U-Bahn-Umformerwerk der BVG leer. Daran wird sich wohl auch nichts ändern, denn das Ziel dieser Linien, den Görlitzer Fernbahnhof, gibt es nicht mehr.

Durch den Abriß der großen Fernbahnhöfe nach dem Krieg und durch den Mauerbau verloren auch diverse unterirdische Nebenverbindungen wie die Post- und Gepäcktunnel ihre Funktion und wurden zu »Blinden Tunneln«. Am Stettiner Bahnhof (S-Bahnhof Nordbahnhof) verbergen sich hinter neueren Wandfliesen im nördlichen Verteilergeschoß am Ausgang zur Gartenstraße die einst in den Fernbahnhof und den Posttunnel führenden Gänge.[69] Eine andere unterirdische Verbindung vom S-Bahntunnel endet im gegenüberliegenden Haus der Reichsbahnämter in der Invalidenstraße, heute Sitz der S-Bahn Berlin GmbH. An den Türen waren noch 1993 die Spuren elektronischer Sicherungsanlagen zu erkennen, die hier Fluchtversuche in den Westen verhindern sollten.

Wie der Stettiner wurde auch der Anhalter Bahnhof durch mehrere Post- und Gepäcktunnel unterirdisch mit dem Fernbahnhof verbunden. Die meisten Gänge verschwanden beim Abriß der Bahnhofsruine in den fünfziger und sechziger Jahren, darunter ein direkter Zugang von der S-Bahn in die Bahnhofshalle sowie der »Excelsiortunnel«, eine direkte Gangverbindung aus dem Bahnhof zum gleichnamigen Hotel. Nur einen Posttunnel in die Kellerräume des Postamtes an der Möckernstraße gibt es noch, der aber wegen seines schlechten Zustandes abgerissen werden soll.

Fußgänger- und Autotunnel

Fußgängertunnel gab es anfänglich, also vor gut hundert Jahren, vor allem zur Unterquerung der sich immer weiter ausbreitenden Eisenbahnanlagen, wie etwa am Stettiner Bahnhof. Der 180 m lange Fußgängertunnel ersparte den Anwohnern dort weite Wege um das ausgedehnte Bahnhofsgelände herum. Beim Bau der Berliner Mauer wurden seine Zugänge vermauert und blieben wegen des schlechten Bauzustandes auch nach 1989 verschlossen. Eine ähnliche Unterführung des Görlitzer Bahnhofs ist abgetragen worden, die Reste wurden Bestandteil der dortigen Grünanlage. Andere Fußgängertunnel sind im Laufe der Zeit geschlossen oder wie am Jakob-Kaiser-Platz beim Bau von U-Bahnhöfen gleich mit einbezogen worden.

Durchgesetzt haben sich dagegen Zwischengeschosse an den Enden von U-Bahnhöfen, die seit den zwanziger Jahren errichtet wurden, um den Passanten angesichts des zunehmenden Straßenverkehrs eine sichere Unterquerung der Fahrbahnen zu ermöglichen. Zuvor waren die Ausgänge in Straßenmittellage gebaut worden, die – wie in der Friedrichstraße – an der Oberfläche kleine Verkehrsinseln bildeten.

In den dreißiger Jahren entstanden Pläne, alle großen Straßenzüge mit unterirdischen Fußgängerpassagen auszustatten. Davon sind heute noch der jetzt verschlossene Fußgängertunnel vor der Glienicker Brücke sowie die Unterführungen am Großen Stern zur Siegessäule vorhanden. Die Zeitläufe hat auch der Spreetunnel bei Friedrichshagen aus dem Jahre 1926 überstanden, der in der neuen Senkkastenbauweise errichtet wurde. Die Stadt Berlin entschloß sich seinerzeit für den Bau, da der Drang der Berliner ins Grüne so stark geworden war, daß der Fährbetrieb an der Müggelspree dem Ansturm nicht mehr gewachsen war.[70]

Unterführungen dieser Art benötigen regelmäßige Aufsicht und Wartung, sonst verwahrlosen sie. So bekam beispielsweise der Fußgängertunnel südlich der Herkules-Brücke am Lützowplatz 1989 keine guten Noten: »Ein gähnender Schlund, der Boden in schmutzigem Grau, mit den Spuren zahlloser, nunmehr getrockneter Rinn-

Fußgängertunnel am Lützowplatz (1997)

sale. Die linke Tunnelseite zunächst noch offen zum Kanal hin, eine Art Vorhölle der Klaustrophobie, rechts die ersten Graffiti: ›Wir begrüßen den IWF im Kulturforum‹ oder: ›$a^2+b^2=c^2$‹. Pythagoras im Hades. Gut ein Tunneldrittel bietet den Blick aufs Wasser, dann macht die Röhre einen Knick nach rechts, verliert sich vollends ins Ungewisse. Die Schmierereien werden immer dichter.«[71]

Nach den Fußgängertunneln folgten die Autotunnel. Die nationalsozialistischen Planer orientierten auf eine »autogerechte Stadt«. Ihr zentrales Vorhaben war die Untertunnelung des Tiergartens. Dort, wo die Ost-West- und die Nord-Süd-Achse aufeinandertrafen, sollte eine kreuzungsfreie, insgesamt 2300 m lange Tunnelanlage entstehen.[72] Nach Fertigstellung wäre der Autoverkehr in dem verästelten Tunnelsystem über acht Rampen in alle Richtungen gerollt. Die damaligen Planer glaubten, die perfekte Verkehrslösung gefunden zu haben.[73] Schrittweise sollten alle Tunnelanlagen bis 1950 vollendet sein.[74] Noch 1942 wurden die Pläne überarbeitet, jetzt sollten auch die Straßentunnel nach Norden unter dem Spreedurchstich – der Flußuntertunnelung vor der Großen Halle – hindurchgeführt werden.[75] Dazu kam es bekanntlich nicht mehr. Keine zehn Prozent des Vorhabens wurden bis

Beim Bau des Straßentunnels an der Grunerstraße geöffneter U-Bahnschacht der U5 nach Friedrichsfelde (August 1967)

Kriegsende fertig. Danach gerieten diese Tunnel in Vergessenheit. Unter dem Gelände des Sowjetischen Ehrenmals, zwischen der immer größer werdenden Baustelle für die heutigen Tunnelvorhaben, befinden sich nach wie vor Teile des östlichen und westlichen Tunnels, mit einer Länge von je 90 m, einer Breite von 14 m und einer Höhe von 4,60 m. Eine sinnvolle Nutzung ist nicht in Sicht.

Ende der fünfziger Jahre wurden mit dem Bau der Stadtautobahn Tunnelprojekte für den Straßenverkehr wieder aufgenommen. Dabei entstand nur ein »Blinder Tunnel«. Beim Bau der U9 wurde unter der Bundesallee an der Nachodstraße ein 250 m^2 großes Tunnelstück auf dem U-Bahnschacht errichtet.

Die Verbreiterungspläne für die Nachodstraße mit dem Abriß von Häusern lassen sich jedoch heutzutage nicht mehr durchsetzen. So wird diese Straßenunterführung wohl niemals vollendet werden.

In den sechziger und siebziger Jahren wurde Berlin regelrecht vom »Tunnelvirus« gepackt. Oftmals mußten dabei ganze Häuserblöcke neuen Tunnelbauten weichen, so am Innsbrucker Platz[76] und bei der Straßenunterquerung am Adenauerplatz[77]. Wer heute durch die Lewishamstraße fährt, tut dies durch ehemalige Hinterhöfe. Weitere, niemals zustande gekommene Projekte wurden im ganzen Stadtgebiet geplant,[78] so ein Straßentunnel zwischen Spandau und Tegelort, der die Havelfähre ersetzen sollte. Doch regte sich zunehmend Widerstand gegen die sich ausbreitende »Tiefbau-Diktatur«, wie es in einigen Schlagzeilen hieß. Zwar geisterten immer wieder große und teure Tunnelprojekte durch die Berliner Verwaltungen, doch die meisten davon erwiesen sich als Luftschlösser.

Bunker und Bomben

Die Topographie des Berliner Untergrundes veränderte sich besonders rasch in der Zeit des Nationalsozialismus. Während in den Jahrzehnten zuvor die städtische Infrastruktur ausgebaut worden war, stand nun die Schutzfunktion gegen eine Bedrohung von oben im Vordergrund. Mit den zielstrebigen Vorbereitungen auf den Krieg kam es seit 1937 zu unterirdischen Bautätigkeiten, die bald ungekannte Ausmaße annehmen sollten. Die ursprünglichen Pläne für den Ausbau Berlins zur Welthauptstadt »Germania« wurden 1940 zugunsten von Kriegsbauten fallengelassen. Im gesamten Berliner Stadtgebiet entstanden in diesen Jahren Bunkeranlagen, Befehls- und Leitzentralen einzelner Militär- und Zivilverwaltungen, Stollen für die unterirdische Rüstungsproduktion, Flucht- und Verbindungstunnel, Luftschutzkeller und Splittergräben. Berechnet man annähe-

Bunkerbau durch französische Kriegsgefangene am Koppenplatz, Berlin-Mitte (März 1941)

rungsweise das Volumen des damals verbauten Betons, erscheint die These nicht abwegig, daß die Verbunkerung das »größte zweckgebundene Bauprojekt der Menschheitsgeschichte« ist, so der Historiker Michael Foedrowitz.[1]

Wenn man heute in die verbliebenen Reste hinabsteigt, erscheint einem die Vergangenheit unter den meterdicken Stahlbetondecken festgehalten zu sein wie in den Grabkammern der Pyramiden. Wer mag in den Betten gelegen haben, deren verrostete Halterungen noch an den Wänden hängen, wer betätigte die Handkurbeln der Filteranlagen, um den Bunker bei Stromausfall mit Frischluft zu versorgen? Was weiß man von den Schicksalen der Familien, die im Bunker unter unmenschlichen Bedingungen die letzten Kriegstage verbrachten? Wer waren die in einer Ecke aufgeschichteten Toten, an die noch die zerfressenen Wände erinnern, weil gegen Verwesungsgeruch und Seuchengefahr ätzender Chlorkalk über die Leichen gestreut worden war? Und wer vermag sich noch an die Kriegsgefangenen und KZ-Häftlinge zu erinnern, die für den Bau dieser unterirdischen Fluchtwelt eingesetzt und »verheizt« wurden?

Was später in einem Inferno endete, nahm schon Ende der zwanziger Jahre seinen scheinbar harmlosen Anfang. Da Deutschland nach dem verlorenen Ersten Weltkrieg durch den Versailler Vertrag der Aufbau einer eigenen Luftwaffe untersagt war, trieb der Staat den Aufbau einer zivilen Luftverteidigung voran, die Militärs propagierten eine »Luftbedrohung« Deutschlands durch die »hochgerüsteten Nachbarvölker«. Der Chef des zivilen Luftschutzwesens im Reichsluftfahrtministerium, Ministerialrat E.H. Knipfer, meinte 1934 sogar, daß »Deutschland auf Grund seiner geographischen Lage und seiner Bevölkerungsdichte als das luftgefährdetste Land

»Neugestaltung Berlins« nach den Plänen Albert Speers (rechts), des »Generalbauinspektors für die Reichshauptstadt«

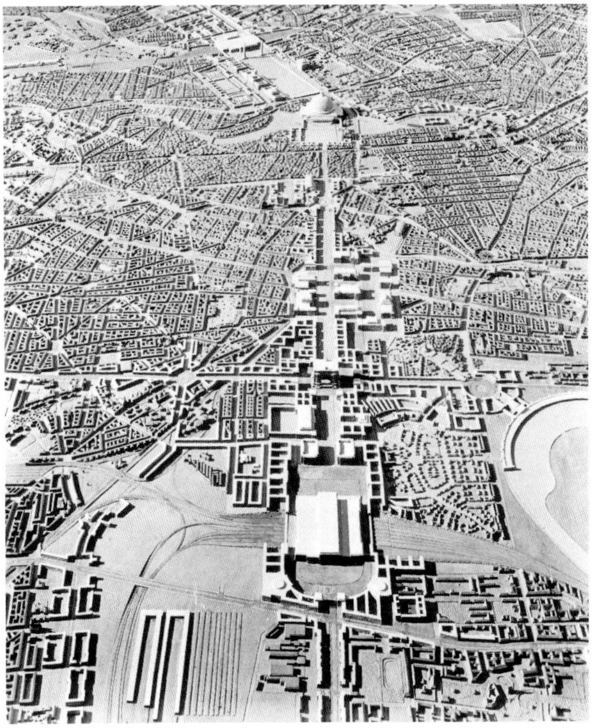

Modell der Nord-Süd-Achse; unten der überdimensionale Südbahnhof, oben die »Große Halle«

Europas – wenn nicht der Welt – angesehen werden muß«[2]. Gemäß diesem Dogma wurde unmittelbar nach der Machtübernahme durch die Nationalsozialisten mit dem intensiven Aufbau des Luftschutzes begonnen.[3] Schon 1933 traten die ersten Gesetze dazu in Kraft.[4] Damit einhergehend erfolgte die Gründung des Reichsluftfahrtministeriums sowie des »Reichsluftschutzbundes«, der vier Jahre später bereits über 12 Millionen Mitglieder verfügte.[5] Nach dem am 26. Juni 1935 erlassenen Luftschutzgesetz konnte jeder Bürger zu Luftschutzübungen herangezogen werden. Verweigerung wurde unter Strafe gestellt. Sogenannte »Hausluftschutzwarte«, meist linientreue Parteigenossen, überwachten die Teilnahme aller Hausbewohner an den Luftschutzübungen und eine ordnungsgemäße Verdunkelung aller Wohnungen.[6] Im zivilen Sektor erfolgte eine Untergliederung in Werkluftschutz (Industrie), Selbstschutz (Privathäuser) und erweiterten Selbstschutz (Dienstleistungssektor).[7] Die städtischen Betriebe, so die Wasser-, Gas- und Elektrizitätswerke, mußten »gemischte Fachtrupps« bilden, die bei Bombenschäden die getroffenen Leitungsnetze kurzfristig wieder zusammenflicken sollten. Das gleiche galt für die Post und die Verkehrsbetriebe. Bereits Ende 1935 war die gesamte Luftschutzorganisation in ihren Grundstrukturen vorhanden. In diesem Jahr entstanden auch Berlins erste Bunkeranlagen. Mit der »II. Durchführungsverordnung« von 1937 legte man zusätzlich fest, daß künftig bei allen Neubauten Luftschutzräume einzubauen seien, wozu in den sogenannten »Schutzraumbestimmungen«[8] alle technischen Details geregelt wurden. Danach mußten sämtliche Luftschutzanlagen durch eine »Gasschleuse« luftdicht abzuschließen sein, spezielle Filteranlagen sollten neben Staub und Rauch alle bekannten Kampfgase neutralisieren. Es sollte darauf geachtet werden, daß ein ausreichender Schutz »gegen die Weitwirkung von Sprengbomben, insbesondere gegen Luftstoß und Luftsog, Bombensplitter, Bautrümmer sowie gegen Brandbomben« gegeben ist. Zudem mußten die Schutzräume die Trümmerlast zusammenbrechender Gebäude aushalten können.[9] Die Größe eines Schutzraumes wurde so bemessen, daß für jeden Insassen ein Luftraum von drei Kubikmetern vorhanden war,[10] ansonsten waren künstliche Belüftungen einzubauen. Hierfür wurden pro Person 20–30 Liter Luftzufuhr in der Minute als ausreichend berechnet. 50 Personen wurden als Höchstzahl für einen Raum festgelegt, um bei Bombentreffern die Verluste so gering wie möglich zu halten.

Schon 1934 erfolgte landesweit eine geheime Einteilung in Luftschutzorte der I., II. und III. Klasse. Als luftschutzwürdig galten ausschließlich die 94 ausgewählten Städte der ersten Kategorie. Nur hier standen öffentliche Gelder für den Schutzraumbau und den Aufbau der entsprechen-

Diese Weisungen sind an geeigneter Stelle, in der Regel im Luftschutzraum anzubringen.

Rechte und Pflichten des Luftschutzwartes

Dem Luftschutzwart sind von der Polizei die nachstehenden Aufgaben übertragen. Er handelt daher im Auftrag der Polizei und ist zur Durchführung der Aufgaben mit einem polizeilichen Ausweis ausgestattet. Er genießt den besonderen Schutz der Polizei und erhöhten Strafrechtsschutz.

Er ist zugleich Freund und Berater der Luftschutzgemeinschaft. Er sorgt durch sein Vorbild für gute Kameradschaft und gegenseitige Hilfeleistung.

Zum Wohle der Luftschutzgemeinschaft leitet er den Selbstschutz des Hauses und teilt die Mitglieder der Luftschutzgemeinschaft für die einzelnen Aufgaben ein.

Aufgaben des Luftschutzwartes

I. Er überwacht:
  a) die Herrichtung des Luftschutzraumes einschließlich der wohnlichen Ausstattung;
  b) die Durchführung der von den Baugenehmigungsbehörden oder den RLB.-Baubearbeitern angeordneten Brandmauerdurchbrüche;
  c) die Verdunklungsmaßnahmen innerhalb der gesamten Luftschutzgemeinschaft;
  d) die Entrümplung;
  e) die Vollzähligkeit und Gebrauchsfähigkeit der Selbstschutzgeräte;
  f) das Aufsuchen der Luftschutzräume nach den geltenden Vorschriften;
  g) das ordnungsgemäße Verhalten in den Luftschutzräumen;
  h) die Säuberung und Lüftung der Luftschutzräume.

II. Er teilt die Angehörigen der Luftschutzgemeinschaft zu Rundgängen zwecks Schadenfeststellung ein.

III. Er leitet den Einsatz der Luftschutzgemeinschaft bei der Schadenbekämpfung.

IV. Er hat im Bedarfsfalle das Recht, auch zufällig anwesende, nicht zur Luftschutzgemeinschaft gehörige Personen zum Luftschutzdienst heranzuziehen.

V. Er bestimmt nötigenfalls Angehörige der Luftschutzgemeinschaft zur Hilfeleistung in der Nachbarschaft.

VI. Er hat mit Hilfe der ärztlichen Berater dafür zu sorgen, daß Personen mit ansteckenden Krankheiten in besonderen Luftschutzräumen untergebracht werden.

An die Luftschutzgemeinschaft!

Die Luftschutzgemeinschaft ist ein wichtiges Glied der Heimatfront. Ihr richtiges Verhalten unterstützt die Abwehr der Luftangriffe.

Kameradschaft und gegenseitige Hilfe sind oberste Pflicht!

Nehmt Rücksicht auf Frauen und Kinder! Überlaßt ihnen, ebenso wie werdenden Müttern, Kranken, Alten und Gebrechlichen alle Bequemlichkeiten!

Für die Männer ist es Ehrenpflicht, den Frauen besonders schwere und gefährliche Arbeiten abzunehmen.

Sucht bei Fliegeralarm den Luftschutzraum auf!

Die Wohnräume sind bei Luftangriffen nicht nur durch feindliche Bomben, sondern auch durch Flaksplitter gefährdet.

Der vorschriftsmäßig — wenn auch behelfsmäßig — hergerichtete Luftschutzraum ist der sicherste Aufenthalt!

Richtet Eure Luftschutzräume wohnlich ein, damit Ihr auch längere Fliegeralarme ohne Gefährdung Eurer Gesundheit und ohne allzu lange Unterbrechung der Nachtruhe gut überstehen könnt. Die deutsche Volksgemeinschaft wird Euch, soweit es nötig ist, bei der Herrichtung unterstützen.

Haltet Ruhe im Luftschutzraum!

Befolgt die Anordnungen des Luftschutzwartes und unterstützt freiwillig seine Maßnahmen!

Berlin, 1. Januar 1941

Der Reichsminister der Luftfahrt und Oberbefehlshaber der Luftwaffe
In Vertretung
Milch
Generalfeldmarschall

Der Stellvertreter des Führers
In Vertretung
Martin Bormann

Luftschutzplakate, wie sie in allen Luftschutzräumen und Bunkeranlagen hingen

den Organisation zur Verfügung. Die 201 als Luftschutzorte II. Ordnung eingestuften Gemeinden sollten sich dagegen mit einem erweiterten Katastrophenschutz behelfen, und alle übrigen Orte waren ausschließlich auf die Kräfte des Selbstschutzes angewiesen.[11] Das bedeutete, daß für die normale Bevölkerung nur der einfache Kellerraum als Schutz gedacht war. Durch Deckenabsteifungen und den Einbau gasdichter Türen sollte mit einfachsten Mitteln die Masse der Menschen geschützt werden. Der Kellerausbau vollzog sich für Luftschutzzwecke zunächst auf freiwilliger Initiative der Hauseigentümer. Erst am 17. August 1939 wurde gesetzlich festgelegt, in den Kellern von Altbauten Luftschutzräume einzurichten.[12] Zwei Wochen später begann der Zweite Weltkrieg.

In Berlin waren Luftschutzbunker bis dahin nur in neuen Gebäuden eingebaut worden, von den wenigen öffentlichen Schutzräumen einmal abgesehen. Dazu gehörten alle Ministeriumsneubauten und Regierungsgebäude, auch die Reichsbankerweiterung an der Unterwasserstraße, der neue Zentralflughafen Tempelhof sowie das »Haus des Fremdenverkehrs«, dessen Rohbau im Zuge der Planungen für die Nord-Süd-Achse am Potsdamer Platz hochgezogen wurde. Sie hatten weiträumige und teilweise mehrgeschossige Bunkeranlagen erhalten. Gleichzeitig wurden die militärischen Befehlszentralen aus der Stadt ausge-

Verbindungstreppe zwischen U-Bahn und Tiefbunkeranlage Alexanderplatz

Zugangsrampe zum Tiefbunker Alexanderplatz

»Viskose-Watte-Luftfilter«

Hauptkorridor im Tiefbunker Alexanderplatz

Eingang zum Bunker Dresdener Straße

Bunkeranlage Littenstraße

Bunkeranlage Littenstraße

Bunkeranlage Moritzplatz

In der Bunkeranlage Moritzplatz

Phosphorisierte Wegweiser

Druckmesser

lagert. Das Oberkommando des Heeres (OKH) erhielt riesige Bunkerkomplexe (»Maybach I und II«) auf dem Kasernengelände am Truppenübungsplatz Zossen/Wünsdorf,[13] das Oberkommando der Luftwaffe bekam bei Potsdam-Wildpark ähnliche Anlagen, und die unterirdische Befehlszentrale der Marine wurde unter dem Decknamen »Koralle« mit einiger Verzögerung schließlich 1942 nördlich von Berlin bei Lobethal eingerichtet.[14]

Im Angesicht des bevorstehenden Kriegsbeginns wurde 1939 in Berlin ein »intensiviertes Luftschutzkellerprogramm« verabschiedet, dessen Leiter Albert Speer, der »Generalbauinspektor für die Reichshauptstadt«, wurde.[15] Eine von ihm veranlaßte Bestandsaufnahme des Berliner Luftschutzbaus fiel niederschmetternd aus. Insgesamt standen den 4,3 Millionen Berlinern nur 2046 öffentliche Luftschutzräume zur Verfügung, in denen knapp 78000 Personen Platz finden konnten. 280 Anlagen für rund 34000 Personen befanden sich in Bau. Somit konnten nicht einmal drei Prozent der Bevölkerung »bombensicher« untergebracht werden.

Anfangs standen rund 15000 Arbeitskräfte für das Kellerausbauprogramm zur Verfügung. Die Maßnahmen wurden jedoch schon nach wenigen Monaten wieder eingestellt, da Speer den Auftrag erhalten hatte, den »Westwall« zu bauen, wofür Material und Arbeitskräfte dringender gebraucht wurden als für den Zivilschutz in Berlin.[16] Zudem ordnete Göring an, daß der »passive Luftschutzbau« zugunsten des »aktiven Luftschutzes« zurückzutreten habe.[17] Fortan gingen die knappen Ressourcen in den Aufbau der Luftwaffe und der Flugabwehr. Als Notlösungen wurden in öffentlichen Park- und Sportanlagen Deckungsgräben ausgehoben, die zwar teilweise überdacht wurden, aber gegen Volltreffer oder nahe Bombendetonationen keinen ausreichenden Schutz boten.

Bereits am 1. September 1939 heulten zum ersten Mal die Sirenen in der Reichshauptstadt. Angeblich sollten zwei polnische Flugzeuge den Osten Berlins überflogen haben. Bomben fielen jedoch keine. Im ersten Kriegsjahr blieb die Stadt, im Gegensatz zu Warschau, wo die ersten Viertel durch die Deutsche Luftwaffe in Schutt und Asche gelegt wurden, von Bomben verschont. Die britische Royal Air Force (RAF) und ihr »Bomber Command« beschränkten sich in dieser Zeit ausschließlich auf Flugblattabwürfe. Die Berliner vertrauten dessenungeachtet der Luftwaffe und Görings vollmundigen Versprechungen.

Nach dem Angriff auf Frankreich im Mai 1940 fielen zum ersten Mal Bomben auf Berlin. Wo die ersten zwei Tonnen niedergingen, ist nie genau ermittelt worden. Angeblich nahe Babelsberg. Alarm gab es erst hinterher, als längst schon alles vorbei war. Man vermutete wieder britische Flugblattabwerfer. Doch am 10. Juni wurde in Frankreich offiziell bekanntgegeben: »Eine Formation der Französischen Luftwaffe bombardierte in der Nacht vom 7. zum 8. Juni Berlin als Vergeltung des Deutschen Bombenangriffs auf Paris.«[18]

Das »Führer-Sofortprogramm«

Die erste Bomberoffensive gegen Berlin leitete das RAF-Bomber Command unmittelbar nach einem Nachtangriff der Deutschen Luftwaffe auf London ein. In der Nacht vom 25. auf den 26. August 1940 fielen neben Flugblättern etwa 20 Tonnen Sprengstoff auf die nördlichen Vororte Berlins. Sie richteten jedoch kaum Schaden an. »Am Tage nach dem Angriff strömen die Berliner zu Hunderten zu den wenigen getroffenen Häusern, um sich die entstandenen Bombenschäden anzusehen, denn eine von Bomben zerstörte Wohnung ist zu diesem Zeitpunkt etwas Neues.«[19] Bald sollte es keine Neugierigen mehr geben.

Einen Tag danach fielen die ersten Bomben in dicht bewohnte Gebiete um die Skalitzer und Kottbusser Straße. Bis zum Jahresende folgten 33 weitere Angriffe, die über 200 Tote forderten und mehr als 1600 Wohnungen zerstörten. Der Luftschutz erwies sich als höchst unzureichend.

Fieberhaft wurden nun Maßnahmen getroffen, um die Bevölkerung und vor allem die Rüstungsindustrie Berlins besser zu schützen. Berlin war zu dieser Zeit das Zentrum der Elektroindustrie (57,5 % des deutschen Gesamtaufkommens).[20] 95 % aller Funkgeräte, 60–70 % der Fernmeldetechnik, 50 % der Flugzeugmotoren und sogar 100 % aller U-Boot-Elektromotoren kamen aus dem Berliner Raum. 14 % der deutschen Wirtschaft waren auf Berlin konzentriert, wo 1,27 Millionen zum Teil hochqualifizierte Beschäftigte lebten, deren Schutz zur Aufrechterhaltung der Kriegsproduktion extrem wichtig wurde.

Am 26. September 1940 erfolgte der Beschluß über das »Bunkerbauprogramm für die Reichshauptstadt«,[21] Bestandteil des »Führer-Sofortprogramms«, das sich auf insgesamt 61 besonders gefährdete Städte erstreckte.[22] Darin wurde unter anderem festgelegt, daß in allen größeren Mietshäusern Brandmauerdurchbrüche vorzunehmen seien, um sichere Fluchtwege zu schaffen, falls einzelne Ausgänge verschüttet würden. Noch heute sind in vielen Berliner Altbauen diese künstlichen Fluchtwege zu den Nachbargebäuden vorhanden oder zumindest an den später vorgenommenen Vermauerungen deutlich erkennbar. Die Zahl der Luftkriegstoten wäre vermutlich noch höher gewesen, hätte es diese Mauerdurchbrüche als letzte Fluchtmöglichkeit nicht gegeben.[23]

In der Folgezeit entstanden zahlreiche neue Bunkeranlagen, so der öffentliche Tiefbunker am Alexanderplatz, der in die Baugrube eines nicht ausgeführten Hochbaus gesetzt wurde und in zwei Etagen Schutz für 3000 Menschen bot. Rampen führen dort von der Oberfläche zehn Meter in die Tiefe, eine Verbindungstreppe stellt eine Fluchtmöglichkeit zur U-Bahn her. Sämtliche angrenzenden »Blinden Tunnel« wurden zu Luftschutzzwecken umgebaut. Hinzu kamen der untere Bahnsteig, der zwei Etagen tief in der Erde liegt und daher als unbedingt sicher galt.[24] Insgesamt fanden unter dem Alexanderplatz über 10 000 Menschen Schutz, weshalb er bei Fliegeralarm zum Anziehungspunkt für den gesamten Berliner Nordosten wurde.

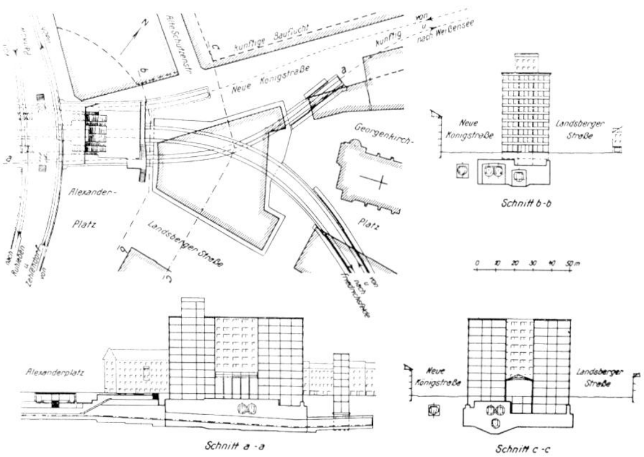

Bauplan für ein nicht zur Ausführung gekommenes Hochhaus, in dessen Baugrube die Nationalsozialisten den Alex-Bunker errichteten

Dem »Führer-Sofortprogramm« folgte nur wenige Tage später das Führerprogramm »Aktion Mutter und Kind«.[25] Danach sollten Mütter mit ihren Kleinkindern aus Sicherheitsgründen allabendlich zum Schlafen in neu zu schaffende Bunkeranlagen gehen.[26] Im Zuge dieses Programms entstanden u. a. die Großbunker in ausgedienten Gasometern in der Fichtestraße in Kreuzberg und an der Sellerstraße in Wedding. In diesen Anlagen fanden bis zu 6000 Menschen Platz.[27] Auch unter den öffentlichen Plätzen und in Parkanlagen wurden kleinere »Mutter-und-Kind-Bunker« eines Standardtyps errichtet, so auf dem Koppenplatz, am Arkona Platz, unter dem Unionsplatz in Moabit und am Klausener Platz in Charlottenburg. An der Sachtlebenstraße in Zehlen-

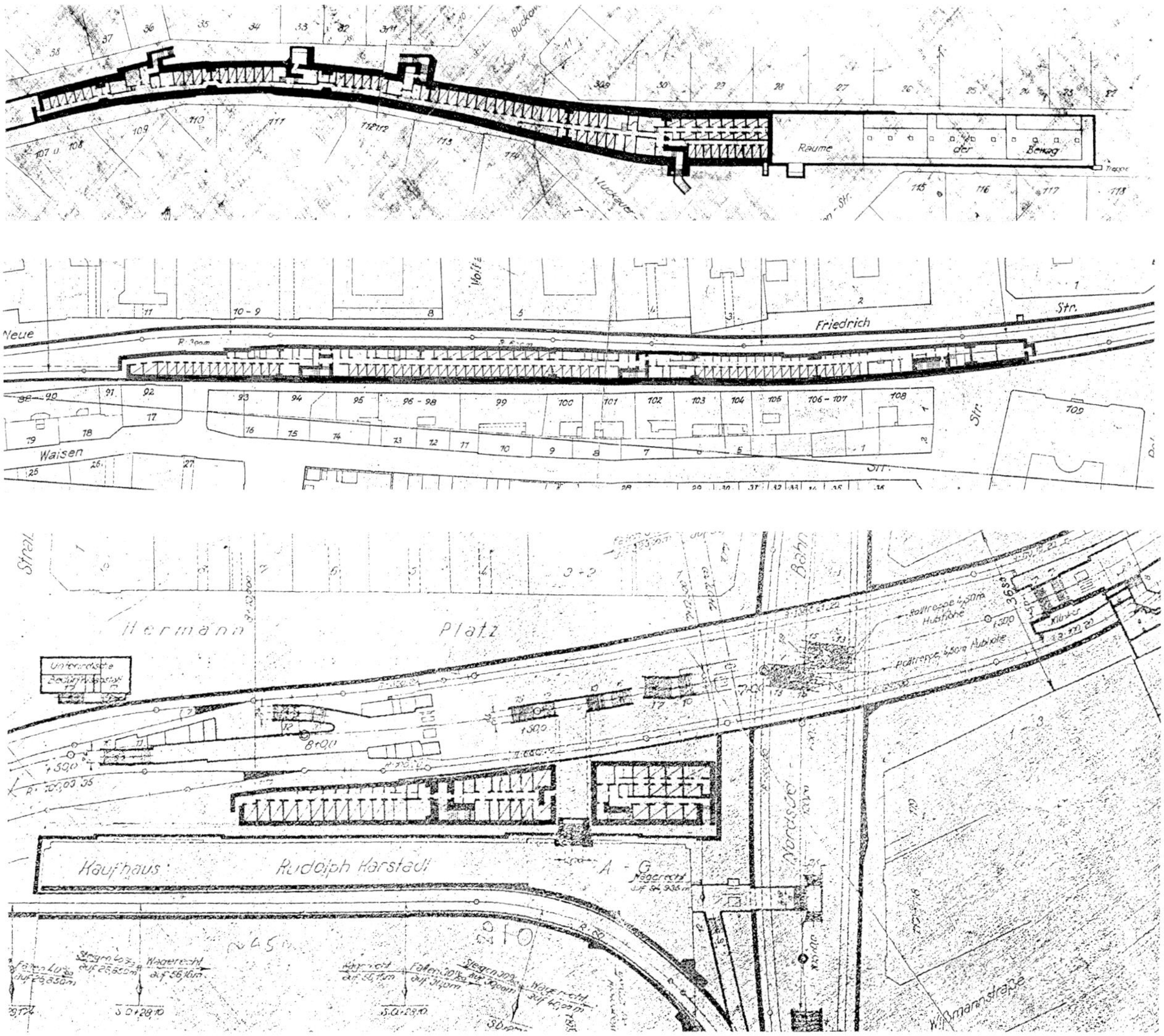

Schema der Bunkeranlagen, die 1941/42 in U-Bahntunnel eingebaut wurden; oben: Dresdener Straße; Mitte: Neue Friedrichstraße; unten: Hermannplatz

dorf, am Rumeyplan und am Schreiberring in Tempelhof sind diese Anlagen heute noch zu sehen.

Drei weitere Tiefbunker mit jeweils über 1000 Schutzplätzen entstanden in ungenutzten U-Bahntunneln unter der Dresdener Straße, im Waisentunnel unter der heutigen Littenstraße und auf den Abstellgleisen unter dem Hermannplatz. Sie zeichneten sich durch ihre langen schmalen Gänge mit kleinen zellenartigen Räumen auf beiden Seiten aus.

Ins Stocken gerieten die Bunkerpläne immer wieder durch die fortschreitende Rohstoffverknappung. Im Gegensatz zu den Arbeitskräften, die nach den ersten gewonnenen Feldzügen zum Teil aus Kriegsgefangenen rekrutiert wurden (13 000 deutsche und ausländische Arbeiter sowie 2000 Kriegsgefangene waren Ende 1940 in

Waisentunnel: Das Abstellgleis endet an der Betonwand der Bunkeranlage (1997)

Berlin im Einsatz), machte sich besonders der Mangel an Baustahl und Zement bemerkbar. Auch Holz mußte rationiert werden. Die Planer waren gezwungen, neue Bunkertypen zu entwikkeln. Stahlsparende Bewehrungen wurden ausgetüftelt, worunter die sogenannte »Braunschweiger Bewehrung«[28] am bekanntesten wurde, da durch sie ein Drittel der normalerweise benötigten Stahlarmierung eingespart werden konnte. Um weniger Zement zu verbrauchen, setzte man verstärkt auf einige wenige zentrale Großbunker statt auf Kleinbunker in den einzelnen Wohnvierteln.[29] Die Baukosten sanken hierbei erheblich. Lagen sie bei einem 500-Personen-Bunker bei 1400 Reichsmark pro Platz, waren es bei einem Bunker für 2500 Personen nur noch 950 RM.

Ab dem Frühjahr 1941 gab man Hochbunkern den Vorzug. Sie haben gegenüber Tiefbunkern den Vorteil, daß nur die Außendecke und die Wände der Erdgeschoßzone stärker ausgeführt werden müssen, da hier die Druckwelle einer detonierenden Bombe in fast alle Richtungen entweichen kann. Auf diese Weise ließ sich abermals eine große Menge Beton einsparen. Bei den aufwendiger zu bauenden Tiefbunkern mußten dagegen die Seitenwände und das Fundament extrem verstärkt werden, da der Explosionsdruck einer im Erdreich detonierenden Bombe um ein Vielfaches höher ist. So wurden viele Bunkerbauten, deren Planungen sich bereits im fortgeschrittenen Stadium befanden, wieder aufgegeben. Betroffen davon war u.a. der Reichsbund Deutscher Beamter (RDB), der am Innsbrucker Platz einen Neubau mit einem Tiefgeschoß als Bunkeranlage für 700 Personen errichten wollte. Alle Pläne waren bereits fertig, als im Februar 1941 die GBI-Generalbauleitung verfügte, daß »die Belieferung mit Material sowie die Ausführung eines bombensicheren Bunkerbaus für den RDB zurückgestellt werden soll, bis die dringlichsten Flach- und Hochbunker unseres eigenen Programms fertiggestellt sind«.[30]

Insgesamt wurden für das Bunkerbauprogramm in der Hauptstadt Ende 1940 pro Tag 56 000 Tonnen Zulieferung an Baumaterialien benötigt, davon allein 1600 Tonnen für den am Zoo begonnenen Flakturm.[31] Demgegenüber standen aber nur Transportkapazitäten für 12 000 Tonnen, so daß nur ein Viertel des geforderten Bauumfanges erreicht wurde. General Milch schätzte daher am 11.12.1940 ein: »Bei der jetzigen Transportlage können bis zum 1.4.1941 geschützt werden: 40 000 Personen in bombensicheren LS-Räumen, 150 000 Personen in trümmersicheren LS-Räumen. Dazu kommen rd. 25 Operationsbunker mit rd. 30 Operationstischen, ferner bombensichere Luftschutzräume für rd. 7 der wichtigsten Berliner Bahnhöfe.«[32] Ein Jahr später vermeldete Speer, daß »237 Bunker mit 59 989 Liegestellen fertiggestellt, 53 Bunker mit 21 000 Lie-

Luftschutzkeller mit Notaussteifungen; typischer Aufenthaltsort für die Mehrheit der Zivilbevölkerung während der Bombenangriffe des 2. Weltkrieges

gestellen im Bau und 100 Bunker mit rd. 94 000 Liegestellen geplant sind«.[33] Damit waren die zu Kriegsbeginn vorhandenen Kapazitäten jedoch kaum mehr als verdoppelt worden, insgesamt hatten keine sechs Prozent der über vier Millionen Menschen in Berlin bombensichere Schutzraumplätze.

Attentate aus dem Untergrund

Daß der Untergrund der Reichshauptstadt zugleich einen potentiellen Gefahrenherd darstellte, zumindest, was die Sicherheit Hitlers und der NS-Führungsspitze anbetraf, wurde von den Nationalsozialisten erst erstaunlich spät erkannt.

Am 21. November 1939 erschien der Wiener Direktionsrat i. R. Dipl. Ing. Ludwig Schuller bei der Gestapo, weil er sich um das Wohlbefinden des »Führers« Sorgen machte. Er gab zu Protokoll: »Es besteht die Gefahr, daß weitere Attentate auf den Führer versucht werden. Es scheint daher nötig, alle Möglichkeiten zu überprüfen. Besonders gefährlich in dieser Hinsicht ist das Kanalsystem der Großstädte, von dem aus Zugänge zum Wohnhaus des Führers vorhanden sind und benützt werden können. U[nd] zw[ar]: 1. Durch den Hausanschluß. 2. Durch Stollenvortrieb aus dem Hauptsammelkanal, der das gewonnene Aushubmaterial gegebenenfalls auch selbst wegschwemmt. Weiter ist zu bemerken, daß Stollen zur Anlage von Minen unter dem Wohnhaus auch von Nachbarkellern etc. vorgetrieben werden können, und zwar in beträchtlicher Tiefe, daß von außen her Geräusche von der Arbeit nicht vernommen werden können.

Eine Feststellung, ob die erwähnten Vorbereitungen für ein Attentat auf das Wohnhaus des Führers nicht bereits durchgeführt worden sind, könnte eigentlich nur erfolgen durch Bohrungen um das Haus herum bis zu einer entsprechenden Tiefe, über die hinaus eine Sprengstoffwirkung nicht mehr anzunehmen ist.

Diese Gefahrenquellen erscheinen vielleicht im ersten Moment harmlos, sind es aber ganz bestimmt nicht. Ich verweise diesbezüglich auf die seinerzeitigen Kämpfe mit Marxisten in städtischen Wohnhäusern in Wien, deren Überwindung ohne große Blutverluste erst dann möglich wurde, als man darauf kam, daß die Auswechselung der Kämpfer und die Verproviantierung von den Hauptsammelkanälen aus erfolgte, soweit mir bekannt ist. Die größte Sicherheit für den Führer böte natürlich ein Wohnungswechsel, der die schärfste Kontrolle gegen Angriffe von außen zuließe.«[34]

Nach knapp einem Monat gelangte die »Anregung« über den Reichssicherheitsdienst in die Neue Reichskanzlei,[35] wo man die Sache sofort sehr ernst nahm. Bis zum 24. Januar 1940 wurde das vorhandene Rohrnetz überprüft. Dabei stellte man fest, daß die Kriminalpolizei bereits einige Zeit zuvor in die begehbare Entwässerungsleitung auf der Nordseite der Voßstraße Gittertüren hatte einbauen lassen. Die Kriminalpolizei teilte mit, daß die Gittertüren bei Veranstaltungen in der Neuen Reichskanzlei nach Überprüfung der Kanalisation verschlossen werden. Die gleichen Vorkehrungen würden auch bei Festakten in der Kroll-Oper und an anderen Stätten, die der Führer aufsuchen könnte, getroffen. Die Wasserbetriebe hatten von dem Vorgang keine Kenntnis. Nachdem sie jedoch erfahren hatten, daß die Kriminalpolizei die Gittertüren fortan ständig geschlossen halten wollte, intervenierten sie, da eine Verstopfung des Kanals zu befürchten war. Daraufhin wurde entlang der Neuen Reichskanzlei, parallel zur vorhandenen, vergitterten großen Kanalisation, ein eng bemessener und nicht begehbarer neuer Kanalisationsstrang angelegt. Für die Bauarbeiten galten besondere Sicherheitsvorkehrungen. Alle »mit den Umbauarbeiten beauftragten Arbeiter wurden einer gründlichen Kontrolle und Überwachung während ihrer Arbeit unterzogen« und auf ihre »politische Zuverlässigkeit« überprüft.[36] Bei Anwesenheit Hitlers ruhten die Arbeiten, denn der »Führer« sollte nicht gestört werden. Mit einer speziellen Abdeckung konnte die als »kriegswichtig« eingestufte Baustelle »zu besonderen Anlässen« schnell unauffällig gemacht werden. Da Hitler sich wegen des Krieges gegen Frankreich längere Zeit im Westen aufhielt, konnten in Berlin die Bauarbeiten zügig zum Abschluß gebracht werden. Fortan nahm man die städtischen Betriebe in die Pflicht, vor Kundgebungen oder Veranstaltungen »sämtliche im Bereich der Kundgebungsstätten liegenden Anlagen« zu überprüfen und laufend zu bewachen.[37]

Der ganze Vorgang hatte Jahrzehnte später ein überraschendes Nachspiel. Bei Straßen- und Leitungsarbeiten Mitte der neunziger Jahre wurde in der Voßstraße der damals angelegte Kanalisationsabschnitt wiederentdeckt, man konnte sich jedoch seine Herkunft nicht erklären. Die Baupläne, im »Dritten Reich« als Staatsgeheimnis behandelt, wurden nach dem Krieg beschlagnahmt und wanderten als »Beutegut« nach Moskau, wo sie noch heute liegen, wie sich bei Recherchen in der russischen Hauptstadt herausstellte.

Können wichtige Persönlichkeiten vor Attentaten aus dem Untergrund verhältnismäßig gut geschützt werden, so ist eine flächendeckende Überwachung aller unterirdischen Verkehrsmittel nahezu ausgeschlossen, wie die jüngsten Terroranschläge in Paris, Moskau und Tokio gezeigt haben. Im Zweiten Weltkrieg ist auch Berlin von solchen Aktionen betroffen gewesen.

In den Abendstunden des 15. Februar 1943 explodierte auf dem unterirdischen S-Bahnhof Friedrichstraße eine Bombe. Die Auswirkungen waren besonders gravierend, da zum Zeitpunkt

Zerstörte Sitzbank und beschädigter Zug nach dem Bombenanschlag vom 15. Februar 1943 im S-Bahnhof Friedrichstraße

Hochbunker von 1943 am Anhalter Bahnhof (1984)

der Detonation zwei Züge im Bahnhof hielten, einer auf der Fahrt nach Velten, der andere Richtung Rangsdorf. Dabei sollen mehrere Personen getötet und etwa 60 verletzt worden sein, darunter mehrere Offiziere und Soldaten der Wehrmacht.[38] Die Explosion war so stark, daß sogar die Stahltüren des Lastenaufzuges eingedrückt wurden. Spezialisten der Kriminalpolizei rekonstruierten den Vorgang und stellten fest, daß ein unter einer Sitzbank abgestellter, mit Sprengstoff und Metallsplittern gefüllter brauner Pappkoffer die Ursache der Explosion war. Die Täter wurden zunächst nicht entdeckt. Später stellte sich heraus, daß es polnische Widerstandskämpfer waren, Mitglieder der Berliner Abteilung »ZAGRALIN« der Warschauer Untergrundorganisation »OSA-KOSA«, die auf diese Weise Vergeltung für die von Deutschen in Polen begangenen Verbrechen üben wollten.[39]

Ähnliche Aktionen fanden auf dem Stettiner Bahnhof (Nordbahnhof), am Alexanderplatz und auf dem U-Bahnhof Zoo statt.[40] Bei einer Bombenexplosion am Schlesischen Bahnhof (Hauptbahnhof) kamen im März 1943 insgesamt 14 Personen ums Leben, 27 wurden verletzt. Die Verwundeten wurden noch am Krankenbett von der Gestapo zum Schweigen verpflichtet. Über die Vorkommnisse wurde strengste Nachrichtensperre verhängt, da die Moral der Bevölkerung nicht untergraben werden sollte. Tatsächlich drang davon so gut wie nichts an die Öffentlichkeit.

Beton gegen Bomben

Die Luftangriffe der britischen Bomberverbände konzentrierten sich im Jahre 1942 auf die westdeutschen Industrieregionen, in Berlin blieb es dagegen relativ ruhig. Insgesamt wurden nur neun Luftangriffe verzeichnet.[41] Das änderte sich schlagartig, als die Royal Air Force 1943 eine systematische Bomberoffensive gegen die deutsche Hauptstadt einleitete.[42] Ganze Viertel wurden in Schutt und Asche gelegt. Im November begann die »Schlacht um Berlin«, die jedoch im März 1944 von den Briten wegen zu hoher Verluste an viermotorigen Bombern abgebrochen wurde. Dennoch glichen bereits mehrere Stadtteile einem Trümmerfeld. Im gleichen Monat erfolgten die

Wandbeschriftungen aus der Zeit des 2. Weltkrieges im U-Bahnhof Hermannstraße (1997)

Marathontunnel, Olympia-Stadion

Eisenbahntunnel unter dem Flughafen Tempelhof

Ausgebrannter »Dokumentenbunker«, Flughafen Tempelhof

»Lufthansa«-Bunker, Flughafen Tempelhof

»Lufthansa«-Bunker, Flughafen Tempelhof

Tresoranlage des Reichsluftfahrtministeriums, Berlin-Mitte

Fluchtweg zur U-Bahn, Bunkeranlage Reichsverkehrsministerium

Notstromaggregat, Bunkeranlage Reichsverkehrsministerium

Notausgang, Bunkeranlage Reichsverkehrsministerium

Baumwurzel in den Tiefkellern des »IG-Farben«-Komplexes, Pariser Platz

ersten Angriffe der Amerikaner, die im Unterschied zu den Briten Berlin bei Tage anflogen. Die Gewalt der Bombenangriffe steigerte sich nun immer mehr und sollte ihren Höhepunkt im Februar 1945 erreichen. Am 3. Februar erlebte Berlin den schwersten Luftangriff seiner Geschichte. In weniger als 30 Minuten fielen 2266 Tonnen Bomben auf die Stadt. Die Angaben über die dabei

Massenandrang nach Bombenalarm am G-Turm des Hochbunkers Humboldthain (ca. 1943)

umgekommenen Menschen reichen von 2894 (Oberkommando der Wehrmacht) bis zu 20 000 (Schätzungen der Amerikaner).[43] 18 367 Wohnungen wurden total zerstört, 120 000 Berliner verloren ihr Obdach.[44] Zwischen dem 1. Februar und dem 21. April 1945 erlebte Berlin insgesamt 83 schwere Bombenangriffe; lediglich die Osternacht blieb ruhig.[45] Erst als die Rote Armee die

Volltreffer auf einen U-Bahntunnel (Frankfurter Allee/ Ruschestraße, 9. März 1944)

Stadtgrenze erreichte, wurden die Bombardierungen eingestellt.

Seit der Verkündung des »Totalen Krieges« durch Joseph Goebbels am 18. Februar 1943 hatte man in Berlin versucht, sich auf mögliche Folgen einzustellen. Überall wurden Splittergräben ausgehoben und weitere Luftschutzanlagen eingerichtet.[46] Die Feuerwehr ließ Löschteiche anlegen und zusätzlich 33 unterirdische Löschwasserzisternen errichten.[47] Teile des Stadtgüterverkehrs wurden nachts unterirdisch in leeren U- und S-Bahn-Zügen abgewickelt.[48] Sämtliche noch nicht genutzten unterirdischen Hohlräume mußten dem Luftschutz zur Verfügung gestellt werden. Dazu gehörten die »Blinden Tunnel« unter dem Moritzplatz, an der Eisackstraße am Innsbrucker Platz und der besonders tief liegende Tunnelstutzen unter der Hermannstraße, an dem bis heute die Wandbeschriftungen aus der Kriegszeit erhalten geblieben sind. Auch auf dem unteren Bahnsteig des U-Bahnhofs Nollendorfplatz wurden durch das Einziehen von Zwischenwänden Schutzräume geschaffen.

Sogar die Tunnelveteranen der AEG im Wedding und in Stralau holte man aus ihrem Ruhe-

Schwer getroffene U-Bahnstrecke zwischen Südstern und Hermannplatz (2. Juni 1944)

stand. Die Anlage an der Brunnenstraße baute man zum Luftschutzbunker um, zudem sollen dort Konstruktionsunterlagen bombensicher aufbewahrt worden sein.[49] Im ehemaligen Straßenbahntunnel von Stralau nach Treptow wurden die nicht unter der Spree gelegenen Tunnelbereiche ebenfalls zu Luftschutzräumen umfunktioniert. Als Sitzgelegenheiten für die Schutzsuchenden sammelte man die Parkbänke der näheren Umgebung ein. Sie stehen heute noch in der Tunnelröhre.[50]

Nicht alle U-Bahnhöfe ließen sich auf diese Weise umrüsten. Die meisten lagen zu dicht unter der Oberfläche, so daß sie sich nicht als Luftschutzbauten eigneten. Die Berliner Schutzpolizei ordnete daher an: »Zum größten Teil befindet sich über den U-Bahnen nur eine Decke von etwa 80cm Stärke, die keineswegs als bombensicher anzusehen ist. Eine Unterteilung der U-Bahnhöfe fehlt und ist technisch nicht durchführbar, so daß ein Volltreffer zahlreiche Menschenopfer kosten und eine eintretende Panik unabsehbare Folgen nach sich ziehen würde. [...] Unter Berücksichtigung dieser Umstände bietet ein normaler Luftschutzraum in einem 3- bis 4stöckigen Wohnhaus größeren Schutz als ein unterirdisch gelegener U-Bahnhof oder U-Bahntunnel. [...] Die Bahnhöfe sind lediglich als behelfsmäßige Schutzräume für die Fahrgäste während der Betriebszeit vorgesehen. Nach ›Fliegeralarm‹ werden die Eingänge zu den Bahnhöfen geschlossen und erst nach 10 Minuten wieder geöffnet,

Nach Bombenangriffen vorübergehend gesperrter Zugang zum U-Bahnhof Petersburger Straße (21. Februar 1944)

damit, soweit es die Luftlage gestattet, Personen den Bahnhof verlassen können, um ihr Wohnhaus aufzusuchen, bzw. um vereinzelten Schutzsuchenden einen Splitterschutz zu gewährleisten.«[51]

Doch die Menschen hielten sich nicht daran und kletterten trotzdem immer wieder in den Untergrund. Beim schwersten Bombenangriff am 3. Februar 1945 fanden allein auf dem U-Bahnhof Memeler Straße (Weberwiese) 200 Menschen den Tod, als drei Volltreffer die Betondecken durchschlugen. Die meisten der Opfer waren Frauen und Kinder.[52] Insgesamt wurden bis Kriegsende über hundert Deckendurchschläge im unmittelbaren Bereich von U-Bahnhöfen registriert.[53]

Durch die ständige Verknappung von Baumaterialien konnte man sich im letzten Kriegsjahr kaum noch aufwendige Bunkerbauten leisten. Daher begann man auch in Berlin mit dem Stollenbau, dem letzten Entwicklungsstadium im Luftschutzbau für die Bevölkerung.[54] Massive Erdüberdeckungen sollten den fehlenden Stahlbeton ersetzen. Unter dem Kreuzberg und unter dem Fichtenberg in Steglitz wurden Luftschutzstollen in den Untergrund getrieben. Der Fichtenberg neben dem Botanischen Garten erhielt dabei ein ausgedehntes Stollensystem, das den umliegenden SS-Dienststellen als Schutzanlage dienen sollte. Von drei Seiten aus wurden bis zu 18 Meter tiefe Schächte in die Erde getrieben und mit Stollen untereinander verbunden. Rund 150 KZ-Häftlinge[55] hatten die Sandmassen mit Gru-

Zugangsbauwerk zum Stollen II unter dem Kreuzberg (1946)

benloren ins Freie zu schaffen.[56] Fünf Jahre nach Kriegsende wurden die Zugangsbauwerke gesprengt, mußten aber 1967 wieder freigelegt werden, da die Staatsanwaltschaft Köln in einem Ermittlungsverfahren gegen ehemalige SS-Angehörige nach alten Dokumenten suchte.[57] Heute warten hier unten Fledermäuse im Winterquartier auf wärmere Wochen.[58]

Die verschütteten Stollenanlagen unter dem Kreuzberg sind im Herbst 1983 und Frühjahr 1984 wiederentdeckt worden. Neben drei Tonnen Altmunition[59] konnte in einem der Stollen eine Maschine für den hydraulischen Schildvortrieb gefunden werden,[60] was darauf schließen läßt, daß an den Anlagen bis zum Kriegsende gearbeitet wurde. Vermutungen über Gangverbindungen bis zum Flughafen Tempelhof bestätigten sich dagegen nicht. Erbaut wurden die Stollen unter Leitung der »Organisation Todt« von russischen Kriegsgefangenen des »Stalag III« an der Blücherstraße. Sie wurden im Januar 1945 dem Kommando der SS unterstellt.[61]

Rüstungsindustrie unter der Erde

In dem Maße, wie die Bombardierung Berlins zunahm, wurde an der Verlagerung der Rüstungsindustrie unter die Erde gearbeitet. Die Herstellung von Waffen bekam Priorität und verdrängte andere Einrichtungen aus dem Untergrund. In dem nordwestlich des Reichstags gelegenen Tunnelstück beispielsweise, in dem seit 1941 die Aktenbestände des Zentralarchivs für Wehrmedizin lagerten,[62] wurde Ende 1943 unter dem Decknamen »Sprosser« bzw. »Lore IV« eine Rüstungsproduktionsstätte der Telefunken-GmbH eingerichtet und über der Anlage ein Bunker mit Lastenaufzügen erbaut.[63] An der Mühlendammschleuse ließ sich BMW nieder (Deckname »Kleiber«), verzichtete aber zugunsten der AEG auf die Tunnelanlagen unter der Ost-West-Achse, die im U-Bahntunnel zwischen Rathaus Tempelhof und der Ringbahn über einen weiteren Produktionsstandort (»Gimpel«) verfügte.[64] In den Tunnelstutzen an der Grenzallee in Neukölln (»Sperling«) und unter der Müllerstraße zwischen Otavi- und Türkenstraße (»Fink«) schraubte die Firma Henschel Rümpfe und Zellenteile des Sturzkampfbombers Ju 88 zusammen.[65]

In den Unterkellerungen der fertiggestellten nationalsozialistischen Großbauten verfuhr man

Gesprengter Zugangsbunker zu »Lore IV« vor dem Reichstag (1947)

ugang zum »IG-Farben«-Bunker, Pariser Platz △
ugang zum Adlon- oder Diplomatenbunker, Pariser Platz ▽

Adlon-Bunker, zweites Untergeschoß △▽

»Deckenpilz« im Bunker der Flugkoordinierung, Wilmersdorf △
Vandbemalung im »Fluko-Bunker«, Wilmersdorf ▽

Wandbemalungen im »Fahrer-Bunker«, Berlin-Mitte △▽

Produktionsstraße von Jagdflugzeugen im Eisenbahntunnel unter dem Flughafen Tempelhof

ebenso. Das Olympiastadion teilten sich die Firmen Blaupunkt[66] und Henschel etwa zu gleichen Teilen. Sie nutzten die Unterkonstruktionen der Tribünen sowie den »Marathontunnel« im südlichen Zufahrtsbereich des Stadions.[67] Der Zentralflughafen Tempelhof mit seinem wahren Labyrinth an Bunkeranlagen wurde zur Domäne von Focke-Wulf. Unter der Flugsteighalle, im Eisenbahntunnel (»Sumpfhuhn«)[68] fand die Endmontage des Jagdeinsitzers FW 190 statt. Die fertigen Flugzeuge konnten von hier aus direkt auf das Rollfeld gelangen.[69]

Auch die Großbrauereien mußten Räumlichkeiten für den »Totalen Krieg« zur Verfügung stellen. Betroffen waren u.a. die ehemalige Brauerei Pfefferberg (»Agathe«), die Brauerei Königstadt in der Schönhauser Allee 10/11 (»Agnes«),[70] die Happoldt-Brauerei in der Hasenheide 32/38 (»Rita«) und die Bergschloß-Brauerei in der Wissmannstraße 31/42 (»Wanda«).[71] An den Schultheiss-Brauereistandorten Schönhauser Allee 36/39 (»Lore I«), Fidicinstraße (»Lore II«) und Saarbrücker Straße (»Lore III«) wurden von Telefunken Röhren für Funk- und Peilgeräte hergestellt.[72]

Endkampf im Tunnel

Ende Januar 1945 stand die Rote Armee bereits kurz vor der Oder. Doch plötzlich einsetzendes Tauwetter beendete ihren Vormarsch. Der Fluß wurde zu einem schwierigen Hindernis. Die in und um Berlin »in hektischer Eile begonnenen improvisierten Straßensperren und Panzergräben«[73] hätten der Offensive kaum etwas entge-

Volkssturmbataillon Nr. 405 beim Ausheben eines Panzergrabens in Marzahn (18. April 1945)

gensetzen können. Bei einem zügigen Vormarsch wäre der Stadt vermutlich vieles erspart geblieben. So aber konnten sich die Verteidiger noch einmal reorganisieren. Die »Festung Berlin« sollte bis zum letzten Mann und bis zur letzten Patrone verteidigt werden, auch unterirdisch. Im Kampfbefehl des damaligen Befehlshabers des Verteidigungsbereichs Berlin, General Hellmuth Reymann, wurde zum Kampf mit allen Mitteln über und unter der Erde aufgerufen: Die »genauen Ortskenntnisse, die Nutzbarmachung der U-Bahn und des unterirdischen Kanalisationsnetzes« sollten den Verteidigern auch bei zahlenmäßiger und materieller Unterlegenheit einen Vorteil verschaffen. Hierbei sollten »Stoßtrupps unter Ausnutzung der unterirdischen Gänge unbemerkt« den Feind von hinten überraschen und vernichten.[74] Zu diesem Zwecke wurden die Zugänge zu den U-Bahnhöfen teilweise zu Kampfständen umgebaut und Hitlerjungen für den Kampf unter der Erde ausgebildet.[75] In der Nacht vom 15. zum 16. April nahm die Rote Armee ihre Offensive wieder auf und konnte die Stadt bis zum 25. April vollständig einschließen.[76] Während die Außenbezirke relativ schnell eingenommen werden konnten, entbrannte ein zähes Ringen um die Innenstadtbezirke. Die Zivilbevölkerung, die in Kellern, Bunkern und Verkehrstunneln auf das Ende harrte, führte in dieser Zeit ein regelrechtes »Nomaden- und Höhlendasein«, zurückgeworfen auf »Talglicht, offenes Feuer und Handpumpe«.[77]

Der Kampf war aussichtslos, der Ring zog sich immer enger um die Belagerten, auch im Untergrund gab es keine Chance. Entlang der U-Bahnlinie unter dem Kaiserdamm und der Hardenbergstraße entflammten besonders heftige Gefechte. Die Wehrmacht versuchte hier unten immer wieder vorzurücken, doch warfen russische Soldaten Handgranaten in die Lichtschächte und zerstörten einzelne Tunnelabschnitte.[78] Bei Kämpfen um die U-Bahnschächte am Bahnhof Nürnberger Straße setzte die Rote Armee Flammenwerfer ein, wobei alle dort abgestellten U-Bahnzüge abbrannten. Die Hitzeentwicklung war derart stark, daß die Tunneldecke in diesem Abschnitt einstürzte.[79] Hart umkämpft war die U-Bahnstrecke zwischen Halleschem Tor und Kochstraße, da sich hier die Waffen-SS verschanzt hatte. Im unteren Bahnsteig des U-Bahnhofs Stadtmitte befanden sich ihre Gefechtsstände, von wo aus immer wieder Munition und Verstärkung herangeschafft wurden.[80] Die letzten einsatzfähigen Kampfgruppen der Waffen-SS unter dem Kommandanten der Reichskanzlei, SS-Generalmajor Wilhelm Mohnke, zogen sich schließlich in die innere Verteidigungszone rund um die Reichskanzlei, die sogenannte Zitadelle, zurück. In den

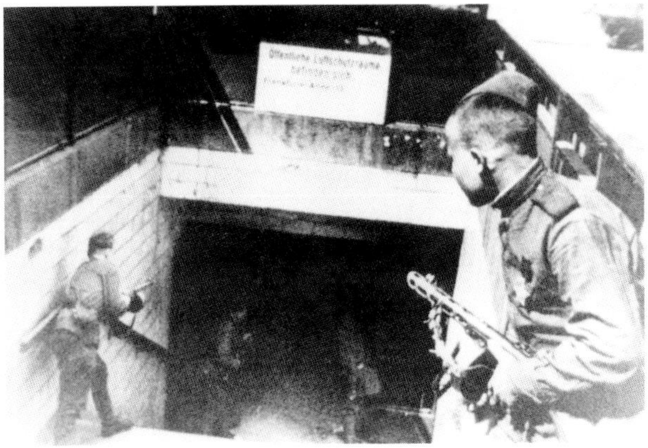

Kampfszenen im Endkampf um Berlin

hier gelegenen Bunkern befand sich neben dem Gefechtsstand auch ein Notlazarett.[81] Die SS stieß immer wieder durch die Kanalisationsanlagen vor und lieferte sich in den U-Bahntunneln Scharfschützenduelle mit den Soldaten der Roten Armee.[82] Auf die hier Schutz suchenden Zivilisten wurde dabei kaum Rücksicht genommen. Als der Luftschutzbunker am Anhalter Bahnhof zur Frontlinie wurde, besetzte ihn die SS und funktionierte ihn zum Kampfbunker um. Die etwa 5000 Bunkerinsassen, zumeist alte Leute, Frauen und Kinder, wurden schonungslos durch den Nord-Süd-Tunnel in Richtung Stettiner Bahnhof (Nordbahnhof) getrieben.[83]

Die 600 Meter zwischen Moltkebrücke und dem Reichstag wurden am Ende für die Rote Armee zum verlustreichsten Kampfabschnitt des ganzen Krieges. Die Verteidiger des Reichstages bezogen hier die unterirdischen Tunnel in die Abwehrschlacht mit ein. Über den Heizungskanal zum Reichstagspräsidenten-Palais führten sie immer wieder Verstärkung heran,[84] an dem unvollendeten U-Bahnschacht unter dem Königsplatz, den die Sowjets noch nicht auf ihren Meßtischblättern hatten, liefen sich die Kampfhandlungen daher vorübergehend fest.[85]

In der Nacht vom 1. zum 2. Mai versuchten die letzten Verteidiger den Ausbruch. Für viele führte der Weg zuerst durch die U-Bahntunnel zum Bahnhof Friedrichstraße. Von hier wollten sie sich weiter nach Norden durchschlagen, scheiterten jedoch an der geschlossenen Wehrkammer vor der Spreeunterfahrung. Über Hinterhöfe, durch Keller und Ruinen schlugen sie sich bis zur Groterjan-Brauerei an der Prinzenallee im Wedding durch, wo sie sich in den Kelleranlagen versteckten, aber noch am Abend des 2. Mai entdeckt und gefangengenommen wurden.[86] Eine Gruppe französischer SS-Soldaten versuchte sich ohne genaue Ortskenntnis über den U-Bahntunnel in Richtung Potsdamer Platz und von dort

Durch die Tunnelflutung stark beschädigter S-Bahnzug

weiter nach Westen abzusetzen. Sie mußte jedoch feststellen, daß die Strecke dort als Hochbahn weiterführte. Im U-Bahnhof Potsdamer Platz gerieten die Soldaten in Gefangenschaft.[87] Einige Flakhelfer im Geschützturm Humboldthain hatten mehr Glück. Ihnen gelang nach der Kapitulation die Flucht durch den unterirdischen Kabeltunnel zum Leitturm.[88] Von hier führte ein weiterer Verbindungsgang in die Kellerräume der 1940–42 erbauten Stromrichterfabrik an der Gustav-Meyer-Allee, von wo aus sie sich dann absetzten.

Der Krieg im Untergrund endete mit einer Katastrophe. Am 2. Mai 1945 wurde die S-Bahnunterfahrung des Nord-Süd-Tunnels unter dem Landwehrkanal gesprengt, mit großer Wahrscheinlichkeit von der SS. Die genauen Tatumstände sind bis heute nicht geklärt. Als sicher gilt, daß es sich um eine professionelle Sprengung handelte und nicht um einen Unfall oder Bombentreffer. Ein- bis zweihundert Menschen fanden dabei den Tod.[89] Die Wassermassen überfluteten den gesamten S-Bahnschacht und liefen am Bahnhof Friedrichstraße auch in das U-Bahnnetz über. Durch eine weitere, von Bombentreffern verursachte Schadensstelle an der Spreeunterfahrung nahe der Klosterstraße drangen stündlich 250 m^3 Wasser ein.[90] Die U-Bahntunnel zwischen den Bahnhöfen Wedding im Norden und Gneisenaustraße im Südosten wie auch zwischen Potsdamer Platz, Alexanderplatz und Frankfurter Allee standen binnen kurzer Zeit unter Wasser, so daß das gesamte unterirdische Verkehrswegenetz weitgehend lahmgelegt war.[91] Betroffen war ebenfalls der Posttunnel am Anhalter Bahnhof, über den die Wassermassen in die untere Etage der dortigen Bunkeranlage und in die Kellerräume des Postamtes SW 11 vordrangen und sämtliche dort zum Schutz vor Bomben eingelagerten Dokumente und Archivalien der Post vernichteten.[92]

»Führerbunker« und Anlagen an der Wilhelmstraße

Um den »Führerbunker« ranken sich bis heute die größten Legenden. »Es gibt kaum ein Bauwerk in Deutschland, über das soviel spekuliert, gemutmaßt und mit genußvollem Schauer gesprochen wurde wie über die betonierten Räumlichkeiten unter der ehemaligen Reichskanzlei in Berlin-Mitte.«[93] In Hunderten von mehr oder weniger glaubwürdigen Augenzeugenberichten, Tagebüchern, Dokumentarfilmen und Zeitungsartikeln wird auf den »Hofstaat« Hitlers Bezug genommen, der hier die letzten Tage des Zweiten Weltkrieges verbrachte. Für eine nüchterne Bestandsaufnahme der baulichen Gegebenheiten fehlte den meisten dieser Autoren offensichtlich die Distanz, denn sonst wäre deutlich geworden, daß gerade dieser Bunker, der nicht einmal die Kapazität eines gewöhnlichen öffentlichen Luftschutzbunkers hatte, im nachhinein in seiner Größe verklärt und überinterpretiert wurde. Der »Führerbunker« selbst war nur einer unter vielen im Regierungsviertel rund um die Wilhelmstraße.

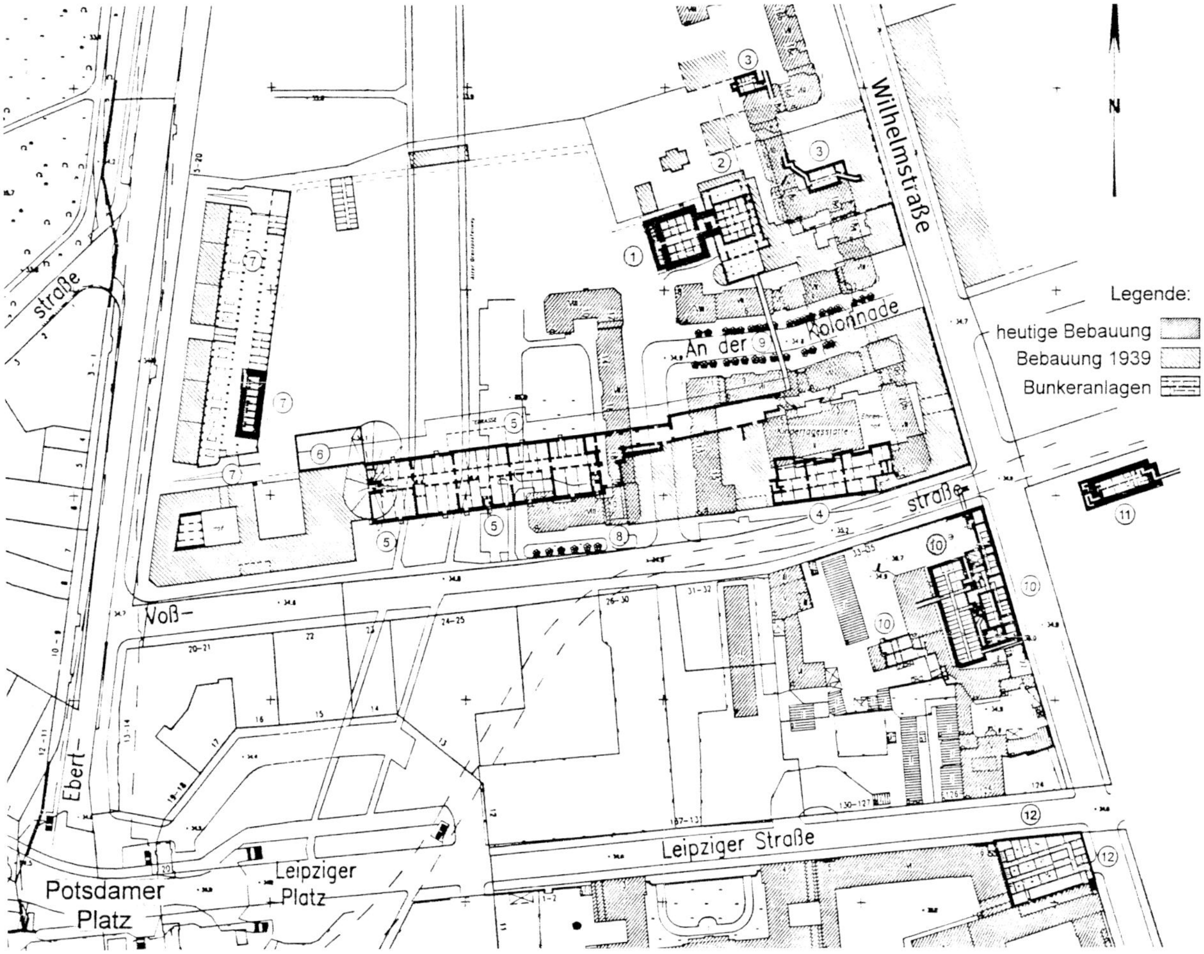

Bunkerlage, (1944) im einstigen Regierungsviertel um die Wilhelmstraße (Rekonstruktionsstand Juni 1997): 1. Führerbunker, 2. Vorbunker, 3. Bunkeranlagen Auswärtiges Amt, 4. Kleiner und 5. Großer Bunker der Neuen Reichskanzlei, 6. Bunker an der Terrasse, 7. Fahrerbunker/Tiefgaragen, 8. Hebebühne für Kfz, 9. »Wirtschaftsgang«, 10. Bunkeranlagen Reichsverkehrsministerium, 11. Tiefbunker Hotel »Kaiserhof«/Wilhelmplatz, 12. Bunker Reichsluftfahrtministerium

Die ersten Bunkeranlagen waren hier bereits 1935 entstanden. Beim Anbau eines Empfangssaales an die alte Reichskanzlei in den Ministergärten wurde anstatt eines normalen Kellergeschosses ein Luftschutzbunker für etwa 150 Personen errichtet.[94] Decken und Außenwände hatten anfangs nur Stärken von 60 cm.[95] Nicht weit davon entfernt entstand im gleichen Jahr unter dem gesamten Vorplatz an der Kreuzung Wilhelmstraße/Leipziger Straße eine größere Luftschutzanlage. Davon diente die eine Hälfte den Mitarbeitern des Ministeriums, die über zwei Gangverbindungen von den Kellerräumen ihres Hauses in die Anlage gelangen konnten. Die andere Hälfte war als öffentlicher Schutzraum vorgesehen, den man über Schleusenanlagen von der zum Platz hin offenen Vorhalle erreichen konnte. Die damals eingezogene, vergleichsweise dünne Stahlbetondecke hielt jedoch später den Bomben nicht stand, wie an einem Deckendurchschlag in einem der Räume noch heute zu erkennen ist.

Beim Bau der Neuen Reichskanzlei entstanden

Garteneingang zum »Führerbunker« mit kegelförmigem Belüftungsturm; im Hintergrund die Ruinen des Saalanbaus und des Auswärtigen Amtes (1946)

1938 zwei Bunkeranlagen, die offensichtlich mit Blick auf den bevorstehenden Krieg konstruiert wurden. Die größere von beiden lag unter dem Mittelbau an der Voßstraße, die kleinere unter der Präsidialkanzlei nahe der Wilhelmstraße. Decken und Wände erhielten hier bereits eine Stärke von 1,70 m. Zugleich wurde modernste Technik eingebaut. Neben ausgedehnten Heizungs- und Lüftungsanlagen[96] gehörte eine Hebebühne dazu, die an der Voßstraße vor dem Mittelbau in der östlichen Ecke eingelassen war. Durch Knopfdruck konnte hier ein Lastwagen für Kohlenlieferungen 4,5 m abgesenkt werden. In den Kriegsjahren nutzte der Generalstab diese Möglichkeit, um direkt in die Kellerräume hinabzufahren.[97] Durch weitere Zugänge, die unter hydraulisch betriebenen Deckeln zwischen den Granitplatten des Vorplatzes verborgen lagen, gelangte man von der Voßstraße in den größeren Bunker, der in Teilbereichen bereits ab 1939 als öffentlicher Luftschutzraum vorgesehen war.[98] An der Hermann-Göring-Straße (Ebertstraße) entstand eine der damals größten Tiefgaragen Berlins. Die Neue Reichskanzlei selbst verfügte dagegen über keine richtigen Kelleranlagen. Die eigentlichen Kellerräume lagen auf Souterrain-Niveau und schlossen zur Gartenseite sogar ebenerdig ab. Lediglich die Bunker lagen wegen ihrer starken Decken etwas tiefer. Daraus erklärt sich unter anderem auch die immer wieder hochgespielte relativ kurze Bauzeit der Neuen Reichskanzlei,[99] waren doch keine tiefen Fundamente zu erstellen.

Mit Zunahme der Bombardierungen Berlins seit 1943 erwiesen sich die Bunkerkapazitäten bald als nicht mehr ausreichend. Wand- und Deckenstärken wurden erhöht und die Zugänge

Abbrucharbeiten (1958) an der »Zerschellschicht« auf der Decke des Bunkers unter dem Saalanbau an der Neuen Reichskanzlei; im Hintergrund der gesprengte Eingang zum »Führerbunker«

verstärkt. Ab Sommer 1943 begann man, weitere Bunker zu errichten, so unter dem Pariser Platz und dem Wilhelmplatz. Beide wurden durch unterirdische Gänge mit den angrenzenden Hotels und Ministerien verbunden. Eine Bunkeranlage unter dem Innenhof des Reichsverkehrsministeriums südlich der Voßstraße vernetzte man sogar mit der U-Bahn, um einen möglichen »Fluchtweg bei Feuersturm« zu haben. An der Reichskanzlei entstand unter der Rasenfläche vor dem Saalanbau der »Führerbunker«, wie sich anhand alliierter Luftbilder eindeutig feststellen läßt.[100] Er hatte eine Sohlentiefe von knapp 9 m und Wandstärken von 3,50 m. Er war jedoch nicht, wie in fast allen gängigen Nachbildungen dargestellt,[101] durch eine Wendeltreppe, sondern durch eine rechtwinklige Treppenanlage mit dem Vorbunker von 1935 verbunden.[102] Angebliche Augenzeugen, die behaupten, hier eine Wendeltreppe benutzt zu haben, offenbaren damit unfreiwillig, daß sie niemals hier unten waren.

In die Tiefgaragen an der Hermann-Göring-Straße baute man zwischen September 1943 und März 1944 den sogenannten Fahrerbunker ein.[103] Er sollte der Fahrbereitschaft der Leibstandarte Adolf Hitlers ausreichenden Schutz gewähren. Ein weiterer Bunker, der bis heute nicht untersucht worden ist, entstand zeitgleich vor der Gartenterrasse.

An Hitlers Bunker wurde bis zum Ende des Krieges gebaut. Ein Belüftungsturm direkt neben dem Gartenzugang wurde nicht mehr fertig, ein anderer ist in verschiedenen Publikationen zum Beobachtungs- und Verteidigungsturm nebst MG-Stand uminterpretiert worden. 1947 sind beide Belüftungstürme zusammen mit dem Ein-

Innenaufnahmen des Großen Bunkers der Neuen Reichskanzlei (Aufnahmen des Ministeriums für Staatssicherheit, 1973)

gang gesprengt worden, zwei Jahre später begann der Abbruch der Ruine der Reichskanzlei. Mit Trümmerschutt füllte man Tiefgaragen- und Kellerreste auf, das Gelände wurde eingeebnet, die Zugänge zu den anderen Bunkern zugeschüttet. Die letzten Sprengungen im Zuge der Räumungsarbeiten fanden 1959 statt. Danach ist über der ganzen Fläche zunächst eine Grünanlage angelegt worden.[104] Gras sollte über die ganze Sache wachsen.

Mit dem Bau der Mauer 1961 gerieten die einstigen Ministergärten ins Grenzgebiet und damit in Vergessenheit. Die Staatssicherheit der DDR begann sich erst 1967 nach der Entdeckung der Straßentunnel unter dem Tiergarten wieder für das Gelände der Reichskanzlei zu interessieren. Es kursierten Gerüchte über unterirdische Verbindungen zwischen Ost und West. In einer groß angelegten Untersuchung Anfang der siebziger Jahre gingen die Staatsschützer 49 Spuren und Vermutungen nach – und wurden schnell fündig.[105] 16 Objekte konnten ganz oder teilweise nachgewiesen werden. Als erstes ist der kleinere Bunker der Neuen Reichskanzlei wiederentdeckt worden. Im Januar 1973 stießen die Bauarbeiter dann auf den großen Bunker. Nach Abpumpen des auf knapp einen halben Meter Höhe angestiegenen Sickerwassers ist die Anlage akribisch vermessen und fotografiert sowie danach wieder versiegelt worden. Eine Nutzung kam wegen der Grenznähe nicht in Frage.

Weiterer Bunkerfund an der Voßstraße (1994)

Munitionssuche im ehemaligen Todesstreifen an der Ebertstraße (1990)

In den Untersuchungsakten werden zugleich unterirdische Anlagen genannt, die heute wieder Rätsel aufgeben. Auf dem Grundstück des einstigen Reichspräsidentenpalais (Wilhelmstraße 73, ab 1939 Wohnsitz des Reichsaußenministers Ribbentrop) entdeckte man ein Bunkersystem, »bestehend aus zwei Bunkern und unterirdischer nachgewiesener Straße«.[106] Das könnte die hohen Umbaukosten von 1939/40 erklären, die um 1,6 Millionen Reichsmark höher lagen als im Haushaltsentwurf vorgesehen.[107] Nachzuprüfen ist dies nicht mehr, da westlich der Wilhelmstraße seit Mitte der achtziger Jahre Wohnungsneubauten errichtet wurden, für die eine Enttrümmerung bis in eine Tiefe von sieben Metern stattfand. Dabei verschwand das Gros der Bunkeranlagen. Vom Führerbunker blieben nur die Bodenplatte und Reste der Seitenwände erhalten. Nach mühevollem Zertrümmern der Stahlbetondecke wurde der verbliebene Hohlraum mit Schutt verfüllt, heute liegt darüber ein Parkplatz. Die Abrißarbeiten erstreckten sich allerdings nur bis zu den ersten Sperranlagen des Grenzgebietes. Daher blieben vom großen Bunker der Neuen Reichskanzlei etwa 40 % erhalten.

Im Sommer 1990 stießen Munitionssucher auf den früheren Fahrerbunker. Er lag unter dem ehemaligen Todesstreifen und war seit 1945 nicht mehr zugänglich, wie aus den geborgenen Munitionsresten und anderen Materialien ersichtlich wurde. Für Aufsehen sorgten die fast vollständig erhaltenen Wandgemälde eines unbekannten Malers in der SS-Fahrerbereitschaft.[108] Nur kurzfristig geöffnet, sind beide Anlagen wieder verschlossen worden. Die Entscheidung darüber, was mit ihnen passiert, steht noch aus.

Trümmerberge und Fluchttunnel

Erste Instandsetzungsarbeiten am U-Bahntunnel in der Friedrichstraße (1945)

Der Alptraum des Krieges hatte in Berlin am 2. Mai 1945 endlich ein Ende. »Zerzaust, bärtig und schmutzig kamen [die überlebenden Verteidiger] mit weißen Armbinden aus Bunkern, Kanalisationsröhren, U-Bahnstationen und Trümmerbergen hervor.«[1] Die Stadt bot ein Bild der Verwüstung und des Grauens. Es gab keinen Strom, kein Gas, die 87 Pumpwerke der Stadt standen still. Auch die Kanalisation war an einigen Stellen schwer beschädigt und außer Funktion. Die Totalverluste bei Wohnungen betrugen in den Innenstadtbezirken teilweise über 50 %.[2] Statistiker berechneten die Trümmermassen auf 75 Millionen m^3, womit man einen Damm von Berlin bis nach Dortmund, 35 m breit und 5 m hoch, hätte errichten können.[3]

Dabei war Berlin im Vergleich zu anderen deutschen Großstädten noch glimpflich davongekommen.[4] Angesichts der riesigen Stadtfläche und der weniger in Mitleidenschaft gezogenen Außenbezirke ermittelte der Magistrat 1947 eine Totalzerstörung an oberirdischen Bauten von 27 % und bei unterirdischen Bauten von nur 5 %.[5]

Das Beseitigen der riesigen Schuttberge im Zentrum Berlins bereitete ernsthafte Schwierigkeiten, da Transportkapazitäten kaum vorhanden waren. Der Magistrat sah sich daher gezwungen, möglichst viel Schutt innerhalb der Stadt und diesen möglichst in der Nähe der Schadensstellen zu belassen. Es wurden Möglichkeiten diskutiert, den Schutt in Kanälen und Teichen sowie vor allem in Grünanlagen unterzubringen. Dies schien nahezuliegen, da in vielen Grünanlagen der Baumbestand weitgehend vernichtet war. So tauchten bis 1950 immer wieder Vorschläge auf, das gesamte Gelände des Tiergartens um einige Meter zu erhöhen, die Senke des Schöneberger Stadtparks und verschiedene Teiche zu füllen, ja sogar Landwehrkanal, Spreekanal und den Kupfergraben zuzuschütten.[6] Andere Pläne sahen eine Insel aus Trümmerschutt im Müggelsee vor.[7] Letztlich aber setzte man auf begrünbare Trümmerberge.

Die weitgehend lahmgelegte Infrastruktur

Zerstörter Alexanderplatz im Jahr 1945; der U-Bahnzugang war durch einen umgestürzten russischen Panzer blockiert

konnte erstaunlich schnell wieder in Gang gebracht werden. Noch im Mai 1945 ging die erste Teilstrecke der U-Bahn auf drei Kilometern wieder in Betrieb, bis zum Jahresende war der größte Teil des Streckennetzes provisorisch wiederhergestellt. Zügig machte man sich auch an die Instandsetzung des mit Wasser vollgelaufenen Nord-Süd-Tunnels der S-Bahn, da von ihm eine große Seuchengefahr ausging.[8] Die Tunneldecke war an der Sprengstelle vollständig eingestürzt, der Schlamm aus dem Bett des Landwehrkanals hatte sich überall verbreitet. Rund 900 000 m^3 Wasser mußten aus dem S-Bahntunnel,[9] 980 000 m^3 aus den U-Bahntunneln[10] gepumpt werden. Trotzdem konnte der Stettiner Bahnhof (Nordbahnhof) im Januar 1946 wieder dem Verkehr übergeben werden.

Mit der Demontage wurden die Aufbauarbeiten zusätzlich erschwert. Die Sowjets waren bemüht, noch vor Eintreffen der Briten und Ame-

Abpumpen des Wassers im überfluteteten Nord-Süd-Tunnel der S-Bahn (1945)

»Blumenbretter«-Zug im U-Bahnhof Alexanderplatz (1959)

rikaner aus den künftigen Westsektoren soviel wie möglich herauszuschaffen. So verlor West-Berlin durch die Demontagen im Kraftwerk Charlottenburg-West 70 % seiner Vorkriegskapazitäten.[11] Aber auch im sowjetischen Sektor wurde demontiert. Beispielsweise mußten alle 120 Großprofilwagen der U-Bahnlinie E vom Alexanderplatz nach Friedrichsfelde als Reparationsleistungen an die Moskauer Metro abgegeben werden, wo sie noch bis Mitte der sechziger Jahre ihren Dienst versahen. Als Ersatz schaffte man Kleinprofilfahrzeuge heran, an denen seitlich sogenannte »Blumenbretter«, Trittbretter für den Ausgleich zwischen Bahnsteig- und Wagenkante, angebracht wurden.[12] Gleichzeitig mußten etwa 450 Berliner S-Bahnwagen nach Polen, Estland und Moskau abgegeben werden.[13]

Bunkerzertrümmerung und Übererdung

Die Bunker, insbesondere die kolossalen Flaktürme in den Berliner Parks, waren Symbole des Krieges und der Bombennächte. Dennoch bedurfte man ihrer auch noch nach Kriegsende. Hier fanden Ausgebombte, Flüchtlinge und entlassene Kriegsgefangene vorübergehend eine erste Zufluchtsstätte.[14] Dennoch bestanden die Alliierten auf einer möglichst schnellen Umsetzung des Potsdamer Abkommens zur Entmilitarisierung Deutschlands und gaben den Befehl zur Beseitigung aller Berliner Bunkeranlagen.[15] Zwei Wege zur Erfüllung dieser Forderung waren möglich: die völlige Sprengung der Bunker oder ihre Entmilitarisierung, d.h. eine mindestens 15prozentige Beseitigung der Außenwände durch Einsprengung von Fenster- und Türöffnungen.[16] In Berlin entschied man sich für die erste Variante, vielleicht weil die Siegermächte in der ehemaligen Reichshauptstadt ein besonderes Exempel statuieren wollten, vielleicht aber auch deswegen, weil sie sich hier gegenseitig besser kontrollieren konnten.

In einer Aufstellung von 1946 wurden 268 Bunker für Berlin angegeben, darunter 54 Hochbun-

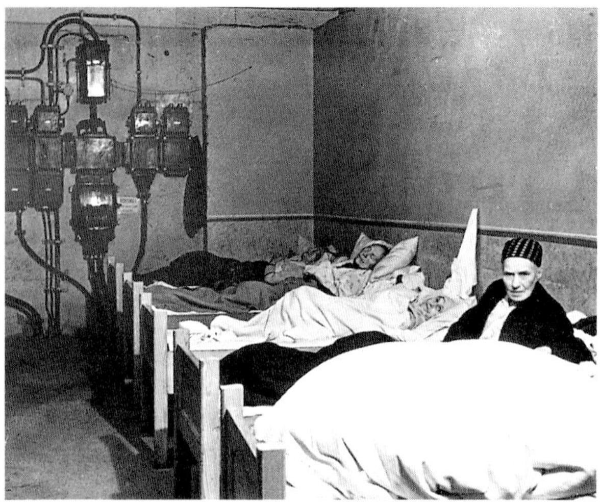

Kälteopfer im Zoo-Bunker

Patienten erholen sich auf dem Dach des Zoo-Bunkers

»Gustav« während des ersten Sprengversuchs (1947)

»Gustav« während der zweiten Sprengung (1948)

ker, wie im Tiergarten, im Friedrichshain und im Humboldthain.[17] In Wirklichkeit waren es allerdings fast doppelt so viele.

Als erstes wurden die Hochbunker im Friedrichshain beseitigt. Die Sowjets sprengten sie Anfang Mai 1946, der Geschützturm brach hierbei in der Mitte durch.[18] Ein Jahr später folgte der große Zoo-Bunker, der von den Berlinern mokant

»Gustav« genannt wurde. Den Krieg hatte er wegen seiner massiven Betonbauweise so gut wie unversehrt überstanden, weshalb er anschließend gleich vom Robert-Koch-Krankenhaus genutzt wurde. Hier befanden sich die Infektionsabteilungen für Typhus und Ruhr sowie eine chirurgische Station, Laboratorien und eine Röntgenabteilung. Die alliierte Kommandantur bestand jedoch entgegen der Bitte des Magistrats auf seiner Beseitigung.[19] Am 28. Juni 1947 wurde der erste Teil des Bunkers gesprengt. Mehrere Versuche, den Rest zu zerstören, scheiterten zunächst. Zwar konnte der kleinere Leitturm im Tiergarten niedergelegt werden, doch die Reste von »Gustav« trotzten den britischen Sprengmeistern. »Am 30. Juli 1948 sank der Koloß endlich in sich zusammen. Immerhin hatten die Türme ›die Behandlung‹ mit 60000 Pfund TNT noch besser überstanden, als das Dach des Arbeitsgerichts, die Fensterscheiben der Umgebung und einige Tierhäuser im Zoo.« »Gustavs« Geschichte war mit seiner Sprengung noch nicht zu Ende. Die mit Trümmerschutt überhäuften Bunkerreste wurden begrünt und sollten als Affenfelsen in den Zoologischen Garten integriert werden. Doch zehn Jahre später lag der Trümmerfelsen dem Neubau der U9 im Weg. Er mußte 1957 für 4,2 Millionen DM mühselig abgetragen werden.[20]

Erhebliche Probleme hatten französische Pioniere mit den Hochbunkern im Humboldthain. Vergeblich bemühten sie sich um eine vollständige Beseitigung. Nur der Leitturm wich im Februar und März 1948 dem Druck der Sprengversuche, der Nordflügel des Geschützturmes hielt stand. Andere Bunker konnte man nicht sprengen, weil sie unmittelbar in Wohngebieten lagen, so die Bunker in der Pallas- oder in der Reinhardtstraße am Deutschen Theater. Tiefbunker, die zu nahe an den Verkehrsschächten von U- und S-Bahn lagen, blieben ebenfalls verschont, um den Verkehr nicht zu gefährden. Einige Luftschutzbunker durften dennoch für andere Zwecke verwendet werden. Der Caritas-Verband wurde im Bunker Oberhafen tätig, das Deutsche Rote Kreuz im Luftschutzbunker am Anhalter Bahnhof. In Lankwitz entstand aus einem Bunker das Mitropa-Hotel, in der Friedrich-Karl-Straße in Tempelhof war kurzzeitig ein Polizeigefängnis untergebracht,[21] im Bunker unter der Littenstraße züchtete man Champignons.

Durch Sprengung gespaltener Flak-Turm im Friedrichshain

Dagegen wurden der Blaupunkt-Bunker am Olympia-Stadion[22], der »Eiserne Otto« am Augustenburger Platz im Wedding[23] und der Elsterplatz-Bunker[24] bis Ende der fünfziger Jahre schrittweise abgetragen. Die letzten Sprengungen fanden in den sechziger Jahren statt.

Eine große Anzahl von Bunkern ist lediglich zugeschüttet und begraben worden, so eine mehrgeschossige Anlage an der Bernauer Straße, die genau an der Sektorengrenze lag. Pioniere der Roten Armee sprengten 1947 die Zugänge zum Bunker, weil sich dort Schwarzmarkthändler eingenistet hatten. Später verzichtete man – wie auch an anderen Orten – auf eine teure Beseitigung.

Einige unterirdische Anlagen Berlins entstanden auch erst nach dem Kriege. Zu den unzugänglichsten Stellen des Berliner Untergrundes gehört der Teufelsberg, den es vor fünfzig Jahren noch gar nicht gegeben hat. Er ist künstlich entstanden; unter ihm ruhen, tief im Innern verborgen, die Reste der Wehrtechnischen Fakultät, des einzig begonnenen Teils einer von den Nationalsozialisten geplanten Hochschulstadt, zu der Hitler am 27. November 1937 den Grundstein gelegt hatte.[25] Nach dem Krieg dienten die Bauten kurzzeitig als Empfangsstelle für Funkverbindungen nach Westdeutschland, bis sich im Juni 1950 der West-Berliner Magistrat entschied, auf dem Gelände Trümmerschutt abzulagern.[26]

In den Folgejahren wurden hier mehr als 21 Millionen Kubikmeter aufgehäuft und zu einem Naherholungsgebiet umgestaltet. Seit 1960 sind über den Trümmern etwa 60000 Erlen, 45000 Akazien, 26000 Eichen, 27000 Pappeln und 28000

10 Millionen Kubikmeter Trümmerschutt lagen 1957 bereits über der »Wehrtechnischen Fakultät«

Bunkerruine des G-Turms am Humboldthain vor und nach der Übererdung

Ahornbäume angepflanzt worden.[27] Die Reste der Fakultät wurden damit Untergrund. Auf den Gipfel setzten die Amerikaner eine Radarstation.

Ähnlich künstliche Hügel entstanden im Humboldthain und im Friedrichshain. Die gesprengten Bunkerteile ließ man einfach liegen und bedeckte sie mit Bauschutt und, daran anschließend, einer Grünanlage. Auf den Bergspitzen ragen noch heute Betonreste, teilweise mit Efeu bewachsen, deutlich sichtbar heraus.[28] Im Innern der verschlossenen Unterwelt findet sich eine bizarre Höhlenlandschaft.[29]

Verhandlungen über die Wiederöffnung der Wasserdruckleitung zwischen Treptow und Neukölln auf der Späthbrücke (Juli 1953)

Kalter Krieg und neue Bunker

Seit der Währungsreform vom 24. Juni 1948 und der unmittelbar darauf einsetzenden elfmonatigen Blockade West-Berlins ist der Riß durch die Stadt immer tiefer geworden. Von einer Zusammenarbeit zwischen den Westmächten und der Sowjetunion konnte – bis auf die Luftsicherheitszentrale im Alliierten Kontrollrat am Kleistpark – keine Rede mehr sein. Am 1. Juli 1948 zogen sich die Sowjets aus der Alliierten Kommandantur in Dahlem zurück. Kurz zuvor, am 24. Juni, begann die Berliner Blockade. Neben der Unterbrechung aller Zufahrtswege zu Lande und zu Wasser – wegen »technischer Schwierigkeiten« – wurden fast sämtliche Versorgungsleitungen nach West-Berlin gekappt, darunter auch die fünf Hauptleitungen der Stromversorgung. Auf der Suche nach Möglichkeiten der Eigenversorgung wurde sogar geprüft, ob sich ein Abbau der tief unter der Stadt liegenden Braunkohleschichten lohnen würde. Das Projekt »Flöz Ferdinand« erwies sich aber als zu kostspielig. Als dann die Ost-Berliner BEWAG-Betriebe am 5. März 1952 die letzten Stromlieferungen nach West-Berlin einstellten und man die Netze endgültig trennte, wurde der Westteil zur »Strominsel« und mußte komplett von außen mit Steinkohle, später auch mit Öl und Gas, versorgt werden.

In der »Hauptstadt des Kalten Krieges« begann man in aller Öffentlichkeit wieder, über Schutzräume für die Zivilbevölkerung zu diskutieren, da ernsthafte militärische Konfrontationen nicht ausgeschlossen wurden. Jede Seite warf der anderen vor, sich an der geplanten Aufrüstung zu beteiligen. Die West-Berliner Presse zog über »den Bau von Luftschutz-Bunkern in allen Dienstgebäuden der Grotewohl-Regierung, der kommunistischen Organisationen und in den von der sowjetdeutschen Prominenz bewohnten Villen«[30] her, während sich Ost-Berliner Medien über eine Verordnung des Senats von West-Berlin aufregten, die sich mit »dem Neubau von Luftschutzbunkern, Luftschutzräumen, -geräten und der Ausbildung von ›Luftschutzwarten‹«[31] beschäftigte. Hierbei wurde auf die Erfahrung des Krieges zurückgegriffen und für sichere Notausgänge plädiert.[32] In einem vom Bundesbauministerium Ende Mai 1952 herausgegeben »Merkblatt zum Bautechnischen Luftschutz«[33] heißt es reichlich selbstgefällig: »Nein! Vom Ausland können wir im baulichen Luftschutz nichts lernen! Dort fehlt die wichtigste Erfahrung – die im Erleiden von Luftangriffen.«[34] Damit sollte offensichtlich die allgemein verbreitete Auffassung zurückgewiesen werden, daß die westlichen Siegermächte auch auf dem Gebiet des Luftschutzes über neue und bessere Methoden verfügten.

Geradezu grotesk klingt aus heutiger Sicht der Vorschlag, die geforderten Sicherheitsbedingungen praktisch auszuprobieren: »Die Verfasser des Merkblattes erklären sich bereit, in einem nach dieser Vorschrift gebauten Luftschutz-Raum jede

Bergwerksstollen der TU Berlin, Charlottenburg

»Kupferkessel« in der Stasi-Zentrale Normannenstraße, Lichtenberg, mit Säcken voll teilvernichteter Akten

Untergrundparty in einem ehemaligen Luftschutzbunker

Magazinräume der Senatsbibliothek, Charlottenburg

»Mehrzweckanlage«, U-Bahnhof Siemensdamm

Notausgang der wiederhergestellten Bunkeranlage Blochplatz, Wedding

»Mutter-und-Kind-Bunker« an der Sachtlebenstraße, Zehlendorf. Die Anlage wurde nicht wieder hergerichtet und im Sommer 1997 beseitigt.

»Mehrzweckanlage« Siemensdamm

Fluchttunnel der Zehlendorfer Bankräuber

Atomexplosion in 800 m Entfernung mitzumachen. Sie sind gegen Ersatz der Reisespesen gern bereit, auf das Versuchsgelände in Nevada oder in die Südsee zu kommen. In die Südsee besonders gern.«[35]

Nach dem Mauerbau verstärkte sich das Bedürfnis noch, sichere Bunker zu bauen. »Der kluge Mann baut tief«, so lautete der Titel einer Broschüre, die in den sechziger Jahren verteilt wurde.[36]

Die westlichen Alliierten erließen 1965 eine Verordnung, derzufolge Maßnahmen einzuleiten sind, »mit denen Leben und Gesundheit der Zivilbevölkerung, ihre Wohnungen, Arbeitsstätten und die für die Befriedigung ihrer Lebensbedürfnisse wichtigen Einrichtungen und Güter vor den Wirkungen bewaffneter Angriffe geschützt

Notausgang des »Atombunkers« am U-Bahnhof Pankstraße

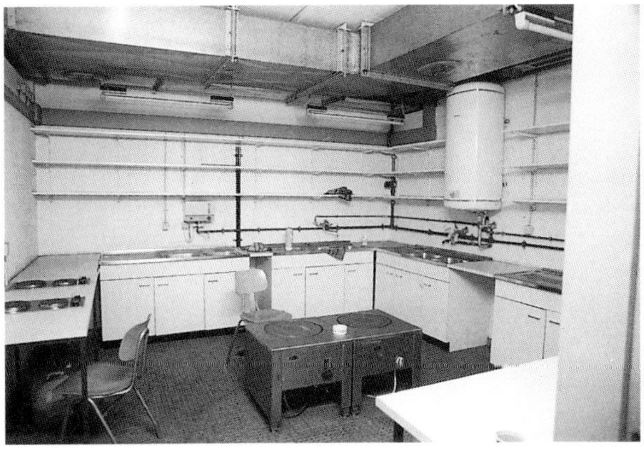

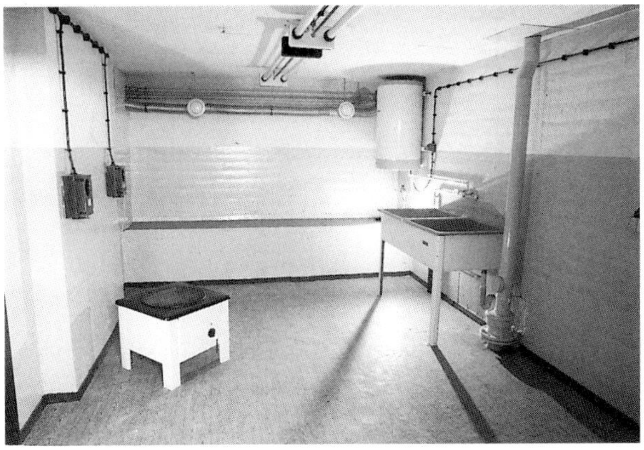

Bunkerküchen West und Ost; oben: U-Bahnhof Siemensdamm; unten: »Mielke-Bunker«, Normannenstraße

werden können«,[37] die rechtliche Grundlage für den Zivilschutz in West-Berlin. Noch vorhandene Bunker zu sprengen war bereits geraume Zeit vorher untersagt worden,[38] damit, wie Bürgermeister Heinrich Albertz es ausdrückte, »die Kommunisten die Dinge bei uns nicht durcheinanderbringen«[39].

Viele der in West-Berlin erhalten gebliebenen Bunker dienten nach der Blockade zur Einlagerung von Lebensmitteln, Bekleidung, Fahrrädern und anderen Alltagsgegenständen. Riesige Kohlehalden wurden im Rahmen der »Senatsreserven« angehäuft. Von Zeit zu Zeit wurden die Bestände erneuert, dann überschwemmte preisgünstiges Büchsenfleisch die Supermärkte. Nach dem Fall der Mauer wurden die Bunker geräumt, die meisten Vorräte gelangten als humanitäre Hilfe in die ehemalige Sowjetunion.

Im April 1986 enthielt die Liste öffentlicher Schutzräume zwei Tiefgaragen, zwei U-Bahnhöfe und acht instandgesetzte ehemalige Luftschutzanlagen mit knapp 20000 Schutzplätzen; Bundesmittel für weitere 6000 Plätze wurden bewilligt. Die U-Bahnhöfe Pankstraße und Siemensdamm wurden schon lange vor ihrer Inbetriebnahme (1977 bzw. 1980) zu sogenannten Mehrzweckanlagen ausgebaut.[40] Im »Ernstfall« sollten im U-Bahnhof Pankstraße 3340 Plätze und im U-Bahnhof Siemensdamm sogar 4500 Plätze zur Verfügung stehen.[41] Schiebetore an den Bahnhofszugängen riegelten dann die Stationen von der Außenwelt ab, die dann nur noch durch Luftschleusen betreten oder verlassen werden könnten. Die Bahnhöfe verfügen über eigene Luft-, Strom- und Trinkwasserversorgungen sowie über die entsprechenden sanitären Ausstattungen. Damit niemand auf die Gleise fallen kann, würden im Krisenfall zwei U-Bahn-Züge einfahren.[42] Zählwerke registrierten alle hereinkommenden Menschen, besondere Schleusentüren würden nach Vollbelegung das Eindringen weiterer Personen verhindern.

Nach der neuesten Auflistung soll es derzeit im Westteil Berlins genau 24142 Schutzplätze in 15 öffentlichen Schutzräumen geben, im Ostteil der Stadt – soweit bis jetzt bekannt – 2550 Plätze in sieben Anlagen, die zu DDR-Zeiten eingerichtet wurden. Dabei wird es vermutlich auch bleiben, denn das staatliche Programm zur Förderung öffentlicher Schutzräume ist 1992 eingestellt worden.[43] 26692 Schutzplätze für die gesamte Berliner Bevölkerung sind wahrlich nicht viel. Im Ernstfall kämen weit weniger als ein Prozent aller Berliner[44] in den Genuß dieses Schutzes. Nicht einmal alle Berliner Polizisten hätten Platz, geschweige denn der Senat und seine Mitarbeiter.[45]

»Ruf nicht mehr an!« – die Post nach 1945

Die Spaltung der Stadt zog auch das Kommunikationsnetz in Mitleidenschaft. Besonders die Rohrpost wurde davon betroffen. Nach Kriegsende war das Netz ohnehin zu 80 % unbrauchbar. Von den 91 öffentlichen und den acht nichtöffentlichen Betriebsstellen waren 41 zerstört, 34 demontiert, drei weitere mußten auf alliierten Befehl geräumt werden.[46] Der hauptsächlich in den Westsektoren vorgenommenen Demontage fielen die »Maschinenstationen mit den Gebläsen, Motoren, Schalttafeln, Kühlern und die Rohrpostbetriebsstellen mit ihren Apparaten und Steuerorganen anheim«[47]. Als Ersatz standen nur Maschinen zur Verfügung, die man aus dem

Rohrpoststelle Charlottenburg 2

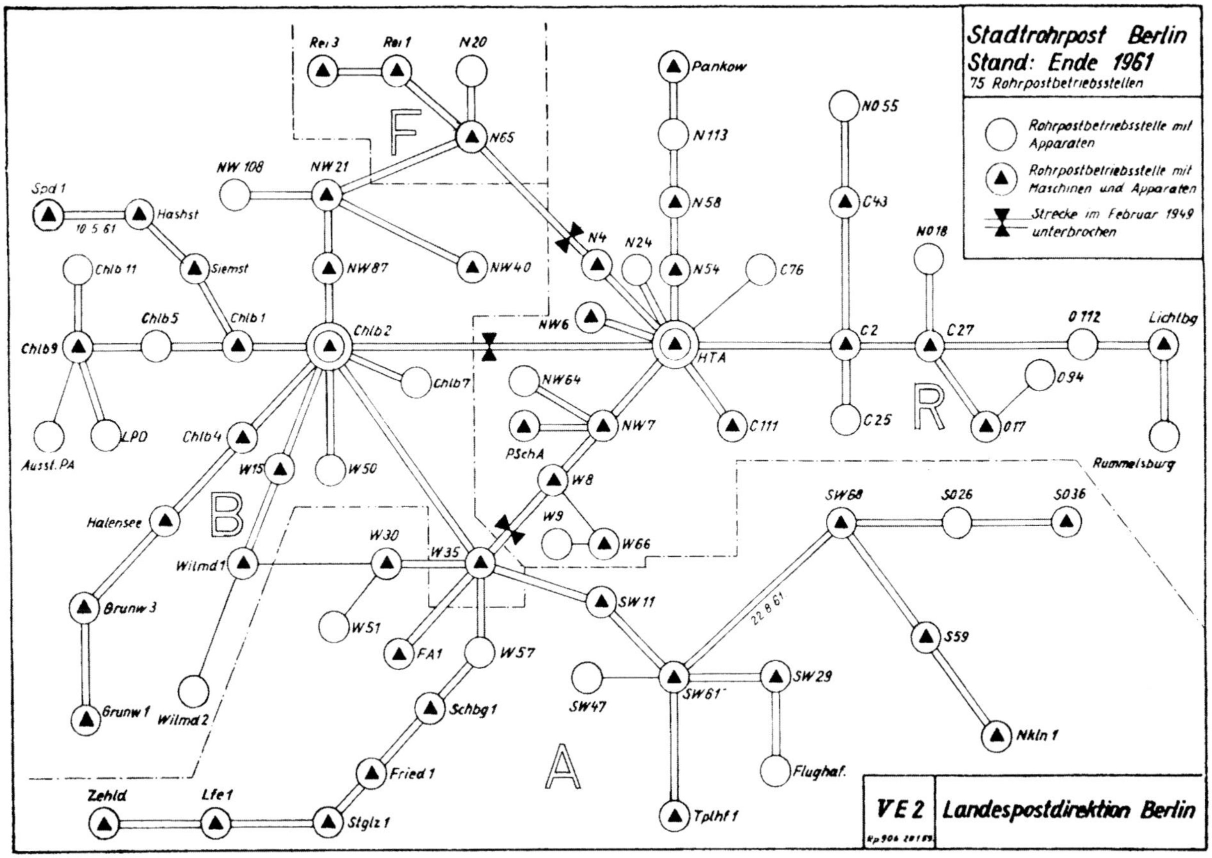

Trümmerschutt herausholte. Als Ende 1949 immerhin wieder 38 Rohrpostämter mit 116 km Leitungslänge zur Verfügung standen, war ein reger Austausch zwischen den Stadthälften bereits blockiert. Durch den sogenannten »Briefmarkenkrieg« wurde die Teilung der Stadt auch bei der Post eingeleitet.[48] Hierbei ging es um die gegenseitige Nichtanerkennung der verschiedenen Postwertzeichen nach der Währungsreform.[49] Hinzu kamen sicherheitspolitische Vorbehalte. Kurz nachdem im Ostteil der Stadt die Rohrpost am 21. Februar 1949 wieder für den öffentlichen Betrieb freigegeben worden war,[50] unterbrach die Ost-Berliner »Hauptverwaltung Post- und Fernmeldewesen« als zuständige Behörde die Verbindungen zwischen Ost und West. Angeblich »dienten die Leitungen unlauteren Elementen dazu, über die Sektorengrenzen hinweg Verbotenes, aber Eiliges zu schleusen«.[51] Im Gegensatz zur U-Bahn kam es bei der Rohrpost zu keiner Vereinbarung über einen etwaigen »Transitverkehr«, die Direktverbindungen über die Sektorengrenze hinweg blieben für immer gekappt.

Das Rohrpostnetz in den Westsektoren wurde erst am 17. Juli 1951 wieder für das allgemeine Publikum zugänglich. 1965, zum 100jährigen Jubiläum der Rohrpost in Berlin, gab es 47 Betriebsstellen mit 190 km Fahrrohrlänge im Westen sowie 27 Ämter mit 65 km Strecke im Ostteil der Stadt. Nach der Einführung des Postbarscheckverfahrens im Mai 1969 ging ein Großteil der Transportaufgaben verloren, ließ sich die Rohrpost im Westen nicht länger wirtschaftlich betreiben. Hier wurde zunehmend auf modernere

Kommunikationssysteme wie Telex, später Telefax, und EDV gesetzt. Das endgültige Aus kam am 3. Januar 1971, als das bis dahin noch in Betrieb befindliche Restnetz stillgelegt wurde.[52]

Im Ostteil der Stadt hielt sich die Rohrpost noch bis in die achtziger Jahre, doch sind auch hier mittlerweile fast alle Rohre und Schaltapparaturen abgebaut. Obwohl die Rohrpost überholt zu sein scheint, tauchen gelegentlich wieder Ideen auf, sie für neue Aufgaben wiederzubeleben, etwa für den schnellen und staufreien Transport von Kleinpostsendungen. Doch bisher erwiesen sich alle diese Pläne als zu teuer.[53]

Das Telefonnetz Berlins ereilte ein ähnliches Schicksal wie die Rohrpost. In der Nacht vom 26./27. Mai 1952 wurden alle an der Sektorengrenze gelegenen Leitungen gekappt, mit der Begründung: »Das drahtgebundene Fernmeldewesen, das zunächst noch alle Teile der Stadt miteinander verband, mißbrauchten westliche Stellen zur Desinformation der Bürger und Dienststellen im Ostteil sowie zur Verständigung mit ihren hier stationierten Agenten.«[54] Einen innerstädtischen Fernsprechverkehr gab es dadurch für zwei Jahrzehnte nicht mehr.[55] Die westlichen Alliierten richteten in ihren Sektoren jeweils eigene Telegraphenämter ein[56] und machten sich von der Zentrale des Haupttelegraphenamtes in der Ost-Berliner Oranienburger Straße unabhängig. In diesem Klima gegenseitigen Mißtrauens wurde das einheitliche Postsystem der Stadt zerschlagen, gerade im Untergrund wurde der Weg zur Spaltung bereitet.

Berlin – Hauptstadt der Agenten

Berlin lag mitten zwischen Ost und West. Mit den immer noch offenen Grenzen bot die Frontstadt ein ideales Betätigungsfeld für die Geheimdienste aus den verschiedensten Ländern der Welt, die sich hier gegenseitig belauerten, wobei ihnen nahezu jedes Mittel recht war.

Ein sowjetischer Offizier führt Vertretern der internationalen Presse den amerikanischen Spionagetunnel bei Rudow vor

Eine der spektakulärsten Aktionen dabei war die »Operation Gold«, bei der amerikanischer und britischer Geheimdienst gemeinsam einen Tunnel vom amerikanischen in den sowjetischen Sektor bohrten, um ostdeutsche und sowjetische Nachrichten abzuhören.[57] Mehr als ein Jahr konnten sie diese Quellen scheinbar ungestört anzapfen. Doch die Sowjets wurden frühzeitig durch ihren Doppelagenten George Blake eingeweiht und konnten sich so darauf einstellen. In einer wohlgeplanten Aktion ließen sie den Tunnel am 22. April 1956 aufdecken.[58] Blake wurde erst 1961 enttarnt, als er längst woanders tätig war.

Nach Hause zurückbeordert, wurde er festgenommen und zu einer Freiheitsstrafe von 42 Jahren verurteilt. Doch gelang ihm 1966 die Flucht aus seinem Londoner Gefängnis. Über die DDR setzte er sich nach Moskau ab, wo er mit seiner Familie bis jetzt lebt.[59]

Den Spionagetunnel gibt es heute noch.[60] Er hatte einen Durchmesser von gut zwei Metern, war insgesamt 443 Meter lang und verlief von einer eigens dafür gebauten Radarstation der Amerikaner im Bezirk Rudow bis an die im sowjetischen Sektor gelegene Schönefelder Chaussee. Dort lagen einige der wichtigsten telefonischen und telegraphischen Fernleitungen der Roten Armee, welche die Botschaft in Berlin-Mitte mit dem Hauptquartier der Streitkräfte in Wünsdorf und der Zentrale des Geheimdienstes in Berlin-Karlshorst verbanden.

Bis zu 30 Millionen Dollar[61] sollen damals in diesen Tunnel und seine kostspieligen Abhörapparate investiert worden sein. Eine aufwendige Klimaanlage sorgte beispielsweise dafür, daß der Wärmeausstoß der Lauschinstrumente im Winter nicht den Schnee an der Oberfläche zum Schmelzen brachte. 1200 Stunden Telefongespräche wurden täglich aufgezeichnet. Ob die Amerikaner dabei wirklich an verwertbare Informationen gelangt sind, verschweigen sie bis heute.

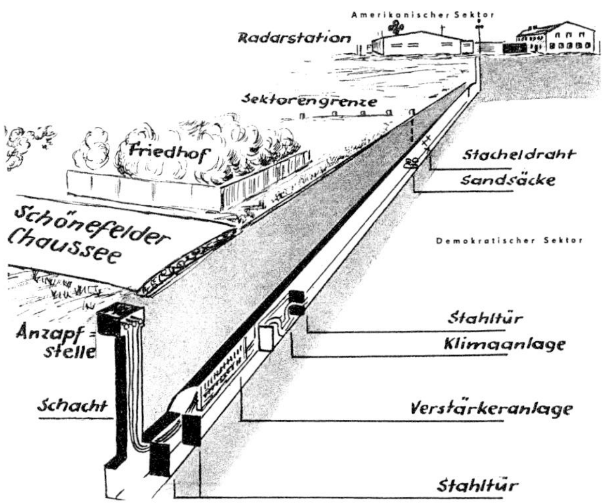

Schnittschema des »Spionagetunnels«

Sektorengrenze unter der Erde; Sandsäcke und provisorische Hinweisschilder sperren den Tunnel

Für die Sowjets bedeutete die Aufdeckung des Tunnels einen propagandistischen Triumph. Sie beriefen eine Pressekonferenz in Karlshorst ein und trommelten so viele West-Journalisten wie möglich zusammen. Eine Mitarbeiterin, mit genügend Kleingeld ausgestattet, wurde eigens in die West-Sektoren geschickt, um von dortigen Telefonzellen die internationale Presse zu informieren. Das Telefonnetz war zu diesem Zeitpunkt bekanntlich längst getrennt.

Die Journalisten wurden eingeladen, an einer Spezialführung teilzunehmen. Sie gelangten im Tunnel sogar bis auf West-Berliner Gebiet. Zwei Journalisten des »Kurier« schilderten ihre Ein-

Einem »Stern«-Reporter wird der Weg von Ost nach West verwehrt

drücke: »Dann geht es in den Schacht hinab. Unten stehen noch einmal sowjetische Posten. Einige davon begleiten uns. Nach etwa 300 Metern erreichen wir die Zonengrenze, die hier sozusagen unter der Erde verläuft. Unser sowjetischer Geleitschutz bleibt zurück. Schwarz gähnt uns das kreisrunde, unbekannte Stück des Tunnels entgegen. Unsere ›Bewaffnung‹ besteht aus einer starken Lampe und einer Zange, denn man hat uns gesagt, daß vorn ein Stacheldrahthindernis den Weg versperrt. Wir müssen über einen Sandwall klettern. Nun sind wir im amerikanischen Sektor. Nach etwa 50 Metern stoßen wir auf ein Pappschild, das an einem quer durch den Tunnel verlaufenden Drahtverhau hängt. Wir lesen: ›Eigentum der Vereinigten Staaten von Amerika! Nicht eintreten!‹. Darüber steht dasselbe auf russisch noch einmal. Hinter dem Drahtverhau erkennen wir ein etwa 30 Meter langes, freies Wegstück. Dann erhebt sich eine sehr massive Barriere … Man filmt uns …«[62]

Die USA und Großbritannien wurden von der Entdeckung überrascht. Als Techniker des KGB den Schacht öffneten, saßen im Verstärkerraum noch Amerikaner. Spione beider Seiten standen sich sekundenlang Auge in Auge gegenüber. Dann warfen die CIA-Männer ihre Kopfhörer weg und flüchteten panisch auf die West-Seite. Die »Operation Gold« war gescheitert,[63] gut fünf Jahre später stand über dem Tunnel die Mauer.

»USA-Wühlmäuse«[64] sah man in Ost-Berlin abermals im Dezember 1957 am Werke, als unterirdische Absperranlagen im Heizungstunnel zwischen Reichstag und ehemaligem Reichstagspräsidentenpalais aufgebrochen worden waren. Ein Volkspolizeioffizier berichtete, wie er die Stimmen von zwei oder drei Personen gehört hätte, die sich aber bereits wieder nach West-Berlin zurückgezogen hätten. Es sei zu vermuten, so schrieb das Neue Deutschland, »daß die berüchtigten Tunnelspezialisten der USA-Besatzer, die auf diesem Gebiete über beachtliche Erfahrungen verfügen, auch hier wieder ihre schmutzigen Finger im Spiele« gehabt hätten.[65] Westliche Tageszeitungen stellten den Vorgang als Streich von drei Berliner Lausejungen dar, die im Labyrinth des Wallot-Baues nach Schätzen gesucht hätten.[66] Ob der Spionageverdacht nun berechtigt war oder nicht, steht dahin. Der Tunnel existierte jedenfalls noch in den neunziger Jahren, stellte aber ein Hindernis beim Umbau des Reichstages dar. An seiner statt werden die Abgeordneten künftig durch einen Tunnelneubau unterirdisch in den neuen Plenarsaal eilen können.

»Subversive Wühlereien«

Die Fluchttunnel sind als »subversive Wühlereien« in die Geschichte des Berliner Untergrundes eingegangen und waren Anlaß für ständige politische Auseinandersetzungen und Reibereien. Während der Westen in diesen Vorhaben wagemutige Aktionen zur Erlangung persönlicher Freiheit sah, bedeutete es für den Osten die Verletzung einer internationalen Staatsgrenze und damit einen Angriff auf die Souveränität der DDR.

In den ersten Jahren nach dem Mauerbau sind besonders viele Gänge gegraben worden. Bis 1965 wurden 18 Fluchtversuche durch selbstgegrabene Stollen offiziell registriert. Viele von ihnen scheiterten allerdings, sei es durch Verrat, durch aufmerksam gewordene Grenzpatrouillen oder durch natürliche Ursachen wie eindringendes Wasser oder den Einsturz von Tunneldecken.

Zu den erfolgreichen, aber auch kuriosen Vorhaben jener Jahre zählt der »Seniorentunnel« zwischen Glienicke und Frohnau im Bezirk Reinickendorf. Daran beteiligten sich die Bewohner eines unmittelbar an der Grenze gelegenen Hauses. Die Männer waren zwischen 55 und 81 Jahren, die Frauen zwischen 46 und 68 Jahren alt. Der 81jährige »Methusalem« hatte dabei eine besondere Aufgabe zu erfüllen. Er beteiligte sich nicht an den Grabungsarbeiten im Tunnel, sondern spielte, damit kein Verdacht aufkommen konnte, oberirdisch den Gärtner, der seine Rosen pflegt. Den elf Senioren glückte schließlich nach mehr als zweiwöchiger Arbeit die Flucht.[67]

Gescheiterte Tunnelflucht am S-Bahnhof Wollankstraße; ein Bahnpolizist kontrolliert den Stollen

Berühmt wurde auch der Pankower Friedhofstunnel am S-Bahnhof Schönholz. Von ihm weiß man, daß sich hier die Trauergäste vor einem bestimmten Urnengrab zu versammeln pflegten, »durch das sie, auf ein vereinbartes Zeichen hin, in einem 60 Zentimeter breiten Stollen verschwanden, der 25 Meter weiter hinter der Friedhofsmauer in einem Lagerschuppen auf Westgebiet endete«[68].

Kanalisationssperre unter dem Gleimtunnel

Als erfolgreichstes Unternehmen gilt der im Februar 1962 fertiggestellte »Tunnel 57« unter der Bernauer Straße, über den insgesamt 57 Menschen in den Westen gelangten. Mit einer Länge von 145 Metern in elf Metern Tiefe und einer Bauzeit von über acht Monaten war er das größte und professionellste Fluchthelferprojekt. Über 30 Personen waren an dem Unternehmen beteiligt, darunter viele Studenten der TU, wie der spätere Astronaut Reinhard Furrer.[69] »Der Tunneleingang wurde durch ein Loch im Boden erreicht. Die Tunnelgräber benutzten ein Telefon, um

Durchquerungen anzumelden, und sandten verschlüsselte Telegramme, um zukünftige Flüchtlinge vorzubereiten. Kuriere mit westdeutschen Pässen kamen in den Osten, um die Menschen zum Tunnel zu führen. Das halbe Fluchtgeld mußte im voraus bezahlt werden, der Rest bei Ankunft oder in Raten.«[70] Bei einer dieser Aktionen kam am 5. Oktober 1964 der Unteroffizier der DDR-Grenztruppen Egon Schultz ums Leben. Als er auf die Fluchtgruppe stieß, geriet er in einen heftigen Schußwechsel mit den West-Berlinern, in dessen Verlauf er Opfer eines Querschlägers aus der Dienstpistole eines Kollegen wurde.[71a]

Für viel Aufsehen sorgte auch der nicht fertiggestellte Fluchttunnel am S-Bahnhof Wollankstraße im Februar 1962. Der S-Bahnhof selbst lag im Ostsektor, seine Eingänge dagegen auf der Westseite, so daß diese Station auch nach dem Mauerbau für West-Berliner zugänglich blieb. Der Weg war also kurz, führte allerdings unter dem Bahnhof hindurch. Nachdem der Stollen 20 bis 25 Meter von der Westseite aus vorangetrieben war,[71b] senkte sich plötzlich ein Teil des Bahnsteiges, so daß Angestellte der Reichsbahn aufmerksam wurden. Kurz darauf entdeckten Grenzsoldaten den unterirdischen Gang. Östlicherseits wurden angesichts dieses Vorfalls schwere Vorwürfe erhoben: »Unterminierung der Eisenbahnanlagen, Transportgefährdung, Verletzung der Staatsgrenze«.[72]

»Tunnel 57« an der Bernauer Straße

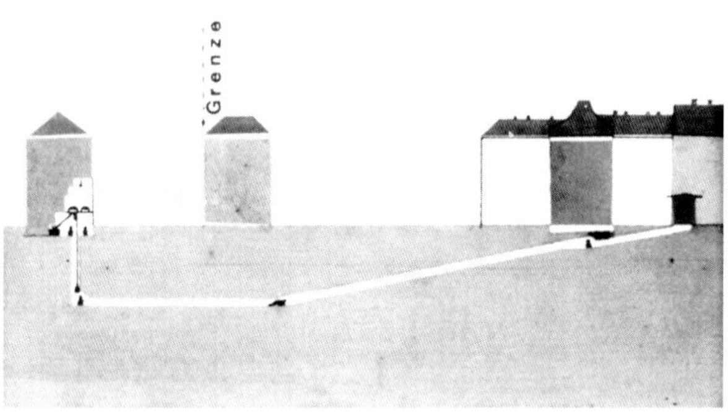

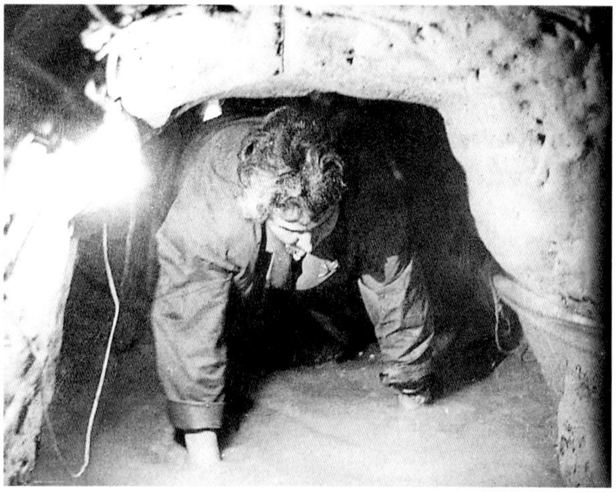

Fluchthelfer ziehen eine Frau aus dem »Tunnel 57« nach oben

Insgesamt sind bis zum Fall der Mauer 30 Tunnelprojekte bekannt geworden, von denen acht zum erfolgreichen Abschluß kamen.[73] Wieviel unterirdische Fluchtversuche bereits im Vorfeld abgebrochen werden mußten, ist unbekannt. Die letzte Tunnelflucht gelang Anfang der siebziger Jahre drei jungen Ost-Berlinern, die von den Kellerräumen des inzwischen als Technoclub »E-Werk« bekannten ehemaligen BEWAG-Komplexes einen Gang unter der Mauer an der Zimmerstraße hindurchgruben. Dieses »Unternehmen Maulwurf« erregte dann großes Aufsehen in der Boulevardpresse.[74]

Daß es weitere Tunnel gegeben haben muß, ist anzunehmen. Eine Spur führt zum »Bergwerksstollen« unter dem Ernst-Reuter-Platz, der in Wirklichkeit ein kleines Schaubergwerk im Souterrain des Instituts für Bergbau und Hüttenwesen der TU ist. Studenten erhielten hier Anfang der sechziger Jahre von den Professoren teilweise Rückendeckung für ihre »Tunneleinsätze«. Besondere Neugierde erweckte ein Hinweis auf die gänzlich unbekannte Geschichte der »Schwulentunnels«, mit denen die West-Berliner ihre im Ostteil zunehmend diskriminierten »Kollegen« herausgeholt haben sollen.

Als naheliegende Fluchtmöglichkeit bot sich nach dem Mauerbau die Kanalisation an. Hier tat sich unter dem Decknamen »Reisebüro« eine studentische Gruppe hervor, die schon beim Friedhofstunnel in Pankow dabei war. Sie erkundeten die Kanalisation systematisch nach Schlupflöchern, was erfolgversprechender war als der mühselige Tunnelbau. Annähernd 100 Menschen

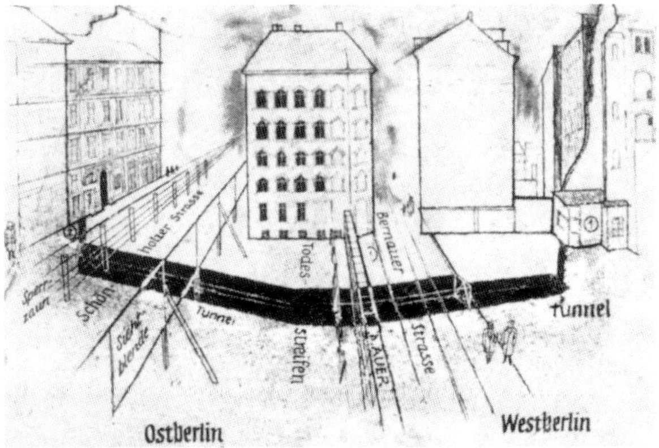

Schema vom »Tunnel 29«, dessen Geschichte von der NBC verfilmt wurde

gelangten dann tatsächlich im September und Oktober 1961 durch die Kanalisation unter dem Gleimtunnel nach Wedding in West-Berlin.[75]

Auf eine ähnliche Weise kamen rund 150 DDR-Bürger bei einer Massenflucht unter dem Decknamen »Glockengasse 4711« von Mitte nach Kreuzberg. Die Fluchtstrecke führte durch einen 1,60 Meter hohen, eiförmigen Mischwasser-Kanal. Volkspolizisten entdeckten am 13. Oktober 1961 die letzte Flüchtlingsgruppe und trieb diese mit Tränengas aus den Gullys.[76] Daraufhin erhielten sämtliche grenzüberschreitenden Kanalisationsrohre Sicherungsgitter. An 75 Stellen wurden Schienen und Stahlprofile in einem Abstand von 15 Zentimetern kreuzweise angebracht und zum Teil mit Signaldrähten versehen. Sie wurden bereits im November 1961 zwei Männern zum Verhängnis, die unter dem Grenzübergang Heinrich-Heine-Straße versuchten, unbemerkt in den Westen zu gelangen. Die West-Berliner Presse meldete: »Vopos warfen, wie die West-Berliner Grenzposten beobachteten, Tränengasbomben in die Kanalisation. Darauf mußten die beiden Flüchtlinge an die Oberfläche klettern und sich festnehmen lassen.«[77]

Die DDR-Grenzorgane lernten aus diesen Erfahrungen. Durch die hermetische Verriegelung der Berliner Unterwelt war für die nächsten 28 Jahre nur noch Ratten der unterirdische Grenzübertritt durch die Kanalisation möglich.[78]

»Geisterbahnhöfe«

Von der Abriegelung der Sektorengrenze am 13. August 1961 waren die öffentlichen Verkehrsmittel, vor allem die U- und S-Bahn, am stärksten betroffen. Der Bahnhof Friedrichstraße wurde zum einzigen, von West-Berliner Seite ohne Grenzkontrollen zugänglichen S- und U-Bahnhof auf Ost-Berliner Gebiet. Alle übrigen Stationen zwischen Wedding und Kreuzberg verwandelten sich in »Geisterbahnhöfe«, wurden für den

»Tunnel 29« nach dem Wassereinbruch, der ihn unbrauchbar machte

öffentlichen Personennahverkehr gesperrt. Die Züge fuhren hier nun ohne Halt durch. Die Verbindungen auf der Ringbahn wurden ebenso wie die Vorortstrecken unterbrochen.[79]

Statt wartender Fahrgäste standen jetzt wachsame Volks- und Transportpolizisten oder später Grenzsoldaten in den gesperrten Stationen. Handwerker errichteten Sicherheitsanlagen, um Fluchtversuchen wirksam zu begegnen. Die Bahnsteigkanten wurden, der besseren Übersichtlichkeit wegen, an manchen Stellen gestutzt, damit sich keiner im toten Winkel der Gleiströge hindurchschleichen konnte. An den jeweils letzten Stationen vor der Sektorengrenze installierte man Lichtsperren und Rolljalousien, die bei Alarm und nach Betriebsschluß herabgelassen wurden. Mitarbeiter der BVB und der Reichsbahn sorgten nur noch gelegentlich während der nächtlichen Betriebspausen für Wartung und Instandhaltung. Die Wachposten auf den vereinsamten Bahnsteigen sahen sich dagegen den »Konfrontationen mit dem Klassenfeind« in den langsam vorbeirollenden Zügen ausgesetzt. Zwischenfälle wurden penibel festgehalten:

»Eine Analyse der gegnerischen Tätigkeit zeigt, daß als Hauptmethode die ideologische Diversion in Erscheinung tritt und als Tatmethode vorwiegend das Herauswerfen von Zeitschriften sowie Nahrungs- und Genußmitteln angewendet wird. Charakteristisch ist weiter das Zurufen, Winken, Bewerfen, Bedrohen der Sicherungsposten sowie die Aufforderung zur Desertation.

Kontrollposten der Transportpolizei im S-Bahnhof »Unter den Linden«

In den Jahren 1969–1972 zeigt sich hier folgendes Bild:

Jahr	Vorkommnisse insgesamt	Zeitungswürfe	Nahrung und Genußmittel	Zurufe	Winken	Bewerfen	Fotographien	Drohungen	Aufforderungen zur Desertation	Anonyme Anrufe
1969	798	676	45	11	5	32	16	6	4	3
1970	567	498	34	–	–	20	6	–	2	7
1971	522	408	42	2	–	49	16	–	2	3
1972	778	523	101	25	33	42	21	19	8	6

Schwerpunkte bilden die Bahnhöfe: S-Bahn Oranienburger Straße und Unter den Linden.«[80]

Flucht mit der U-Bahn

Deutscher Perfektionismus reichte bis in die entlegensten unterirdischen Flecken, sogar in »Blinde Tunnel«. Unter der Dresdener Straße, am Alfred-Döblin-Platz, ist bis heute ein Stück der Berliner Mauer unterirdisch erhalten. Auch hier wurde nach 1961 der Durchgang vermauert und östlicherseits mit unter Putz verborgenem Signalsicherungsdraht abgesichert. Sorgsam wachten die »Organe« darüber, daß sich hier kein unliebsamer unterirdischer Grenzverkehr abspielen konnte.[81] Die Grenzsicherungsanlagen waren auch in den stillgelegten Bahnhöfen technisch hochgerüstet, denn Fluchtversuche konnten nirgends völlig ausgeschlossen werden.

Zugang zum Geisterbahnhof »Unter den Linden«

Vermauerter Durchgang

Der ehemalige BVB-Mitarbeiter Herr W. lieferte den Beweis, daß es möglich war, durch U-Bahntunnel zu flüchten. Ihm gelang zusammen mit Angehörigen am 8. März 1980 eine aufregende Flucht durch den Waisentunnel.[82] Er hatte als Angehöriger der Ost-Berliner Verkehrsbetriebe am Bahnhof Friedrichstraße – durch einen Extraeingang abseits der offiziellen Grenzkontrollen – Zugang zur West-Berliner U-Bahn. Dort hätte er jederzeit, ohne Aufsehen zu erregen, in einen Zug Richtung Westen steigen können. Das ging aber mit Rücksicht auf seine Verwandten nicht. Dank seiner intimen Kenntnisse über die Bahnhöfe wußte W. um Stärken und Schwächen der verschiedenen Anlagen. Die Grenzbahnhöfe schieden von vornherein für dieses Vorhaben aus. Dort durfte er sich auch als Mitarbeiter des Ost-Berliner Verkehrsbetriebes nur unter Aufsicht von Grenzposten bewegen.

Waisentunnel: In der Nische wurde nach der geglückten Tunnelflucht ein Kontrollpunkt eingerichtet

Als Ausgangspunkt wählte W. den Bahnhof Klosterstraße. Ziel war die U-Bahnlinie 8 zwischen Jannowitzbrücke und Heinrich-Heine-Straße. Während er offiziell seine Anwesenheit durch Baukontrollen begründete, gelang es ihm, seine Angehörigen in den aus den fünfziger Jahren stammenden Verbindungstunnel zu bringen. Von hier aus erreichten sie den Waisentunnel, der vor der Spreeunterfahrung in Höhe der Wehrkammer mit einem stählernen Schott verschlossen war. Von dieser Stelle wußte W., daß sie nicht ständig kontrolliert wurde. Dort ließ er seine Verwandten warten, während er selbst, um geschlossene Verbindungstüren zu öffnen, sich nach einem Umweg über die Bahnhöfe Alexanderplatz und Jannowitzbrücke von der anderen Seite her näherte. Durch den Maschinenraum der Wehrkammer konnte er zu einer Luke in der Tunneldecke gelangen, unter der seine Angehörigen warteten. Türen mußten vorsichtig aufgebrochen werden. W. untersuchte den Raum vor Betreten mit Hilfe eines Spiegels auf mögliche Signaldrähte. Schließlich gelangten alle unentdeckt durch den Waisentunnel zur U-Bahnlinie 8. An einer sicheren Stelle im Tunnel warteten die Flüchtenden darauf, per Anhalter von einer West-Berliner U-Bahn mitgenommen zu werden. Als BVBler wußte W., mit welchem Signal die Züge zum Anhalten zu bringen waren. Ein gewisser Unsicherheitsfaktor blieb jedoch auch hier. Was würde passieren, wenn der Zugführer die Flüchtenden zurückweisen und Meldung machen würde? Doch alles ging glatt. Um 20.41 Uhr bestiegen sie die Bahn nach Kreuzberg. Auf die Frage: »Könnten Sie uns mitnehmen?«, wurde ihnen sofort geholfen, sich, so gut es ging, im engen Führerstand des Zuges zu verstecken. Den übrigen Fahrgästen ist die kurze Fahrtunterbrechung vermutlich kaum aufgefallen. Die rasch benachrichtigte West-Berliner Polizei und Angehörige der Alliierten erwarteten die Republikflüchtlinge aus dem Untergrund bereits auf dem U-Bahnhof Hermannplatz. Wegen möglicher Auswirkungen auf den unterirdischen Transitverkehr wurde die Flucht bis zum Mauerfall geheimgehalten, die beiden BVG-Zugführer aus Sicherheitsgründen sogar auf eine andere Strecke versetzt.

Es fragt sich, weshalb von Ost-Berliner Seite nichts unternommen wurde, um die Transitstrecken für eigene Bedürfnisse zu verwenden. Wollte man auf die Einnahmen aus der Transitpauschale nicht verzichten oder befürchtete man Proteste des West-Berliner Senats und Einsprüche der Westmächte? Oder plante man möglicherweise doch anders? Im Jahre 1988 war an der Kreuzung Mohrenstraße/Friedrichstraße die Fertigstellung eines ungewöhnlichen Bauvorhabens zu beobachten. Hier wurde in der südwestlich der Kreuzung gelegenen Baugrube im Auftrag der BVB ein Verbindungstunnel für die U-Bahn errichtet. Dieser »Blinde Tunnel« hatte weder einen Anschluß an die U-Bahnlinie 6 noch an die heutige U2 östlich vom U-Bahnhof Stadtmitte. War das ein Indiz dafür, den unter dem Ostteil der Stadt gelegenen Streckenabschnitt der U6 eines Tages selber zu betreiben und sich somit die Option für eine spätere Streckenverbindung offenzuhalten, zumal die Bedingungen im Zusammenhang mit der Errichtung eines Neubaus an der Straßenkreuzung gerade günstig waren? Bis heute sind die Planungsabsichten nicht genau bekannt. Die eingleisige Streckenkurve wich 1993 einer Neubebauung. Damit war Berlins jüngstes Bauwerk aus der Zeit des Kalten Krieges bereits wieder verschwunden.

Abriß des »Blinden Tunnels« Friedrichstraße/Mohrenstraße (1993)

Unterwelt im Untergrund

»Denn die einen sind im Dunkeln, und die anderen sind im Licht.
Und man sieht nur die im Lichte, die im Dunkeln sieht man nicht.«
(Bertolt Brecht)

Der Untergrund Berlins zog nicht nur Verkehrsplaner, Stadttechniker und Geheimdienstler an, sondern auch die Gestalten der Unterwelt. Das »zwielichtige Milieu« nutzte die verborgenen Orte seit dem frühen 19. Jahrhundert auf vielfältige Weise für seine Zwecke.

In der Gegend rund um den Rosenthaler Platz, in der »Rosenthaler Vorstadt«, gab es zu jener Zeit ein berühmt-berüchtigtes Viertel, das sogenannte »Voigtland«. So benannt nach den mittellosen Wanderarbeitern aus dem Bayerisch-Sächsischen, die einen Großteil des Jahres auf der Suche nach Arbeit in der preußischen Residenzstadt verbrachten. 1850 berichtete ein Besucher dieser Gegend: »Hier begegnet man vielen trüben, verwitterten Gestalten, bleichen Gesichtern, skrophulösen Kindern, ärmlichen und zerrissenen Kleidungen.«[1] In Berlin gab es sogar noch üblere Gegenden, so auf der Südseite in der alten Roß-, Wall-, und Jakobstraße. »Namentlich in den feuchten Kellerwohnungen dieser Gegend [dürften] bei weitem schrecklichere Mysterien des Mangels, der Hülflosigkeit und der dem Laster verfallenden Bettelhaftigkeit existiren als im Voigtlande.«[2]

Zu Vierteln wie dem Voigtland gehörten entsprechende Etablissements. Ein Wirt richtete in seinen Kellern eine richtige Diebesherberge ein – lange von der Polizei unbemerkt. »Eine kleine unscheinbare Lampe, die an dem Fenster seines Verkaufslokales brannte, war den das Haus beschleichenden Vagabunden jedesmal ein erwünschtes Zeichen, daß ihnen hier keine Gefahr drohe. Dann schlüpften sie leise und behende in den unterirdischen Laden des Schenkenwirts hinab, von dort gelangten sie in die kleine, unscheinbare Wohnstube und von hier aus in einen weiten Kellerraum, von dem ein langer, finsterer Gang in die Gewölbe des Seitengebäudes führte.«[3] Diebeslager und »Hehlerhöhlen« dieser Art fanden sich an manchen Orten der proletarischen Stadtbezirke, existierten doch unter den Mietskasernen mit ihren zahlreichen Hinterhöfen und Nebengebäuden oft verschachtelte, unübersichtliche Unterkellerungen – ideale Voraussetzungen für zwielichtige Geschäfte.

»Tresoreinbruch« in der Literatur

Paul Gurk (1880–1953), ein eigenwilliger, grüblerischer Schriftsteller, der sich in seinen Großstadtbüchern vor allem der Außenseiter und Verbrecher annahm, setzte in seinem Roman »Tresoreinbruch«[4] einem der spektakulärsten Kriminalfälle in diesem Jahrhundert ein literarisches Denkmal – dem Treiben der Brüder Erich und Franz Sass im Berlin Ende der zwanziger Jahre. Die Gebrüder Sass heißen hier Albert und Otto Maas. Sie leben zusammen mit ihrem jüngeren Bruder Robert, der auf dem besten Weg ist, aus der Art zu schlagen und ein »ehrbarer Bürger« zu werden. In der Nachbarschaft hat sich das Trio einen gewissen Ruf erworben, sie gelten als »anständige, noble Menschen«[5], obwohl jedermann weiß, daß sie dem »ehrenwerten« Gewerbe von Einbrechern nachgehen. Tagsüber scheinen sie ein normales bürgerliches Leben zu führen, als Menschen, die »trotz ihres ungesetzlichen Lebens [...] einfacher, gerader und auf eine merkwürdige Weise rechtlicher«[6] zu sein scheinen. Der Polizei gelingt es nie, sie zu erwischen. Selbstredend, daß die Brüder erwarten, »daß man ihnen die Arbeit nachweise, ehe sie geneigt waren, die Entlohnung in Gestalt von Gefängniskost in Empfang zu nehmen«[7].

Ihre eigentliche Arbeitszeit beginnt, wenn die Sonne am Horizont untergeht. Robert, der Jüngste, muß oben Wache stehen, während Albert und Otto unten, in einem selbstgebauten Tunnel, arbeiten: »Der Stollen war lang, halbhoch, wand sich und war so schmal, daß die breitschultrigen Brüder nicht nebeneinander stehen konnten. In größeren Abständen hing eine Karbidlampe von der Decke an einem Haken in der Verschalung des Ganges herab. Es war nicht leicht, über das unterirdische Adergeflecht der großen Stadt Klarheit zu bekommen, über die Kanalisationsröhren und Schächte, über die Kabelleitungen und Einstiegsstollen. Wenn auch die Straße am Park als eine stillere, wenig befahrene Straße galt und keine besondere Häufung im unterirdischen Röhrennetz zeigte, so war doch genug zu beachten und zu umgehen.«[8]

Unaufhörlich schreitet die Arbeit voran. Die Brüder arbeiten in absoluter Ruhe. Jeder Handgriff sitzt, Worte scheinen überflüssig. Einmal hören sie das Pfeifen von Robert, der jemand zu sehen meinte. Aber es ist ein einsamer kleiner Hund, der Anschluß sucht. Ihr Lebensretter, wie sich wenig später herausstellen sollte: »Der Hund fraß und saß dann lautlos neben Otto Maas. Albert Maas kannte das merkwürdige Verhalten seines Bruders zu Tieren. So schwieg er und begann wieder, vorsichtig die Steine auszubrechen, die Endwand aus dem Keller, der an die Tresormauer führte und in dem alte Kannen und Fässer liegen sollten. [...]

›Zipser schwört, seit drei Jahren ist der Keller nicht vermietet. Aber wie riecht das?‹

›Sie haben da Schnaps gebrannt oder so etwas ... Willst du stille sein, Rosa!‹

Der Hund hatte sich plötzlich frei gemacht und schob witternd seine Schnauze in das kleine Loch in der Mauer. Im nächsten Augenblick begann er zu zucken und fiel zurück. Otto Maas riß den Hund zu sich heran.

›Zumachen! Gasdunst oder Alkoholdampf oder Teufel was!‹ rief Albert Maas und warf Steine und Erde in das Loch. Er atmete schwer und lief dann, so schnell es ging, mit Otto Maas zurück. ›Wir müssen Gasmasken und Sauerstoff anstellen. Das Aas von Tresor hat Zähne ... ‹«[9]

Während sich Otto und Albert mühselig und teilweise unter Lebensgefahr ihrem Ziel nähern, wimmelt es oben, rund um ihr Domizil in einer nicht näher bezeichneten Straße, nur so von seltsamen Gestalten. Da gibt es einen zwielichtigen Rechtsanwalt, einen melancholisch veranlagten Oberschüler, eine sich prostituierende Studentin der Naturwissenschaften, einen angeblichen Sittenverbrecher, eine Runde von Geldfälschern und dergleichen mehr. Viele enden auf tragische Weise, während sich unten die Maas-Brüder unaufhaltsam ihrem Ziel nähern. Fast erscheinen sie angesichts der oberirdischen Tragödien als Normalbürger.

Ihr einzig angemessener Gegenspieler ist der Kommissar Dr. Steppmann, wegen seiner Glatze »Schusterkugel« genannt. Er kennt die Brüder gut, schätzt sie, und obwohl er ahnt, daß sie wieder etwas aushecken, kann er ihnen seinen Respekt nicht versagen. »Bei euch habe ich das Gefühl, als wäre hinter euch ein System, als wäret ihr Einbrecher nicht bloß, um einzubrechen und

Die Gebrüder Max, Franz und Erich Sass auf Polizeifotos

Geld zu haben, sondern aus Überlegung, aus Prinzip, aus Grundsatz! Ihr seid doch eigentlich richtige Bürger und lebt bürgerlich. Ihr hockt zusammen und helft euch!«[10] Und später, bei einem »Besuch« von Albert und Otto auf dem Polizeipräsidium: »Ich habe eine so ungeheure Hochachtung vor eurem Genie, dem ich sogar mehr zutraue, als sich vielleicht in zehn Minuten beweisen läßt.«[11]

Die Geschichte endet in dem Triumph der Brüder über Polizei und Bank. Der große Coup im Untergrund gelingt, sie entkommen mit ihrer Beute, ohne daß man ihnen etwas nachweisen kann. Auch wenn der Roman »Tresoreinbruch« Fiktion ist, erinnert der Name »Maas« sehr an die originalen Vorbilder, die übrigens beim Erscheinen des Buches 1935 gerade in Dänemark verhaftet worden waren.[12] Die Brüder kommen durch ihr gediegenes, solides Erscheinungsbild, durch ihr handwerkliches Geschick bei Gurk gut weg. Ihr Tresoreinbruch wird zu einer »biegsamen Metapher«[13]. Überlieferte Wertvorstellungen werden auf den Kopf gestellt. Scheinbar siegt der »Untergrund« über die »Oberwelt«, das Unrecht über das Gesetz. Was aber geschah wirklich?

Tresoreinbruch in der Realität

Die wahre Geschichte der Gebrüder Sass[14] ist zu schön, als daß sie nicht immer wieder neu erzählt werden könnte. Fünf Brüder gab es in der Familie. Paul, Max, Franz, Erich und Hans. Der älteste von ihnen, Paul, kam rechtzeitig in eine Pflegefamilie, so daß er nicht in die dunklen Geschäfte verwickelt werden konnte. Max, der zweite, erhängte sich später in der Untersuchungshaft. Der jüngste, Hans, war tatsächlich der einzige, der einen ehrbaren, ordentlichen Beruf ergriff.[15] Die beiden anderen Brüder, Franz und Erich, gingen als das Gaunerpaar in die Geschichte ein. Im wirklichen Leben wohnten sie in der Birkenstraße 57 in Moabit und blieben ihrem Hauptquartier erstaunlich lange treu.

Die kriminelle Laufbahn war wohl von Anfang an vorgezeichnet. 1916 begannen sie, unter Anleitung des älteren Bruders Max, mit Einbrüchen in Kantinen und Lauben. Daraufhin ließ die Jugendfürsorge Franz zum Schlosser ausbilden, in der Annahme, ihn damit auf den rechten Weg zu bringen. Tatsächlich verhalf sie ihm nur zu den handwerklichen Grundlagen seines späteren Treibens.[16] Es folgten die »Lehrjahre«. Sie begannen im März 1927 mit einem Einbruchsversuch in die Filiale der Deutschen Bank in Alt-Moabit. »Von einem Nachbargrundstück aus gelangten sie durch Übersteigen einer Grenzmauer auf den Hof des Grundstücks Alt-Moabit 129. Von dort drangen sie in die Kellerräume ein, wo sich die Tresoranlage befand. Die Kellertüren öffneten sie mittels eines Hakens. Im Vorraum zu dem eigentlichen Tresorkeller, der von diesem durch eine Panzertür abgeschlossen war, dichteten sie zunächst die Fenster mit einem Wachstuch ab und versuchten dann, mit einem Schneidbrenner die Tresortür aufzuschneiden. [...] Die Angeklagten beabsichtigten, durch ein in die Tresortür einzuschneidendes Loch die Zuhaltungen der Tür freizulegen, um alsbald die Tür mechanisch öffnen zu können.«[17] Das Vorhaben scheiterte, weil für den Schneidbrenner nicht genügend Sauerstoff vorhanden war.

Nach dem mißlungenen Einbruch in Alt-Moabit ging es Schlag auf Schlag weiter. Regelmäßig versuchten sich die beiden an verschiedenen Objekten. Als nächstes war die Filiale der Dresdner Bank am Savignyplatz an der Reihe, in der Nacht des 3./4. Dezembers 1927. Dann probierten sie es bei der Reichsbahndirektion am Schöneberger Ufer, im Februar und März 1928. Schließlich traf es, noch im selben Monat, wieder die Dresdner Bank – diesmal die Filiale in der Budapester Straße 10. Ihre vorletzte »Trainingseinheit« absolvierten die Brüder zwei Monate später, in der Nacht vom 19. auf den 20. Mai 1928, bei der Oberfinanzkasse des Landesfinanzamtes in Alt-Moabit. Millionenbeträge lagerten hier, die fälligen Reparationszahlungen an Frankreich.[18] Jedesmal scheiterten sie dicht vor dem Ziel. Mal hörten schlaflose Nachbarn im Untergrund verdächtige Geräusche, mal lösten die Brüder versehentlich für einen kurzen Moment die Alarmanlage aus.

In der Budapester Straße gerieten sie beinahe in eine Falle. Bei Schweißarbeiten entzündeten sich Formulare und lösten den Feuermelder aus. Es gelang ihnen nicht mehr, aus dem Bankgebäude zu flüchten. Als die Polizei anrückte, versteckten sie sich in einem Kellerverschlag, wo sie unentdeckt blieben.

Haupttresor der Berliner Bank, an den sich die Sass-Brüder nicht heranwagten

Dann aber klappte es doch noch. Als sie ihren großen Coup 1929 landeten, waren Erich und Franz 23 und 22 Jahre alt. Sie fanden ihr Ziel im Tresorkeller der Disconto-Gesellschaft in der Kleiststraße 23 am Wittenbergplatz. Durch einen Nebeneingang in der Bayreuther Straße gelangten sie in die Kellerräume des Grundstückes, das an die Kleiststraße grenzte. Verschlossene Türen öffneten sie, ihrer Gewohnheit gemäß, mit Nachschlüsseln oder Haken. Dann durchstießen sie die Grundmauer eines Lichtschachtes. Von dieser Durchbruchstelle aus trieben sie einen etwa 3 m langen, 1 m hohen und etwa 70 cm breiten Stollen ihrem Ziel, der Silberkammer des Bankgebäudes, entgegen. Die dabei anfallenden Erdmassen trugen sie in einen benachbarten Hauskeller, wo sie diese jedesmal vorsichtig wieder mit Kohlen bedeckten, so daß ein Dritter nichts Auffallendes bemerken konnte.[19]

Schließlich gelangten sie in die Silberkammer. Vorsichtig geworden aus den bislang fehlgeschlagenen Versuchen, öffneten sie die letzte, noch trennende Gittertür, indem sie aus ihr zwei Stäbe herausschnitten. Das Schloß berührten sie mit

Rücksicht auf Alarmanlagen bewußt nicht. Im Tresorraum »brachen sie die kleinen Türen zu den einzelnen Fächern auf und nahmen den Inhalt an sich. Um nicht bei ihrer Diebesarbeit erwischt zu werden, hatten sie die Öffnungsvorrichtungen der Tür, die zu dem Tresorraum führte, mit einzelnen abgebrochenen Safe-Türen verstellt, und zwar derart, daß es unmöglich war, die Tür von außen aufzuschließen und zu öffnen.«[20]

Der Einbruch geschah an einem Freitagabend. Als am folgenden Montag die normale Geschäftszeit begann und, wie üblich, die Kellerräume geöffnet werden sollten, vermutete man zunächst gar nicht, daß hier eingebrochen worden sein könnte. Die Tür war verklemmt, gewiß, aber das lag doch wohl eher, wie man meinte, an der U-Bahn ganz in der Nähe am Wittenbergplatz, deren Erschütterungen sicherlich dafür verantwortlich waren.[21] Um so größer war dann die Überraschung. Der Coup sprach sich schnell herum. Bald versammelte sich eine große Menschenmenge vor der Disconto-Gesellschaft, der gesamte Wittenbergplatz und die Kleiststraße waren versperrt, so daß die Polizei Mühe hatte, sich ihren Weg durch die Massen zu bahnen. Die Gebrüder Sass avancierten zum Tagesgespräch Nummer 1 in Berlin.

Aufgebrochene Tresorräume der Disconto-Gesellschaft am Wittenbergplatz

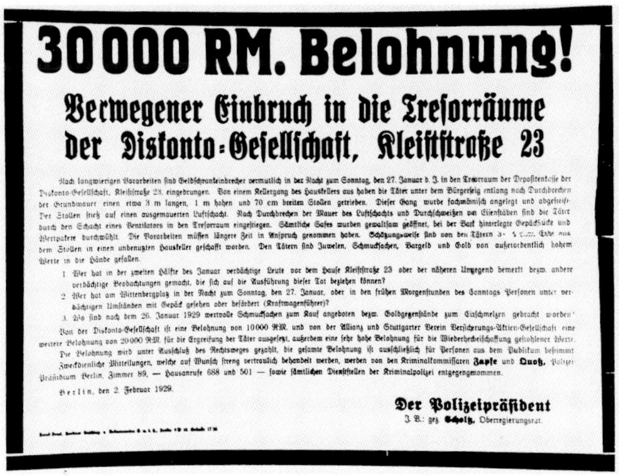

30000 RM. Belohnung!

Verwegener Einbruch in die Tresorräume der Diskonto-Gesellschaft, Kleiststraße 23

Nach langwierigen Vorarbeiten sind Geldschrankeinbrecher vermutlich in der Nacht zum Sonntag, den 27. Januar d. J. in den Tresorraum der Depositenkasse der Diskonto-Gesellschaft, Kleiststraße 23, eingedrungen. Von einem Kellergang des Hauskellers aus haben die Täter unter dem Bürgersteig entlang nach Durchbrechen der Grundmauer einen etwa 3 m langen, 1 m hohen und 70 cm breiten Stollen getrieben. Dieser Gang wurde fachmännisch angelegt und abgesteift. Der Stollen stieß auf einen ausgemauerten Luftschacht. Nach Durchbrechen der Mauer des Luftschachts und Durchschweißen von Eisenstäben sind die Täter durch den Schacht eines Ventilators in den Tresorraum eingestiegen. Sämtliche Safes wurden gewaltsam geöffnet, bei der Bank hinterlegte Gepäckstücke und Wertpakete durchwühlt. Die Vorarbeiten müssen längere Zeit in Anspruch genommen haben. Schätzungsweise sind von den Tätern 3-4 cbm Erde aus dem Stollen in einen unbenutzten Hauskeller geschafft worden. Den Tätern sind Juwelen, Schmucksachen, Bargeld und Gold von außerordentlich hohem Werte in die Hände gefallen.

1. Wer hat in der zweiten Hälfte des Januar verdächtige Leute vor dem Hause Kleiststraße 23 oder der näheren Umgegend bemerkt bezw. andere verdächtige Beobachtungen gemacht, die sich auf die Ausführung dieser Tat beziehen können?
2. Wer hat am Wittenbergplatz in der Nacht zum Sonntag, den 27. Januar, oder in den frühen Morgenstunden des Sonntags Personen unter verdächtigen Umständen mit Gepäck gesehen oder befördert (Kraftmagenführer)?
3. Wo sind nach dem 26. Januar 1929 wertvolle Schmucksachen zum Kauf angeboten bezw. Goldgegenstände zum Einschmelzen gebracht worden?

Von der Diskonto-Gesellschaft ist eine Belohnung von 10000 RM. und von der Allianz und Stuttgarter Verein Versicherungs-Aktien-Gesellschaft eine weitere Belohnung von 20000 RM. für die Ergreifung der Täter ausgesetzt, außerdem eine sehr hohe Belohnung für die Wiederherbeischaffung gestohlener Werte.

Die Belohnung wird unter Ausschluß des Rechtsweges gezahlt, die gesamte Belohnung ist ausschließlich für Personen aus dem Publikum bestimmt.

Zweckdienliche Mitteilungen, welche auf Wunsch streng vertraulich behandelt werden, werden von den Kriminalkommissaren **Zapfe** und **Quoß**, Polizei-Präsidium Berlin, Zimmer 89, — Hausanrufe 688 und 501 — sowie sämtlichen Dienststellen der Kriminalpolizei entgegengenommen.

Berlin, den 2. Februar 1929.

Der Polizeipräsident
I. V.: gez. **Scholtz**, Oberregierungsrat.

Ihre Beute, angeblich in einem Wert von 150000 RM, und das Werkzeug brachten die Brüder zunächst in ein bereits angelegtes unterirdisches Versteck auf dem Alten Luisenfriedhof in Charlottenburg. Das war auch gut so, denn die Polizei richtete schon sehr bald nach der Tat den Verdacht auf die Brüder, verhaftete sie sogar zeitweilig, auch Max und Hans, die an dem Unterfangen gar nicht beteiligt waren. Nichtsdestoweniger mußten sie am 6. April 1929 wieder freigelassen werden – mangels ausreichender Beweise.

Auch »Schusterkugel«, den glatzköpfigen, tragischen Gegenspieler der Brüder, hat es wirklich gegeben. Sein Name war Max Fabich, Kriminalsekretär im Polizeipräsidium am Alexanderplatz. Er lag den Tresorknackern bereits seit ihrem ersten Einbruchsversuch auf der Lauer.[22] Immer wieder hatte er versucht, sie auf frischer Tat zu ertappen, doch jedesmal kam er zu spät. Schlimmer noch, er konnte den Sass-Brüdern trotz eingehender Observierung nichts nachweisen. Als er Erich und Franz nun höchstselbst vor sich sitzen hatte, verhielt er sich so wie sein literarisches Pendant: »Kriminalsekretär Fabich aber, der die beiden Brüder ja nun schon gut kannte, schlug einen anderen Ton an als die vorgesetzten Beamten: ruhiger, per Du und beherrscht.«[23] Anscheinend ließ sich Paul Gurk in diesem Punkt von den tatsächlichen Geschehnissen inspirieren.

Wenig später holte Fabich seinen ersten, wenn auch bescheidenen Erfolg ein. Es gelang ihm, das Versteck aufzuspüren. Anwohner beobachteten des Nächtens »weiße Gestalten« auf dem Friedhof und beschwerten sich über durcheinandergeworfene Knochen der dort Bestatteten. Bei den Untersuchungen stieß die Polizei auf das ins Erdreich gegrabene Werkzeugmagazin: »Unter den Bohlen lag ein etwa zwei Meter tiefer Schacht, fein säuberlich mit Holzbrettern verkleidet. [...] Weitere Räume gehen vom Schacht ab, auch diese sind getäfelt vom Fußboden bis zur Decke. Ein fabelhafter Unterstand. Eingelagert sind Werkzeuge. Schrauben, Lederhandschuhe, Schraubenzieher, Brustleier, eine Stichsäge und anderes mehr.«[24] Die Beute war zwar nicht mehr da. Dennoch legten sich die Fahnder auf die Lauer, mitten im eiskalten Winter. Sie brauchten nicht lange zu warten, bis Franz und Erich ihr unterirdisches Versteck aufsuchen wollten.[25] Nur knapp konnten die Brüder noch einmal entkommen. Dank der Ungeschicklichkeit eines über Grabsteine stolpernden Beamten und der Dunkelheit wurden sie nicht erkannt. Ihr Anwalt lieferte ihnen zugleich ein unglaubliches Alibi, demzufolge sie gar nicht in dieser Nacht auf dem Friedhof waren, sondern in einem Autobus auf der Fahrt um den Großen Stern, wo ein Fahrradfahrer von einem LKW überfahren wurde. Auch der Polizeipräsident war Augenzeuge. Wieder konnten sie nicht belangt werden, diese Aussagen waren hieb- und stichfest.

Aber ihre große Zeit ging zu Ende. Der Boden in Deutschland wurde den Gebrüdern unter den Füßen zu heiß. Sie verlegten ihren Wohn- und Arbeitsbereich nach Kopenhagen, wo sie ihre »Tätigkeiten« zunächst erfolgreich fortzusetzen vermochten. Mißtrauisch geworden gegenüber

Zugang zum unterirdischen Versteck der Gebrüder Sass am Alten Luisenfriedhof, Charlottenburg

den fremden, verdächtigen Mietern, zeigte ihre Hauswirtin sie an. Wegen gefälschter Einreisepapiere wurde ihre vorläufige Festnahme zu keinem Problem. Schnell verwandelten sich die Anfangsverdächtigungen in handfeste Anschuldigungen, ein Mosaiksteinchen fügte sich zum anderen. Die Polizei kam, wie sich herausstellte, gerade rechtzeitig, um noch dreistere Planungen unterirdischer Bankeinbrüche zu unterbinden. Leugnen schien zwecklos, zu erdrückend waren die gefundenen Beweise.[26]

Paul Gurks »Tresoreinbruch« verdiente es, bis zum bitteren Ende fortgeschrieben zu werden. Zu vier Jahren Haft wurden Erich und Franz Sass schließlich in Kopenhagen verurteilt, anschließend sollten sie nach Deutschland abgeschoben und den dortigen Behörden übergeben werden. Einsprüche des Rechtsanwaltes der beiden gegen diese Entscheidung blieben trotz persönlicher Vorsprache in Kopenhagen erfolglos. Der Rechtsanwalt, der offensichtlich wußte, was sie in Deutschland erwartete, schoß sich später eine Kugel durch den Kopf. Auch für den Kriminalsekretär Fabich war es kein rechter Triumph mehr. Als bekennender Katholik hatte er sich mit den neuen Machthabern überworfen und konnte auf keine große Karriere im Dritten Reich mehr hoffen. Die Brüder wurden schließlich 1939 nach Berlin überführt, wo man ihnen im Januar 1940 den Prozeß machte.[27] Die Strafen fielen zur Abschreckung besonders hoch aus. Am 27. Januar 1940 wurde Franz Sass zu dreizehn und Erich Sass zu elf Jahren Freiheitsstrafe, zum Verlust der bürgerlichen Ehrenrechte und zusätzlichen Geldstrafen verurteilt. Obwohl die Brüder niemals Gewalttaten gegen Leib und Leben ihrer Mitmenschen angewendet hatten, ließen die Richter keinerlei strafmildernde Umstände gelten.

Zwei Monate nach der Urteilsverkündung wurden die Brüder der Gestapo übergeben und schon einige Stunden später erschossen, angeblich bei einem Fluchtversuch. Wo sie bestattet liegen, ist nicht bekannt. Ebenfalls unbekannt ist bis heute, wo die Brüder den Großteil ihrer Beute versteckt haben. So liegen diese Vermögenswerte vermutlich noch immer irgendwo verborgen im Berliner Untergrund.

Bis heute bleiben die Brüder faszinierend, so daß ihr Biograph noch im Jahre 1981 klagte, daß sie keine würdigen Nachfolger gefunden haben: »Es gibt sie nicht mehr, die echten Gauner. Sie sind, nur der Teufel weiß warum, ausgestorben wie die Maikäfer, Plagegeister, ganz gewiß, aber eben auch Pläsier.«[28]

Der Zehlendorfer Tunnelcoup

Sind sie wirklich ausgestorben? Beinahe ist man geneigt zu glauben, die Zehlendorfer Gangster von 1995 hätten von den Brüdern Sass gehört und versucht, sie zu imitieren. Aber das scheint eher unwahrscheinlich. Die sechsköpfige Bande stammt zum großen Teil aus dem Libanon und wird vermutlich nie etwas von den Gebrüdern Sass gehört haben. Die Idee zu einem »perfekten Banküberfall« holte sich der Chef der Bande wohl eher aus seiner Knastzeit in Plötzensee, wo solche Geschichten regelmäßig die Runde machen.[29] Der Tathergang ähnelt gleichwohl der Vorgehensweise ihrer Berliner Vorgänger in einigen Punkten auffallend und auch die Aufmerksam-

»Transportfahrzeug« im Zehlendorfer Tunnel

keit der Berliner stand in nichts nach. Eine große Illustrierte widmete den Gangstern eine ganze Serie[30] und auch ein Filmprojekt »Rififi in Zehlendorf« wurde geplant[31]. Sogar an Universitäten begann man sich wissenschaftlich mit dem Zehlendorfer Tunnelcoup zu beschäftigen.[32]

»Gegen 10.30 Uhr wurde eine Bankfiliale überfallen. Die vier Gangster haben dabei mehrere Personen in ihre Gewalt gebracht. Sie forderten 17 Millionen DM Lösegeld, ein Fluchtfahrzeug und einen Hubschrauber. Eine Geisel wurde bereits am frühen Nachmittag wieder freigelassen.«[33] So meldeten es Presse und Rundfunk am 27. und 28. Juni 1995. Der Beginn eines »ganz normalen Banküberfalls«? Nur scheinbar. Siebzehn Stunden später stürmte die Polizei diese Bankfiliale in Schlachtensee, befreite die Geiseln, sofern diesen das nicht schon selbst gelungen war. Während die Polizei oben die Bank hermetisch von der Außenwelt abriegelte und sich auf lange, zermürbende Verhandlungen einzustellen begann, waren die Gangster mit ihrer Millionenbeute – fünf Millionen DM Lösegeld und der Inhalt von rund 100 Schließfächern – unterirdisch getürmt. Staunend entdeckte die Polizei in den folgenden Tagen, wie raffiniert die Gangster vorgegangen waren.

Zur Realisierung des Coups bedurfte es einiger Vorbereitungen. In unmittelbarer Nähe der Bankfiliale, so fanden die Ganoven bei ihren Beobachtungen heraus, gab es leerstehende Garagen, die ihren Zwecken nützlich sein konnten. Eine davon mieteten sie, angeblich für gewerbliche Zwecke. An Investitionskosten mußten sie für Material, Werkzeug und technische Ausstattung etwa 15000–20000 DM aufbringen. Nur die Holzbohlen für die Tunnelaussteifung klauten sie sich nach und nach von den umliegenden Baustellen zusammen.[34] Mühselig wurde der Stollen vorangetrieben, von Hand und mit einfachsten Werkzeugen. Gearbeitet wurde im Schichtbetrieb, zwölf Stunden täglich. Die Bandenmitglieder lösten sich regelmäßig beim Graben, Sandtransport und Verschalen des Ganges ab.[35] Genaue Pläne der lokalen Gegebenheiten hatten die Gangster jedoch nicht. Sie orientierten sich im Untergrund anhand unauffällig nach oben geführter dünner Wasserrohre. An der Oberfläche wurde dann kontrolliert, wo sie herauskamen.

Bemerkenswert sind die Ausmaße des Tunnels. Der erste Abschnitt führte von der Garage 50 m bis in die Matterhornstraße, dann wurden 100 m Regenwasserkanalisation einbezogen. Der dritte Abschnitt führte schließlich zur Bank und war etwa 40 m lang.[36] Zwischen 70 und 75 cm betrug die Breite des Tunnels. Nur im Eingangsbereich der Bank wurde er wegen des langwierigeren, mühseligeren und auch gefährlicheren Abtransportes schmaler. Der anfallende Sand ist in Säcken mit Hilfe von Skateboards und Bollerwagen durch den Regenwasserkanal zum Einstiegsschacht in der Garage gebracht worden.[37] Von dort schafften ihn die Gangster abends unauffällig mit Hilfe eines bereitstehenden Kleinbusses weg.

Der Weg verlief nicht ohne Hindernisse. Ein Gully wurde angegraben und mußte umgangen werden. Die öffentliche Kanalisation barg die Gefahr, bei Routinekontrollen der Wasserwerke entdeckt zu werden oder bei starken Regenfällen zu ertrinken. Doch alles ging gut, der Sommer war weitgehend trocken. Bis kurz vor dem Ziel doch noch starke Regenfälle ein Teilstück des Tunnels zum Einstürzen brachten, weil die Fundamente weggespült wurden. An der Oberfläche führte das zum Absacken einer Rasenfläche und eines Stückes Bürgersteig. Die herbeigerufene Polizei benachrichtigte daraufhin das Tiefbauamt.[38] Doch es war Freitag, und die Behörde arbeitete nicht mehr, so daß die Täter sich zurückziehen und am Wochenende die bereits angebrachten Bohlen wieder abmontieren und den Schacht verfüllen konnten. An ein Weitergraben

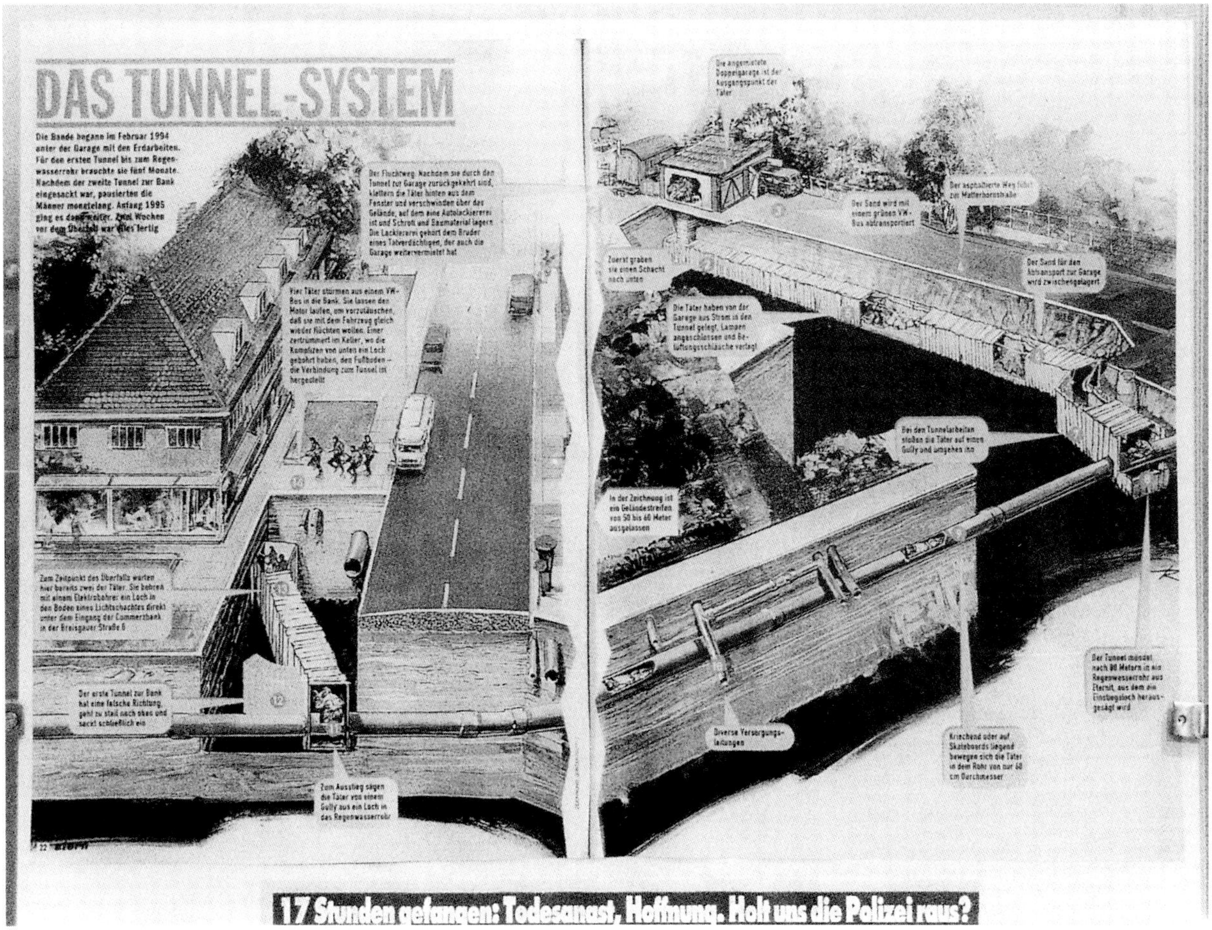

»Stern«-Schema des Zehlendorfer Tunnels; Teile des Originals können jetzt in der Polizeihistorischen Sammlung besichtigt werden

war vorerst nicht zu denken. Die Tunnelarbeiten mußten für vier Monate eingestellt werden, ehe ein neuer Stollen vorgetrieben werden konnte. Schließlich kam der entscheidende Tag. Die Eingangshalle wurde gestürmt und Geiseln genommen. Mit einem Elektrobohrer durchbrachen die Gangster gleichzeitig vom Tunnel aus den Boden des Tresorraumes im Untergeschoß der Bank.[39] Das Unterfangen verlief ganz nach den Vorstellungen der Täter. Sie konnten mit ihrer Beute unerkannt entkommen.

Die Maikäfer fliegen wieder? Nicht lange genug. Nach einem halben Jahr faßt die Polizei die ersten Täter, ein halbes Jahr später wird den inzwischen vollständig geschnappten sechs Bankräubern der Prozeß gemacht. Die Begeisterung über den clever durchgeführten Coup verfliegt schnell. Es waren halt »doch nur dumme Bankräuber«, die zu viel Geld auf einmal zur falschen Zeit ausgegeben haben,[40] wie der zuständige Generalstaatsanwalt Karge leicht enttäuscht feststellte. Das Lösegeld für die Geiseln, das an verschiedenen Stellen deponiert war, ist inzwischen sichergestellt worden. Doch von den erbeuteten Millionen aus den Tresoren, die vielleicht auch irgendwo vergraben sind, fehlt bisher jede Spur.

Während die Täter bis zu 14 Jahren ins Gefängnis wanderten und der Rest ihres Tunnels mit Spezialbeton verfüllt worden ist, bleibt von ihrem Coup doch immerhin etwas erhalten: In der Polizeihistorischen Sammlung am Platz der Luftbrücke sind inzwischen Teile des Tunnelbauwerks rekonstruiert worden und können dort besichtigt werden.

Die Beutetouren von »Dagobert«

Durch die Kanalisation zu flüchten, um den Verfolgern zu entgehen und sie damit gehörig an der Nase herumzuführen, darauf verstand sich auch Arno Funke alias »Dagobert«. Von 1988 bis 1994 sorgte er mit seinen Erpressungsversuchen großer Kaufhauskonzerne für Schlagzeilen und hielt wegen seiner ungewöhnlichen Methoden die Polizei in Atem. Finanzielle Sorgen bewogen den Einzelgänger, seinen Weg in die Unterwelt anzutreten. Vom Kaufhaus des Westens (KaDeWe) forderte er 500 000 DM, andernfalls drohte er, im Kaufhaus eine Bombe in die Luft zu jagen. Verschiedene Geldübergaben scheiterten, eine halbe Million konnte er dennoch einmal abkassieren und anschließend für einige Zeit untertauchen.

Irgendwann aber war das Geld verbraucht. Zu Beginn der neunziger Jahre meldete sich Funke zurück, eine zweite Serie von Erpressungsversuchen begann in Hamburg und Berlin. Jetzt erhielt er den Spitznamen »Dagobert«, da er zum einen seine Erpresser-Briefe mit diesem Namen unterschrieb und zum anderen an einem Tatort eine Tüte mit dem Konterfei der beliebten Comic-Figur zurückgelassen hatte. Zur Geldübergabe ließ er den Überbringer zumeist per Zug durch das Bundesgebiet fahren, um ihn dann per Funk aufzufordern, das Geld abzuwerfen. Abgeholt hat er es aus Sicherheitsgründen dann aber doch nie. Zwischen Polizei und Erpresser entwickelte sich ein regelrechtes Katz-und-Maus-Spiel. Beide Seiten führten, unter breiter Anteilnahme der Öffentlichkeit, einen harten Wettkampf gegeneinander, wobei die Sympathien zunehmend auf seiten »Dagoberts« lagen, da die Polizei eine Schlappe nach der anderen erlebte. »Dagobert« entwickelte immer neue und raffiniertere Tricks, um an das ersehnte Geld heranzukommen. Zweimal wählte er dabei auch den Weg in den Untergrund.

Für eine geplante Geldübergabe an der Ecke Gutschmidtstraße und Grüner Weg in Berlin-Britz stieg »Dagobert« das erste Mal nach unten. Über einem Kanalisationsschacht, der von außen eigentlich gut einsehbar war, postierte er eine selbstgebaute Streusandkiste. In diese Kiste, die er von unten öffnen konnte, sollten die Fahnder das Lösegeld legen. Fast hätte er mit dieser Taktik Erfolg gehabt. »Die Beamten hatten offenbar nicht bemerkt, daß ›Dagobert‹ den eigentlich selbst gezimmerten Behälter über das von unten geöffnete Loch eines Sielschachtes gezogen hatte«,[41] und legten den Geldsack dort hinein. »Dagobert«, der im Schacht unter der Streusandkiste wartete, zerschlug den Kistenboden mit einem Hammer, ließ den Streusand in den Schacht rieseln und schnappte sich den Geldsack – doch der enthielt zu seiner Enttäuschung nur Papierschnipsel und einen Bewegungsmelder.

Der nächste unterirdische Erpressungsversuch erfolgte am Wolfensteindamm in Steglitz. Auch hier wartete »Dagobert« wieder in der Kanalisation auf die Geldübergabe. Sie scheiterte abermals. Die Polizei hatte nicht, wie gefordert, das Geld auf den präparierten Gullydeckel gelegt, sondern daneben, so daß die Mechanik, mit der »Dagobert« an das Geld gelangen wollte und die ihn gleichzeitig schützte, nicht eingesetzt werden konnte. Von seinem unterirdischen Standort aus konnte er aber mittels eines Richtmikrofons genau verfolgen, was oben passierte und sich so noch rechtzeitig absetzen. Zu einer ähnlich gearteten Aktion auf der Baustelle im Anhalter Bahnhof ist es nicht mehr gekommen. Dort bastelte »Dagobert« eine Doppeltür, hinter der er lauern und das Geld anfordern wollte. Diese Konstruktion wäre dem Geldboten oder den Verfolgern bei der Übergabe zur Falle geworden, während er sich in aller Ruhe das Geld geschnappt hätte und getürmt wäre. Nur zwei Monate später, am 23. April 1994, erwischte man »Dagobert« in einer Telefonzelle. Damit hatte sich dieser Übergabeversuch erledigt.

Das Landgericht Berlin verurteilte Arno Funke zunächst zu einer Freiheitsstrafe von sieben Jahren und neun Monaten. Das erschien der Staatsanwaltschaft zu niedrig, sie legte Revision ein. Daraufhin wurden nochmals zwei Jahre Freiheitsentzug draufgelegt. In der Sympathie der Berliner steht »Dagobert« sicherlich den Brüdern Sass in nichts nach.[42] Der Respekt vor der technischen Erfindungskraft dieses Mannes ist hoch und besteht sogar auf seiten der Polizei. Arno Funke verstand sich als Sportsmann. Bei seiner Verhaftung, so sagte er, habe er sich sogar für die Beamten gefreut.[43]

Manchmal gibt es sie eben doch noch, die »ehrenwerten Gauner« der Unterwelt, die ihr dubioses Treiben als Handwerk verstehen, gewitzt, intelligent und ehrenhaft. Die »Unterwelt in der Unterwelt« mit ihren aufsehenerregenden Kriminalfällen zählt gewiß zu den außergewöhnlichsten Episoden in der Geschichte des unterirdischen Berlins.

Umbrüche und neue Dimensionen

Das letzte Jahrzehnt des ausgehenden 20. Jahrhunderts wird als ein besonders turbulenter Abschnitt in die Entwicklungsgeschichte Berlins eingehen. Mit der politischen Vereinigung Deutschlands und dem Beschluß des Bundestages vom 20. Juni 1991, Berlin als Hauptstadt auch Parlaments- und Regierungssitz werden zu lassen, begann ein ungeahnter Umbruchprozeß. Von ihm wurde von Anfang an auch der Untergrund der Stadt erfaßt.

Allerorten entstanden Baugruben, um alte Stadtbrachen und Kriegslücken zu schließen. Neubauten wuchsen auf den ehemaligen Sperrgebieten entlang der Mauer empor. Auch das lange Zeit gespaltene innerstädtische Verkehrsnetz wurde wieder zusammengeführt. Den Auftakt dazu bildete bereits zwei Tage nach dem Mauerfall, am 11. November 1989, die Wiederinbetriebnahme des U-Bahnhofs Jannowitzbrücke als provisorische Grenzübergangsstelle. Auch andere Stationen der U6 und U8 sowie die meisten S-Bahnhöfe des Nord-Süd-Tunnels nahm man schnell wieder in Betrieb. Nur in den Bahnhöfen unter dem Potsdamer Platz hielten noch keine Züge, als am 1. Juli 1990 alle Grenzkontrollen zwischen den ehemals getrennten Stadthälften eingestellt wurden. Aufgrund dringender Reparatur- und Instandsetzungsarbeiten konnte hier, jedenfalls bei der S-Bahn, die Atmosphäre der »Geisterbahnhöfe« noch einige Zeit länger geschnuppert werden. Als dann am 13. November 1993 auf der U-Bahnstation Potsdamer Platz wieder die Züge der U2 einfuhren, war die Teilung im Untergrund überwunden, wenngleich erst mit Öffnung des U-Bahnhofs Warschauer Straße zwei Jahre später die Wiedervereinigung des U-Bahnnetzes vollendet wurde. Im oberirdischen Schnellbahnnetz schlossen sich die Lücken dagegen sehr viel langsamer. Noch 1998 fehlten bei der S-Bahn wichtige Verbindungsstücke auf der Ringbahn; auch die früheren Verbindungen ins Berliner Umland sind trotz einiger Streckenverlängerungen immer noch nicht komplett wiederhergestellt.[1]

In der Kanalisation vollzog sich die Wiedervereinigung dagegen schnell und unauffällig. An insgesamt 75 Stellen mußten die unterirdischen Grenzsperranlagen beseitigt werden.[2] Mit Preßlufthämmern rückten die Ost-Berliner Kanalarbeiter den in einem Abstand von 15 cm tief in der Kanalwand verankerten Eisenbahnschienen und Eisenrohren zu Leibe. Erst bei diesen Abbrucharbeiten wurde deutlich, wie perfekt der Untergrund gegen Fluchtversuche gesichert war. Hinter den Schienen verliefen, gut isoliert, Alarmkabel. In Absperrungen aus Eisenrohren waren zudem in Fett gelagerte Stahlkerne eingesetzt, die, bei Durchsägeversuchen in Rotation versetzt, über Signaldrähte ebenfalls die Grenzer alarmiert hätten. Die Flucht unter Tage war hier wirklich nur Ratten möglich.[3] Mit Beseitigung der Sperrgitter verschwand ein weiteres Ärgernis: Zu Mauerzeiten mußten wöchentlich alle 52 betroffenen Kanalisationsabschnitte von Verstopfungen befreit werden, die sich vor den Gittern gebildet hatten und bei starken Regenfällen immer wieder zu unangenehmen Überschwemmungen führten. Bereits Mitte 1991 waren alle Hindernisse aus dem Weg geschafft. Nur in einem Überlaufkanal unter der Invaliden-

»Und kiekste morjen her, siehste hier keen Bunker mehr« – eine Spezialfirma beseitigt mit modernen Fräsmaschinen die Reste der Bunkeranlage am Pariser Platz 3-3a (Februar 1997)

straße blieb eine letzte, nicht störende Absperrung zur Anschauung erhalten.

1992 erfolgte die Fusion der »Berliner Wasser-Betriebe« und der »Wasserversorgung und Abwasserbehandlung Berlin« zu den »Berliner Wasserbetrieben«.[4] Seitdem ist man vor allem damit beschäftigt, das marode und zu einem beträchtlichen Teil über 100 Jahre alte Wasserleitungsnetz zu modernisieren, denn oft genug legen Leitungsbrüche den Verkehr lahm. Im Ostteil der Stadt brechen die alten Gußrohre aufgrund unzureichender Sanierungen zu DDR-Zeiten dreimal häufiger als im Westteil.[5] Einer der wohl folgenreichsten Rohrbrüche ereignete sich im Januar 1999, als mitten unter der stark befahrenen Kreuzung Torstraße Ecke Prenzlauer Allee im Bezirk Mitte aus einem 80 Zentimeter dicken Rohr in zwei Meter Tiefe ein etwa 3,5 m langes Stuck herausplatzte und innerhalb kürzester Zeit Tausende von Kubikmetern Wasser herausströmten, die Fahrbahn unterspülten und »Wildwasserkanufahren auf der Mollstraße« ermöglichten.[6] Zurück blieb ein 100 m^2 großes Loch, die Straßenbahnen konnten hier mehrere Tage lang nicht fahren, bis der Schaden behoben war. Das Unglück, entstanden an einer durch die Erschütterungen des Straßenverkehrs zusätzlich belasteten Stelle im Berliner Trinkwassernetz, wird sicher kein Einzelfall bleiben. Mehr als 50 Jahre würde es dauern, alle potentiellen Gefahrenherde dieser Art zu beseitigen und die zermürbten Rohrteile auszutauschen.[7]

Die Versorgung des neuen Stadtteils am Potsdamer Platz erfolgt weitgehend unterirdisch. Ladestraße für Lieferfahrzeuge unter dem DaimlerChrysler-Areal (1999)

Obwohl ökologisch sinnvoll, bereitet den Wasserbetrieben der zunehmend sparsamere Umgang der Berliner mit ihrem Trinkwasser Sorgen ganz anderer Art. In den vergangenen zehn Jahren sank der Wasserverbrauch insgesamt um 33 %. Man fürchtet, daß das Abwasseraufkommen nicht mehr ausreicht, die Kloaken freizuspülen, und so Unrat in den Kanälen hängenbleibt[8] – ein neuer Aspekt in der Beziehung zwischen Ober- und Unterwelt, der zudem weitere Folgen nach sich ziehen wird. Durch den geringeren Wasserverbrauch beginnt der Grundwasserspiegel zu steigen. Besonders die niedrig gelegenen Bezirke Lichtenberg, Mitte, Weißensee, Zehlendorf, Köpenick, Hellersdorf und Neukölln sind durch den steigenden Grundwasserpegel gefährdet. Die Laubenpieper von der Kolonie Stallwiese in Lichtenberg kämpfen bereits dagegen an – ihr Gelände ist fast immer überflutet. Dort schwappt das Grundwasser in nur zehn Zentimetern Tiefe unter dem Rasen. In der Stadtrandsiedlung Malchow in Weißensee »schwimmen sogar die Keller weg«.[9]

Doch nicht nur zur Be- und Entwässerung, auch für moderne Kommunikationstechnik läßt sich das Leitungsnetz der Berliner Wasserbetriebe nutzen. »Revolutionen beginnen immer von unten! Und zwar im Berliner Untergrund«, lautet der Werbeslogan einer privaten Telekommunikationsgesellschaft, die damit begonnen hat, an den Gewölbedecken der Abwasserkanäle Glasfaserkabel zu verlegen. So erspart man sich nicht nur teure Buddeleien im Straßenraum, auch die Wartungskosten können erheblich gesenkt werden. Solch eine Doppelnutzung hätten sich die Väter der Kanalisation sicher kaum vorstellen können.

Eine andere Innovation in der Unterwelt konnten die Berliner 1998 erleben. Zwischen den U-Bahnhöfen Zoologischer Garten und Hansaplatz war erstmals »Kino in der U-Bahn« zu sehen. Der Clou dabei – nicht die Bilder werden auf einer Leinwand bewegt, sondern der Betrachter, in diesem Fall also der Fahrgast, wird an ihnen vorbeigefahren. 300 Meter mißt die handtuchbreite Leinwand, auf die 900 Projektoren Standbilder projizieren. Der Abstand zwischen den einzelnen Bildern wird auf das Tempo der vorbeirauschenden Züge abgestimmt: Fährt der Zug schneller, werden die Abstände zwischen den Bildern vergrößert, fährt er langsamer, rücken die Bilder dichter zusammen. Für den Betrachter ergibt sich so der Eindruck eines gleichmäßig bewegten Filmbildes. Die BVG sieht darin eine ungewöhnliche Möglichkeit, ihre monotonen Tunnelwände zu vermarkten, denn die Betreiber finanzieren ihr Unternehmen hauptsächlich durch dazwischengeschaltete Werbung.[10] Der Untergrund bietet so eine neuartige »Seh-Erfahrung«.

Zufahrtsrampe zur Ladestraße

Den besten Einblick in den Berliner Untergrund erhielt man lange Zeit am Potsdamer Platz, wo im Zuge der Bauarbeiten sozusagen am »offenen Herzen« der Stadt operiert wurde. Immer tiefer fraßen sich die Baumaschinen in den Boden, das Grundwasser verwandelte das Areal zum Teil in eine pittoreske Seenlandschaft. Taucher mußten unter Wasser für fachgerecht ausgeführte Fundamentgründungen sorgen, sogar Bauschiffe tukkerten auf diesen künstlichen Gewässern. Eine 20 000 m^2 große Grube entstand, aus der Bagger und Lastwagen 200 000 m^3 Abraum abtransportierten. Auch die Versorgungseinrichtungen der städtischen Infrastruktur mußten diesem riesigen Bauloch angepaßt werden. Am Potsdamer Platz wurde deshalb ein neuer Abwasserkanal um die Großbaustelle herum zum Pumpwerk an der Schöneberger Straße geführt, und ein alter Regenwasserüberlaufkanal wurde durch einen parallel zur Ebertstraße bis zur Spree führenden »Stauraumkanal« ersetzt.[11]

Trotz des Einsatzes modernster Technik erwies sich der Berliner Baugrund als schwieriges Problem und erforderte eine ausgefeilte Technik: »Die Baugrube wird auf eine Tiefe knapp oberhalb des Grundwasserspiegels ausgehoben. Dann werden die Wände der Baugrube (Schlitzwände) eingebracht und mit Injektionsankern gesichert.

Die Baugrube wird weiter bis zur geplanten Tiefe von 20 m ausgehoben. Anschließend werden Auftriebsanker eingebaut, die später die Unterwasser-Betonsohle gegen den Druck des Grundwassers am Boden der Baugrube halten sollen. Nach dem Einbau der Unterwasser-Betonsohle muß aus dem nunmehr entstandenen Trog das Grundwasser abgepumpt werden.«[12] Wollte man tiefer hinab, kamen auch Schwimmbagger zum Einsatz. Die Fundamentierungs- und Unterwasserarbeiten wurden durch Taucher überwacht.[13] Die Arbeit unter den Senkkästen der Tunneltröge war nicht unbedingt immer ein Vergnügen. Unten in den bis zu drei Meter hohen Arbeitskammern mußte künstlich Überdruck erzeugt werden, um dort kein Grundwasser eindringen zu lassen. Die Tiefbauspezialisten waren gezwungen, nach Schichtende noch bis zu vier Stunden zu warten, um sich an die normalen Druckverhältnisse wieder anzupassen, ehe sie aus der Unterwelt emporsteigen konnten.[14]

Der Potsdamer Platz als *die* Großbaustelle hat sich in den 90er Jahren zu einer der wichtigsten Touristenattraktionen des neuen Berlin entwickelt. Die Dimensionen dieses Vorhabens sind gewaltig: 68 000 m^2 Baufläche benötigte allein DaimlerChrysler für seine Zentrale; 2,8 Millionen Tonnen Erde mußten abgetragen werden, zeitweilig waren an die 3000 Bauarbeiter im Einsatz. Bis zu vier Untergeschosse wurden betoniert. »Von den vier Milliarden Mark Investitionsvolumen sind allein 2,7 Milliarden Mark reine Baukosten.«[15] Rechnet man die Erschließungskosten hinzu, so sind von den am Potsdamer Platz verbauten Summen wohl weit über 50 % in den Untergrund geflossen.

Einen weiteren Schwerpunkt umfangreicher Bautätigkeiten bildet das neue Regierungsviertel, vor allem die verkehrstechnische Erschließung des Spreebogens nördlich des Reichstages. Die Ballung der neuen Parlamentseinrichtungen an einem Ort brachte weitere gravierende Probleme mit sich, die nur im Untergrund gelöst werden konnten. Dazu gehören der Versorgungstunnel für den Deutschen Bundestag zwischen Alsen- und Luisenblock und ein regelrechtes Tunnellabyrinth am Reichstag. »Die Benutzer von 1500 Tief-Garagen-Parkplätzen müssen jeden Morgen den Kontrollpunkt passieren. Dazu kommen zwischen 100 und 300 LKW-Fahrten am Tag.«[16] Dieses Verkehrsaufkommen ist aber in den engen Nebenstraßen kaum zu bewältigen, so daß es unweigerlich zu Staus kommen wird. Hier bedarf es sicherlich noch einiger Überlegung, um die Verkehrssituation langfristig zu verbessern.

Ganz auf Zukunftstechnologie setzt man wiederum unter dem Reichstag bei einem Vorhaben besonderer Art. Um den künftigen Dienstsitz des Deutschen Bundestages zu beheizen und auch mit warmem Wasser zu versorgen, plant man erstmalig in Deutschland ein höchsten ökologischen Kriterien gerecht werdendes Heizungssystem, und dies, obwohl es mit 40 Millionen DM an Investitionskosten doppelt so teuer ausfallen wird wie herkömmliche Heizanlagen. Im Mittelpunkt des Systems befindet sich, knapp unter der Oberfläche, ein Blockheizkraftwerk, das seinen Energiebedarf aus Biodiesel bezieht, der aus Raps gewonnen wird. Dieses Blockheizkraftwerk liefert die notwendige Heizwärme für den Wasserkreislauf des Reichstages. Das Heizkraftwerk erzeugt nun das ganze Jahr über konstant Wärme, die aber im Sommer nur zu einem geringeren Teil benötigt wird. Um den Energieüberschuß der warmen Jahreszeit nutzen zu können, bedient man sich einer tektonischen Besonderheit des Untergrundes rund um das Parlamentsgebäude. Dort befindet sich ein sogenannter Aquifer, bestehend aus porösen Gesteinsschichten, die nach allen Seiten von Fels oder wasserundurchlässigen Tonschichten abgedichtet sind. In diesem Aquiferspeicher kann warmes oder kaltes Wasser lange Zeit gespeichert werden, ohne daß sich seine Temperatur merklich ändert, d. h. sie schwankt allenfalls um ein bis zwei Grad Celsius. Ein solcher Wärmespeicher liegt in 300 m Tiefe, in ihm wird das Wasser konstant auf einer Temperatur von 65° Celsius gehalten. Dieses pumpt man in der kalten Jahreszeit dann entweder direkt nach oben in die Heizanlage, oder es wird über Absorptionswärmepumpen zum Teil in Kälte umgewandelt, bevor es in einen separaten Kühlspeicher in 50 m Tiefe gelangt. Hier wird es bei einer Durchschnittstemperatur von sechs Grad Celsius gespeichert. In den wärmeren Sommermonaten hält das Kaltwasser, in sogenannte Kühldecken unterhalb des Fußbodens der Bundestagssitzungssäle gepumpt, diese nach dem Prinzip einer »umgekehrten Fußbodenheizung« erfrischend kühl. So bringen die zahlreichen Um- und Ausbauten im Regierungsviertel gerade im Untergrund eine wichtige ökologische Innovation.[17]

Von allen unterirdischen Bauvorhaben der neunziger Jahre ist der mittlerweile weit fortgeschrittene Tiergartentunnel das umfangreichste, aber auch umstrittenste, und zumindest in seinen Dimensionen durchaus mit den Planungen Albert Speers zur Nord-Süd-Achse vergleichbar. Zwischen der Heidestraße in Moabit und dem Landwehrkanal entsteht ein kombiniertes unterirdisches Verkehrssystem mit jeweils separaten Röhren für den Eisenbahn-, U-Bahn- und Autoverkehr.[18] Neun Kilometer Länge hat allein die Nord-Süd-Trasse der Eisenbahn, davon verlaufen rund 2,5 km im Tunnel. Sie führt von der geplanten Zentralstation »Lehrter Bahnhof« über den unterirdischen Regionalbahnhof am Potsdamer Platz unter dem Landwehrkanal hindurch, um dann an die Bahnstrecken in Richtung Dresden und Leipzig angeschlossen zu werden. Das kostspielige Projekt hat allerdings einen etwas faden Beigeschmack. Der unter Denkmalschutz stehende und erst 1986 aufwendig restaurierte Lehrter Stadtbahnhof fällt diesem Großbauvorhaben zum Opfer und wird abgerissen. Das bis zum Jahr 2002 fertigzustellende Projekt wird schließlich mindestens 4,5 Milliarden DM verschlingen.[19]

Kein Wunder, daß es in der Öffentlichkeit heftige Kritik gab. Die Tiergartentunnel-Planung sei nicht nur ökologisch fragwürdig und gefährde historische Bauten des Berliner Zentrums, hieß es, sondern sei zudem bautechnisch wesentlich aufwendiger und somit teurer als der Ausbau des S-Bahnrings für den Fernverkehr. Der nahegelegene Bahnhof Friedrichstraße hätte sich problemlos zum ICE-Haltepunkt ausbauen lassen und ist vor allem im Gegensatz zum Lehrter Bahnhof an das U-Bahnnetz angeschlossen. Der geplante Autotunnel sei überdies eine potentielle Staufalle.[20] Andere Kritiker verwiesen darauf, daß sich Berlin mit diesem Projekt »auf absehbare Zeit in die Hand der Tunnelbauer, ihrer technischen Zwänge, Finanzierungslöcher, Zeit- und Kostenüberschreitungen« begeben und sich damit selbst bei anderen Verkehrsprojekten gelähmt hätte.[21] Letztlich konnte sich keines dieser Argumente durchsetzen. Einwände wurden größtenteils abgeschmettert, die Widerspruchsverfahren derart verkürzt, daß juristische Gegenschritte kaum möglich waren. Mit Bonner Rückendeckung wurde in Berlin eine Verkehrspolitik betrieben, die zwar im Untergrund völlig neue Dimensionen eröffnete, im Verhältnis zur Gesamtentwicklung der Stadt aber von vielen als unverhältnismäßig und »absurd«[22] empfunden wurde.

Mit unerwarteten Entwicklungen ist bei Unternehmungen wie dem Tiergartentunnel immer zu rechnen, denn »was schiefgehen kann, wird auch schiefgehen«.[23] Wie unkalkulierbar das Risiko

Tunnel der Fernwärme, 20 Meter unter dem Mierendorffplatz, Charlottenburg (1995)

bei solchen Projekten ist, zeigte sich am Mittwoch, den 9. Juli 1997 spät abends: Beim Senken des ersten Kastens für die Tunnelröhren der Fern- und Regionalbahn am Schöneberger Ufer des Landwehrkanals ereignete sich ein schwerer Wassereinbruch. Bei Stemmarbeiten innerhalb des 25 000 Tonnen schweren Senkkastens für die Tunnelröhren entdeckte man »gegen 21.30 Uhr ein Leck von drei bis vier Zentimetern Durchmesser. In Sekundenbruchteilen schossen kubikmeterweise Grundwasser und Sand in den Block – ›zunächst als zentimeterdicker Strahl, dann immer stärker‹«.[24] Glücklicherweise konnten sich alle Arbeiter rechtzeitig vor den hereinströmenden Fluten in Sicherheit bringen – Glück im Unglück sozusagen. Taucher mußten die Einbruchstelle untersuchen, ehe das Wasser abgepumpt und ein halbes Jahr später mit den eigentlichen Sanierungsarbeiten begonnen werden konnte.[25] Der Sachschaden war beträchtlich: von einer zweistelligen Millionensumme war die Rede.[26] Versicherungen und die zuständigen Firmen stritten sich um die Haftung für die entstandenen Zusatzkosten. Wochenlang waren die Arbeiten lahmgelegt, denn man überprüfte jetzt sicherheitshalber auch alle vergleichbaren Stellen im Tunnelbau, um Unfälle dieser Art auszuschließen. So geriet der Zeitplan für eine terminge-

BEWAG-Tieftunnel an der Markgrafenstraße, Berlin-Mitte △
Schildvortriebsmaschine im BEWAG-Tieftunnel ▽

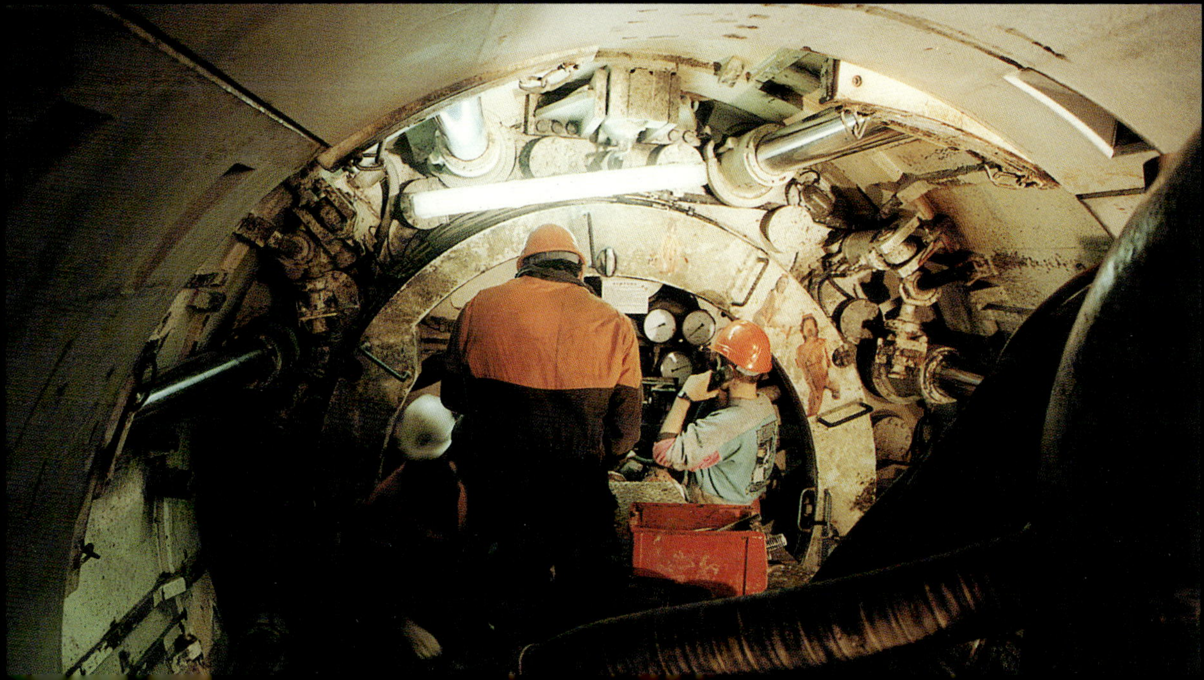

Fernwärmeleitungen unter dem Flughafen Tempelhof

Bunker des Reichsministeriums für Bewaffnung und Munition Pariser Platz

Bunker des Ministeriums für Bewaffnung und Munition, Pariser Platz △△ △
Notausgang des Bunkers, Pariser Platz ▷

Bei Bauarbeiten freigelegter Bunkereingang am Pariser Platz

Taucher bei Fundamentarbeiten, Potsdamer Platz

Bohren von Sprenglöchern für die Bunkerbeseitigung, Pariser Platz

Baustelle des Tiergartentunnels im Spreebogen neben dem Reichstag (links oben)

Geflutete Baugrube vor dem ehemaligen Weinhaus Huth, Potsdamer Platz

rechte Fertigstellung des Tunnels bis 2002 ebenfalls kräftig durcheinander.[27]

Kritiker fühlten sich durch diesen Unfall in ihrer skeptischen Haltung nur bestätigt: Die Bürgerinitiative Westtangente »hatte wie auch andere Umwelt- und Naturschutzinitiativen von Anfang an auf die unsicheren Verfahren und Bedingungen hingewiesen, weil sie um die Lebensfähigkeit der grundwasserabhängigen Tiergartenbäume bangte – und selbstverständlich auch um davonlaufende Kostensteigerungen, die den Steuerzahlern angesichts vieler, dringlicher Aufgaben nicht gleichgültig sein können«[28].

Eine ebenfalls spektakuläre Baumaßnahme verlief dagegen weitgehend reibungslos. Um die Tunnelarbeiten am Spreebogen ungestört durchführen zu können, mußte das gesamte Flußbett der Spree für gut zwei Jahre nach Norden verschoben und damit die »natürliche Topographie« Berlins zeitweilig künstlich verändert werden.[29] Im Sommer 1998 feierte man die Rückkehr des Flusses in sein altes Bett mit einem sehenswerten Schiffskorso.

»Blinde Tunnel« können bei solch ambitionierten Verkehrsvorhaben wie denjenigen rund um den Tiergarten einfach nicht fehlen. Das ist schon beinahe Berliner Tradition. Für die sogenannte Kanzlerbahn, die Verlängerung der U-Bahnlinie 5 vom Alexanderplatz in Richtung Moabit, wurde ein 1,9 km langer Teilabschnitt zwischen Brandenburger Tor und Invalidenstraße im Bereich

U-Bahnhof einer »Phantomlinie« über dem zukünftigen Regionalbahnhof am Potsdamer Platz (1999)

der Spreeunterfahrung in den großen Tiergartentunnel integriert. Eigentlich sollte der rund 370 Millionen DM teure Bauabschnitt noch vor dem Regierungsumzug nach Berlin weitgehend fertiggestellt sein, damit »die Arbeit des Parlaments nicht durch eine Baustelle gestört« wird.[30] Der Anschluß an das U-Bahnnetz selbst solle zu einem späteren Zeitpunkt folgen – vorausgesetzt, die nötigen finanziellen Mittel sind dann noch vorhanden. Nebenan, hinter dem Reichstag, wird zudem eine S-Bahntrasse vom Potsdamer Platz Richtung Norden als späte Fortführung des »Heubodens« unterirdisch freigehalten – ein Vorhaben mit ungewisser Zukunft.

Ähnliches ist auf der Großbaustelle Potsdamer Platz geschehen, wo man die »Phantomlinie« U10 wieder in die Planungen einbezieht. Unter der Leipziger und Potsdamer Straße entstanden rund 500 m Tunnel samt einem kompletten Bahnhof, jedoch noch ohne Gleisanschluß. Der Architekt J. Modersohn-Freiesleben hat sich an dieser Stelle etwas Besonderes einfallen lassen; der U-Bahnhof hängt freischwebend über dem Verteilergeschoß des darunter liegenden Regionalbahnhofs. Atemberaubend weitläufig wirkt dadurch die gesamte Bahnhofsanlage: eine »wahre Kathedrale der Unterwelt«. Fahren hier einmal U-Bahnzüge, so wird man durch riesige Glasscheiben das Verkehrsgeschehen auf den noch tiefer liegenden Regionalbahnsteigen verfolgen können. Die großflächigen Zugangshallen mit Verbindung zur unterirdischen Einkaufsmeile unter dem Debis-Block und zur S-Bahn sind bereits 1998 fertiggestellt worden. Hier präsentiert sich Berlins unterirdischer Weg ins nächste Jahrtausend von seiner prunkvollsten Seite.

Der »Blinde Tunnel« unter dem Potsdamer Platz soll bei Bedarf später für eine Weiterführung der U-Bahn nach Steglitz oder zum Wittenbergplatz genutzt werden können. Wann das sein wird, kann derzeit niemand sagen, eine »Zwischennutzung« durch die Straßenbahn ist vorläufig verworfen worden.[31] 300 Millionen DM Investitionen in die Zukunft oder »Blinde Tunnel« der nächsten Generation? Im Untergrund muß erfahrungsgemäß in größeren zeitlichen Dimensionen gedacht werden. Erst über 70 Jahre nach den ersten Planungen konnte 1996 die Verlängerung der U8 von der Leinestraße zur Hermannstraße in Betrieb gehen. Der Großteil des hierfür erforderlichen Tunnels war im Rohbau schon seit den dreißiger Jahren fertig. An der Streckenverlängerung der U2 zum S-Bahnhof Pankow, einer ebenso alten Planung, wird seit 1992 weitergebaut.[32] Insofern sollte man auch die Hoffnung auf künftige U-Bahnlinien noch nicht aufgeben.

Das Jahrhundertprojekt des Tiergartentunnels steht in Berlin nicht allein. In seinem Schatten entwickelt sich, nur einige Kilometer weiter nordöstlich, mit dem sogenannten Nordkreuz, zwischen den S-Bahnhöfen Gesundbrunnen, Bornholmer Straße und Schönhauser Allee, ein Vorhaben von ebenfalls beachtlichem Bauvolumen. Eigentlich sollte das Nordkreuz nur dazu dienen, die bestehende Lücke des Nordringes zu schließen und damit einen lang gehegten Wunsch vieler Berliner erfüllen, den Vollring der S-Bahn wieder herzustellen. Weil aber die Berliner Verkehrslandschaft seit Beginn der neunziger Jahre einen beträchtlichen Wandel durchläuft, werden bald nicht nur S-Bahnen, sondern täglich auch rund 400 Fernzüge (inklusive des ICE), Regional- und Güterzüge diesen Verkehrsknoten passieren, und zwar auf drei Ebenen: »Ganz unten fährt die S-Bahn von Bornholmer Straße zur Schönhauser Allee. Auf der mittleren Ebene verläuft die Strecke für die Ring-S-Bahn und die Fernbahn, jeweils zweigleisig. Und über dem Ganzen liegt die ebenfalls zweigleisige Fernbahnstrecke von Greifswalder Straße nach Pankow.«[33]

oben: Ein 42 Zentner schwerer Blindgänger wird abtransportiert (1953); unten: Auswirkungen der Bombenexplosion in der Pettenkoferstraße auf das Nachbargebäude

Plötzliche Explosion eines Blindgängers in einem zugeschütteten Panzergraben am Hasenjägerweg, Rudow (16. Juli 1983)

Hinter diesen schlichten Worten verbirgt sich ein neues, höchst kompliziertes Kreuzungssystem mit elf Tunnelbauwerken, deren Gesamtlänge stattliche 3500 m beträgt. Kernstück wird der Bahnhof Gesundbrunnen sein, dessen fünf Bahnsteige überdeckelt und über ein Gangsystem mit der U-Bahn verbunden werden. Im Jahre 2002, zeitgleich mit dem Tiergartentunnel, soll hier alles fertig sein.

Die Energieversorgung Berlins hat sich ebenfalls verstärkt dem Untergrund zugewandt. Daher stehen einige, für die Infrastruktur der Stadt höchst notwendige Tunnel, die in den letzten Jahren hinzugekommen sind, buchstäblich unter Hochspannung. Am 7. Dezember 1994 wurde Berlin an das gesamteuropäische Stromverbundnetz angeschlossen, die Zeit der West-Berliner »Strominsel« ging damit nach 42 Jahren zu Ende. Die 130 km lange Hauptstromleitung von Wolmirstedt bei Magdeburg nach Spandau führte in ihrem letzten Stück aber durch dichtbesiedeltes Gebiet, weshalb sich die BEWAG nach Bürgerprotesten veranlaßt sah, die Hochspannungsleitung auf einer Länge von neun Kilometer in den Untergrund zu verlegen. Vom Teufelsbruch führt sie nun durch einen eigens angelegten 540 m langen Tunnel unter der Havel hindurch zum Heizkraftwerk Reuter und ist mittlerweile als Ost-West-Verbindung unter der ganzen

Munitionsfunde aus dem »Fahrerbunker« an der Ebertstraße (1990)

Stadt hindurch geführt worden.[34] Zur besseren Verknüpfung der Netzteile verlegte die BEWAG, bei einer Investitionssumme von rund 400 Millionen DM, eine 7,6 km lange 380-Kilo-Volt-Leitung vom Lastverteiler Am Karlsbad, nahe der Potsdamer Straße im Bezirk Tiergarten, bis nach Marzahn. Außergewöhnlich war dabei die große Tiefe. 35 bis 40 m unter der Stadt, teilweise sogar unter Meeresspiegelniveau, wühlten sich vollautomatische Schildvortriebsmaschinen durch Sand- und Kiesschichten. Dies bot zudem den Vorteil, daß bei dieser Tiefenlage auf keine anderen unterirdischen Nutzer, auch nicht auf den Tiergartentunnel, Rücksicht genommen werden mußte. Aufwendige Leitungsumlegungen entfielen ebenso. Neu ist bei solchen Tunnelprojekten, daß sie begehbar, mittels einer eigens entwickelten Hängebahn sogar befahrbar sind, so daß Kabel und Rohrleitungen jederzeit inspiziert und gegebenenfalls rasch repariert werden können.[35] Gefahr droht nur vom Grundwasser, das hier bei einer undichten Stelle sofort mit großem Druck einströmen würde. Mit dem Bau der Röhre wurde 1995 begonnen, das letzte Teilstück soll im Jahre 2000 fertiggestellt sein.[36]

Mit Gefahrenquellen ganz anderer Art müssen die Bauherren in unmittelbarer Nähe der Oberfläche rechnen: Hier lagern noch immer ungezählte Blindgänger aus dem Zweiten Weltkrieg. Die im Westteil der Stadt noch im Boden vermuteten 1500 Bomben gemahnen auf ihre Weise an die Schrecken des letzten Weltkriegs, so an die zwischen August 1943 und Ende Mai 1944 über der Reichshauptstadt abgeworfenen 45 000 Tonnen Spreng- und Brandbomben[37] oder an die 230 Waggonladungen Munition, welche die Rote Armee bei den Kämpfen in den Straßen Berlins täglich verschoß[38], von deutschen Munitionsresten ganz zu schweigen. Von 1975 bis 1995 mußten von der Sonderabteilung »Polizeitechnische Untersuchungen« (PTU) des Landeskriminalamtes bei knapp 20 000 Einsätzen insgesamt 1767 Tonnen Munition entschärft werden, darunter 1238 Brand- und Sprengbomben und 174 000 Granaten.[39] Nachdem im September 1994 auf einer Baustelle in der Pettenkoferstraße im Bezirk Friedrichshain eine Fünf-Zentner-Fliegerbombe explodierte, wobei drei Menschen getötet und 17 zum Teil schwer verletzt wurden,[40] sind die Sicherheitsanforderungen für alle Tiefbaustellen noch einmal verschärft worden. Ein Ende der Munitionsbergung ist nicht abzusehen, mit einer merklichen Abschwächung des Fundaufkommens wohl erst in der ersten Hälfte des nächsten Jahrhunderts zu rechnen.[41]

Besonderes Augenmerk galt während der obligatorischen Geländesondierungen natürlich dem neuen Regierungsviertel zwischen Spreebogen und Reichstag, das von Spezialfirmen doppelt und dreifach abgesucht wurde. Die Kosten allein für den inneren Spreebogen belaufen sich dabei bis jetzt auf mehr als vier Millionen Mark.[42]

Manchmal können Bauherren aber auch auf ganz andere Überbleibsel vergangener Zeiten stoßen. Bei Ausschachtungsarbeiten für ein Büro- und Konferenzzentrum der DG-Bank am Pariser Platz wurde Anfang 1997 eine unter Wasser stehende Bunkeranlage des einstigen Ministeriums für Bewaffnung und Munition, dem Albert Speer seit 1942 vorstand, entdeckt. Sogar Weingläser, Besteck und Porzellan fanden sich in den verschlammten Räumen. Bei den vorangegangenen Bodensondierungen blieb das Bauwerk noch unentdeckt, mehrmals bohrte man knapp daneben. Um den Fortgang der Bauarbeiten nicht allzusehr zu verzögern, wurde eine schnelle Beseitigung mit vorsichtig dosierten Teilsprengungen und großen Betonfräsen beschlossen; vor allem das benachbarte Brandenburger Tor und das gerade wiedererstandene Hotel »Adlon« sollten nicht gefährdet werden.[43]

In Treptow öffnete man auf der Stralauer Halbinsel Ende 1996 den alten Straßenbahntunnel wieder, der im Rahmen anstehender Bauarbeiten in der Nähe untersucht werden mußte und der seit Kriegsende verschlossen war.[44] Dabei stellten Fachleute fest, daß sich der vordere Teil in relativ gutem Zustand befand. Die Spuren der provisorischen Luftschutzanlage waren noch gut zu erkennen, selbst die seinerzeit hier für die Schutzsuchenden aufgestellten Parkbänke waren weitgehend intakt. An den Decken finden sich sogar noch Reste von Isolatoren, an denen einst die Oberleitungen befestigt waren, die auf die ursprüngliche Nutzung als Straßenbahntunnel verweisen.

Der unter der Spree gelegene Teil ist dagegen vermauert, und was sich hinter der Trennwand

Der Tunnelmund in der Tunnelstraße in Stralau nach der Wiederentdeckung (15. Dezember 1996)

verbirgt, vermag bis jetzt niemand zu sagen. Zu vermuten ist jedoch Spreewasser, so daß ein Aufbrechen wenig ratsam scheint, will man das Tunnelstück nicht gefährden und endgültig verlieren.

Für Aufsehen sorgte im Februar 1997 ein Aktenfund in der Gauck-Behörde. Dort stieß man auf eineinhalb Meter Aktenmaterial, angelegt nach dem Mauerbau, über »untertägige Anlagen« im Bereich der ehemaligen Sektorengrenze. Seit 1967 wurde der gesamte Grenzstreifen systematisch auf unterirdische Schlupflöcher von und nach West-Berlin hin untersucht. Es zeigte sich, daß das Ministerium für Staatssicherheit zahlreiche Informationen über die Vergangenheit des Berliner Untergrundes sammelte. Aus Archiven und Bibliotheken wurden alle relevant erscheinenden Baupläne, darunter sogar die Original-Handzeichnungen Christian Gottlieb Cantians über die ersten Berliner Kanalisationsröhren aus dem Jahre 1842, beschafft, um allen Versuchen zur »Republikflucht« durch den Untergrund vorzubeugen.[45] Lückenlos waren die Recherchen allerdings nicht, blieben doch mehrere Bunkeranlagen im Grenzstreifen südlich des Brandenburger Tores unentdeckt. Ebenso offenbarte das Fort Hahneberg im März 1997 eine Überraschung. Ein in Richtung West-Berlin nach Spandau führender Geheimgang wurde von den DDR-Grenzern nie bemerkt. Als Fluchtweg hat er sich wohl nie geeignet, denn der Tunnel ist nach 150 m, vermutlich unbeabsichtigt durch Planierungsarbeiten im Grenzstreifen verursacht, verschüttet.[46]

Ehemaliger Spionagetunnel in Rudow (1997)

Aus der Stahlröhre des Spionagetunnels werden Tunnelsegmente für das Alliierten-Museum in Zehlendorf herausgetrennt (1997)

Auch der berühmte Spionagetunnel in Rudow machte im Herbst 1997 unvermutet wieder von sich reden. In einer spektakulären Aktion ließ ihn das neu gegründete Alliierten-Museum, nachdem auch die letzten Teile der Grenzbefestigungen abgetragen waren, wieder freilegen. Einige Meter der Stahlröhre wurden für das Museum herausgetrennt, die nun in den Ausstellungsräumen an der Clayallee in Zehlendorf der Öffentlichkeit präsentiert werden; der Rest wurde nach kurzem Bestaunen wieder zugeschüttet.[47]

Bedingt durch den Platzmangel an der Oberfläche, zeichnen sich schon jetzt vielfältige neue Nutzungsformen des städtischen Untergrundes ab, so daß zukünftig verstärktes Bauen in die Tiefe zu erwarten ist. Am S-Bahnhof Landsberger Allee hat man in den Jahren 1993–97 – als Teil der letztlich gescheiterten Bewerbung für die Austragung der Olympischen Spiele 2000 – bereits das sogenannte Velodrom, ein Radsportstadion, sowie eine Schwimmhalle fast komplett im Untergrund versenkt. Für 545 Millionen DM wurde hier eine Bruttogeschoßfläche von 98 000 m^2 geschaffen. Eine projektierte vollautomatische Tiefgarage am Bebelplatz, in der die Besucher der Staatsoper ihre Autos abgeben können, die dann über eine Hebeanlage in einer Art Tiefregalsystem gestapelt werden, ist ein weiteres Beispiel dafür, wie sich die Stadt unter der Stadt in Zukunft verändern wird. Die fortwirkend wachsende Weltstadt bleibt weiterhin geprägt von einer »ewigen Buddelei«, auch wenn man sie oft genug dorthin wünscht, »wo der Pfeffer wächst«. Daher behalten die Worte Otto Schmelzers von vor hundert Jahren auch noch im nächsten Jahrtausend ihre Gültigkeit. Die Geschichte des Berliner Untergrundes geht so schnell nicht zu Ende.

Epilog

Die umfangreichen Bautätigkeiten im Stadtzentrum förderten manches wieder zutage, was in Vergessenheit geraten war, im Untergrund aber Jahrzehnte überdauerte. Überraschende Entdekkungen, manchmal auch mit unangenehmen Erinnerungen verbunden, verdeutlichen, wie stark sich die Geschichte Berlins in den Boden unter der Stadt eingeschrieben hat. Oft steht dabei das soeben erst Wiedergefundene neuen Planungen im Weg, so daß den am Unterirdischen Interessierten wenig Zeit bleibt, die Funde zu erkunden, zu vermessen und zu dokumentieren, bevor sie vollkommen verschwinden. In Berlin werden zumeist kaum archäologische Sensationen ausgegraben. Römische Ruinenfelder, frühchristliche Katakomben oder ähnliche Altertümer lassen sich im märkischen Sand nicht entdecken. Dafür ist Berlin als Siedlungsgebiet einfach noch zu jung, denn zu Bedeutung gelangte die Stadt erst mit der Reichsgründung 1871. Seit dieser Zeit jedoch lassen sich sämtliche epochalen Einschnitte auch im Untergrund ablesen, teilweise sogar deutlicher als an der Oberfläche. Für die Archäologie sind diese Relikte nicht alt genug, und auch von der Denkmalpflege werden sie noch nicht ausreichend beachtet. Dadurch hat Berlin im Untergrund gerade in den letzten Jahren manches eingebüßt, was durchaus hätte gerettet werden können. Noch immer sind viele bedeutende unterirdische Bauwerke vom Abriß oder von nicht wieder gutzumachenden baulichen Veränderungen bedroht. Ein aktueller Handlungsbedarf zu ihrer Sicherung besteht also nach wie vor.

Im Sommer 1997 wurde der Verein Berliner Unterwelten e. V. gegründet, der es sich zum Ziel gesetzt hat, den Untergrund der Stadt einer größeren Öffentlichkeit näherzubringen. Für eine Großstadt wie Berlin ist das recht spät, wenn man bedenkt, daß es im viel kleineren sachsen-anhaltinischen Zeitz bereits seit 1990 einen Verein Unterirdisches Zeitz e. V. gibt, der den dortigen Untergrund – ein System mittelalterlicher Brauereigewölbe – mit Unterstützung der städtischen Behörden stolz als eine der Touristenattraktionen erschlossen hat. In den ersten fünf Jahren nach der Eröffnung 1992 konnten dort bereits 100 000 Besucher gezählt werden.[1]

Der Verein Berliner Unterwelten plant nun auch für die Spreemetropole eine »Berliner Unterwelten-Ausstellung«. Am U-Bahnhof Gesundbrunnen im Stadtbezirk Wedding soll eine wiederentdeckte, mehrgeschossige unterirdische Bunkeranlage – ursprünglich ein Verkehrsbauwerk, das im Zweiten Weltkrieg zum Schutzraum umgebaut wurde – im Jahr 2000 Ausstellungsort werden. Diese Ausstellung könnte eine bestehende Lücke in der vielfältigen Berliner Kulturlandschaft schließen. Als Dauereinrichtung böte sie allen Interessierten anschauliche Einblicke in eine bisher nur im Rahmen organisierter Führungen zugängliche verborgene Welt unter der Erdoberfläche. Daß großes Interesse am Berliner Untergrund besteht, zeigten bereits mehrere 1000 Besucher, die zu den bisherigen Führungen und Ausstellungen des Vereins kamen.[2] Kaum noch zu zählen sind seit Erscheinen der ersten Auflage des Buches »Dunkle Welten« die Medienbeiträge über den Untergrund der deut-

Mitglieder des Vereins Berliner Unterwelten e.V. erforschen einen ehemaligen Luftschutzstollen unter dem Botanischen Garten (1998)

schen Hauptstadt. Die Geschichte des Berliner Untergrundes ist jedoch mehr als ein bloßes Aufzählen einzelner Bunker- oder Tunnelanlagen; sie ist die Geschichte einer komplexen Beziehung zwischen der Stadt und ihren Bewohnern aus einer anderen Perspektive. Nicht »Bunkerküsser« und »Betonfanatiker«, sondern »Untergrundforscher«, die sich mit ihrer Arbeit unabhängig zwischen amtlicher Denkmalpflege und professioneller Archäologie bewegen, setzen sich in dem Verein für die Belange der Berliner Unterwelten ein.[3] Die Erforschung der Unterwelten stellt eine besondere Herausforderung dar, denn »auch wenn die Nation sich eine Zukunft wünscht, in der sie mit ihrer jüngsten Geschichte ins Reine kommen kann, bleibt diese doch von der Vergangenheit unterminiert«[4].

Eine wachsende Sensibilität der Öffentlichkeit gegenüber den städtischen Räumen im Verborgenen wird durch zahlreiche Aktivitäten belegt. Die BVG bietet seit dem Sommer 1998 in regelmäßigen Abständen Exkursionen durch ihre Tunnel an. Bei diesen nächtlichen Sonderfahrten auf ungewöhnlichen Wegen – sie finden stets erst nach Betriebsschluß des regulären U-Bahnbetriebs statt – werden bis zu 150 Fahrgäste auf offenen Werkstattwagen, gezogen von einer Diesellok, durch das Berliner U-Bahnnetz befördert.[5] Dabei geht es mit einer Durchschnittsgeschwindigkeit von rund 30 km/h auch über Tunnelstrecken, die der Öffentlichkeit sonst verborgen bleiben. Über betriebsinterne Gleisverbindungen zwischen den einzelnen U-Bahnlinien führt die Fahrtroute kreuz und quer unter der Innenstadt Berlins hindurch. Mehr als zwei Stunden dauert die Tour, und die Nachfrage nach den »Cabrio-Fahrten« ist so groß, daß sie bereits auf Monate im voraus ausgebucht sind.

Das offenkundig weit verbreitete Bedürfnis, verborgene Welten zu erkunden, befriedigt seit einiger Zeit auch eine Berliner Tageszeitung mit ihren höchst populären »Geheimnistouren«. »Geheime Orte, verwunschene Ecken, verbotene Stätten« sind das Ziel dieser organisierten Führungen, die in unregelmäßigen Abständen angeboten werden.[6] Die Palette reicht dabei von Abstechern hinter die Kulissen verschiedenster Behörden und Institutionen wie dem Kriminalgericht in Moabit, den Magazinen der Staatsbibliothek in Tiergarten, des Naturkundemuseums in Mitte bis hin zur Bundesdruckerei in Kreuzberg. Auch der Berliner Untergrund kommt dabei nicht zu kurz, wie sich anhand von Touren in die »Katakomben« des Berliner Olympiastadions und des Flughafens Tempelhof oder in die Wasserspeicher am Prenzlauer Berg ablesen läßt. In der Regel gehen an die 1000 Bewerbungen auf die 50 zur Verfügung stehenden Plätze ein. Auch das ist ein Beleg dafür, daß der Blick hinter die Kulissen und in den Untergrund große Anziehungskraft auf die Bevölkerung ausübt.

Da Berlin über zahlreiche freistehende unterirdische Bauwerke verfügt, ist es nur eine Frage der Zeit, bis sich dafür entsprechende Nutzer finden lassen. Der Straßentunnel unter dem Reichstag verwandelte sich während seiner Bauzeit im Juni 1998 für gut einen Monat in die Spielstätte für ein Tanztheater.[7]

Einer sowohl künstlerisch wie auch kommerziell erfolgversprechenden Nutzung des Berliner Untergrundes widmet sich ein anderes Projekt, die sogenannte »Zeitreise«. Die Veranstalter wollen Berlin an einem ungewöhnlichen Ort in einer ungewöhnlichen Form präsentieren. 45 Minuten lang sollen die Besucher im neuen »blinden Tunnel« unter dem Potsdamer Platz in sogenannten Zeitkapseln – Gondeln mit Platz für maximal vier Personen – auf die »Spuren der großen Stadt« gelockt werden. In 14 Stationen sollen sie von den Anfängen bis zur Gegenwart durch die bewegte Geschichte der deutschen Hauptstadt schweben und dabei anhand von Dioramen, Bildern, Modellen, Inszenierungen, zeitgenössischer Musik, Geräuschkulissen und vielem mehr ein einzigartiges multimediales Ereignis erleben.[8]

Ähnliches plant eine Gruppe von Investoren im Ku'damm-Karree. Hier entsteht eine Multimedia-Show unter dem Titel »The Story of Berlin«.[9] Auf einer Ausstellungsfläche von 6200 m², die sich über vier Etagen, zum Teil auch unterirdisch, erstreckt, sollen vom Frühsommer 1999 an die Besucher durch 26 Kabinette oder Themenräume geschleust werden, in denen mittels »klassischer Ausstellungsobjekte, aber auch mit Multimedia-Effekten und theater-dramatischen Momenten als Kraftfeld von Politik, Wirtschaft und Kultur« 800 Jahre Stadtgeschichte sinnlich erlebbar werden.[10] Innerhalb der Ausstellung kann man dann in einen ausgedienten Zivilschutzbunker an der Uhlandstraße hinabsteigen. In dem lange Zeit geheimgehaltenen Atombunker wollen die Initiatoren dabei die Atmosphäre des Kalten Krieges so authentisch wie möglich veranschaulichen.

Für die ungenutzten U-Bahnhofsrohbauten unter dem Adenauerplatz, Innsbrucker Platz, Kleistpark und Moritzplatz interessiert sich dagegen ein anderer Investor; er hat diese Objekte bereits von der BVG angemietet. Er möchte an diesen Stellen Diskotheken und Techno-Clubs entstehen lassen; was den Geisterbahnhof unter dem Innsbrucker Platz anbelangt, so waren bereits ein DDR-Museum und ein unterirdischer Flohmarkt im Gespräch. Noch allerdings gibt es für solche Vorhaben nicht genügend Notausgänge. Zur »Love-Parade« 1998 mußte eine geplante Großveranstaltung unter dem Adenauerplatz wegen der strengen Sicherheitsvorschriften der Bauaufsichtsbehörden kurzfristig wieder abgesagt werden.

Ein Nutzungskonzept für einen ganz anderen Ort hat erstmals die Arbeitsgemeinschaft Schloßfreiheit, ein Zusammenschluß von Berliner Architekten, Bildhauern und Stadtplanern, vorgelegt. Sie will die erhaltenen Fundamentgewölbe des einstigen Nationaldenkmals für Kaiser Wilhelm I. an der Schloßfreiheit (siehe das Kapitel »Grüften und Denkmale« im vorliegenden Buch) in einen »Ereignisort für Begegnung, kulturelle Präsentation und Kommunikation« verwandeln und der Öffentlichkeit zugänglich machen: Dann könnten sich die Besucher an diesem zentralen Ort der Stadt in einem architektonisch eindrucksvollen Ambiente an Tagungen, Lesungen, Ausstellungen, Theater- und Tanzveranstaltungen erfreuen sowie kulinarische Spezialitäten genießen.[11]

An Ideen für die Nutzung des Berliner Untergrundes mangelt es also nicht, wenn auch einige von ihnen schon nach einer gewissen Anlaufzeit auf der Strecke bleiben. Viel von dem Elan der Nachwendezeiten ist verflogen: Die an den ungewöhnlichsten Orten blühende Partyszene ist aus den Kellern von Abbruchhäusern, alten Luftschutzbunkern oder aus aufgegebenen unter Straßenniveau liegenden Toilettenanlagen größtenteils wieder verschwunden. Den »Tresor«, einstiges Aushängeschild dieser Bewegung, gibt es noch. Der weit über die Grenzen Berlins hinaus bekannte Club, letzter Überrest des einstigen Wertheim-Komplexes an der Leipziger Straße, verfügt über ein einzigartiges Flair. Vor allem sind die umfangreichen unterirdischen Tresor- und Schließfacheinrichtungen erhalten geblieben, die allein schon einen Besuch rechtfertigen und es verdienen, unter Denkmalschutz gestellt zu werden. Es bleibt zu hoffen, daß die Anlage bei einer Neubebauung des Grundstückes nicht aufgegeben wird, sondern weiterhin als ein Anziehungspunkt des Berliner Nachtlebens fortbesteht.

Möglichst bald Klarheit darüber zu gewinnen, welche unterirdischen Anlagen für die Zukunft bewahrenswert sind, scheint angesichts der rasanten Entwicklungen unter den Straßen Berlins dringend geboten, denn manche von ihnen sind bereits unwiderruflich verloren. So der Mühlendammtunnel, ein völlig intaktes, 90 m langes und zum Teil unter der Spree gelegenes Tunnelstück einer geplanten U-Bahnstrecke von Steglitz nach Weißensee. Nach der Wende war es für weitere Planungen nicht mehr zu gebrauchen, da mit moderner Schildvortriebstechnik an diesen alten, in offener Bauweise errichteten Tunnelabschnitt baulich schwer anzuknüpfen war.

Der Mühlendammtunnel wird mit Beton verfüllt (1997)

»Abriegelung« des Lindentunnels (1998). Ben Wargin steht auf der bereits zum Teil aufgefüllten Tunnelrampe

Nachdem das Land Berlin 1994 das Grundstück verkauft hatte, ließen die Bauherren den Tunnel dann drei Jahre später, im Juli 1997, überraschend mit 3500 m^3 Beton verfüllen. Der Deutsche Industrie- und Handelstag, der Bundesverband der Deutschen Industrie sowie die Bundesvereinigung der Deutschen Arbeitgeberverbände errichteten hier ihre Zentrale in der Bundeshauptstadt. Die Konservierung und Überbauung eines solch voluminösen Hohlraumes wäre angeblich zu teuer gewesen, Sicherheitsbedenken mögen auch eine Rolle gespielt haben, so daß dieses Relikt früherer U-Bahn-Planungen für immer als Betonklotz im märkischen Sand versenkt bleiben wird.[12] Wenig Trost zu bieten vermag da die Tatsache, daß bei diesen Bauarbeiten auch einige Kellerfundamente aus der Zeit um 1700 archäologisch untersucht werden konnten. Denn diese ältesten bislang entdeckten Hausreste Alt-Cöllns verschwanden ebenfalls unter den mittlerweile vollendeten Neubauten.[13]

Läßt sich für dieses Vorgehen auf der Spreeinsel noch ein gewisses Verständnis aufbringen, weil der Tunnel den geplanten Neubauten im Wege stand, so ist die sogenannte Abriegelung des Lindentunnels, mit der Ende 1998 begonnen wurde, das wohl blamabelste Beispiel für einen unsensiblen, vor allem aber unsinnigen Umgang der Stadt mit ihrer Vergangenheit. Anläßlich der 150. Wiederkehr des Revolutionsjahres von 1848 kam es den Verantwortlichen in den Sinn, daß es für dieses historisch bedeutsame Ereignis noch keine angemessene Gedenkstätte gibt, von dem Friedhof der Märzgefallenen in Friedrichshain einmal abgesehen. So suchte man sich die Fläche neben dem Maxim-Gorki-Theater, dem ehemaligen Gebäude der Berliner Singakademie, für einen »Platz der Märzrevolution« aus, weil sich dort angeblich die Aufständischen zu ihren regelmäßigen Versammlungen getroffen hätten. Nur übersah man leider, daß sich damals fast an Stelle der heutigen Tunnelrampen ein offener Wasserlauf, der sogenannte Opern- oder Festungsgraben befunden hatte, dieser Ort also kaum für Versammlungszwecke nutzbar war. Das verkehrshistorisch bedeutsame Monument des Lindentunnels spielte bei den Überlegungen zur Errichtung dieser Gedenkstätte keine Rolle, fast so, als ob es überhaupt nicht existierte. Der Tunnel wurde vermauert, die Rampe verfüllt, die sehenswerten Installationen von Ben Wargin mußten verschwinden.[14] Mögliche Alternativen – wie eine Überbrückung der Tunnelrampe – wurden nicht eingehender diskutiert, kritischere Stimmen schienen die Amtsstuben zuständiger Behörden nicht mehr zu erreichen. Die Stadt verlor einmal mehr einen wichtigen unterirdischen Ort für kulturelle Nutzungen aller Art aufgrund kurzsichtiger Interessenwahrnehmungen.

Das Verhältnis der Stadt zum Erbe der bedeutenden Berliner Baumeister ist höchst zwiespältig. Vor dem Neuen Museum, im Lustgarten, sollen Schinkels Planungen nun posthum doch noch zur Geltung gebracht werden, während am anderen Spreeufer das Vermächtnis von Andreas Schlüter getilgt wird: Der Regierungsumzug nach Berlin wurde am Werderschen Markt dem Münzkanal indirekt zum Verhängnis.[15] Obwohl dessen begehbare und überwölbte Holzkonstruktion aus dem 18. Jahrhundert, die sich auf Pläne des kurfürstlichen Schloßbaumeisters zurückführen läßt, nahezu intakt die Zeiten überstanden hatte und ein einzigartiges Anschauungsstück früher Ingenieurstechnik darstellte, ließen sich, wie es heißt, »die Pläne für den Neubau des Auswärtigen Amtes nicht mehr ändern, und der Kanal wurde entfernt. Ein Modell im Maßstab von 1 : 10 wird im Foyer/Besucherbereich des Auswärtigen Amtes aufgestellt und soll die Kon-

Abriß von Brauereigewölben des ehemaligen Böhmischen Brauhauses in Friedrichshain

Demontage historischer Brauereitanks unter der Kulturbrauerei, ehemals Schultheiß I (1997)

struktion und den Funktionsmechanismus vergegenwärtigen.«[16] Zwar konnten die Archäologen dieses Bodendenkmal wenigstens eingehend untersuchen, aber danach verschwand ein Stück des alten Berlin für immer.

Auch die Zukunft der historischen Bausubstanz vieler Berliner Brauereien ist ungewiß. Vor allem die unterirdischen Anlagen und Installationen dieses traditionsreichen Wirtschaftszweiges der Stadt sind gefährdet. Gute Aussichten, erhalten zu werden, haben die Gewölbe der Schultheiß-Brauerei II an der Methfesselstraße in Kreuzberg. Die Berlinische Galerie will das unterirdische Ensemble als Ausstellungsort für ihre Bestände nutzen.[17] Dazu soll das gesamte unter Denkmalschutz stehende Gelände in ein gemischtes Kultur-, Gewerbe- und Wohnviertel umgestaltet werden.[18] Hoffnung gibt es auch für den Pfefferberg im Bezirk Prenzlauer Berg. Die dortigen Lagergewölbe sollen längerfristig in größerem Rahmen kulturell genutzt werden.

In der Kulturbrauerei, ehemals Schultheiß I, an der Schönhauser Allee in Prenzlauer Berg suchte man 1992 noch vergebens nach vermeintlichen Katakomben, die bis in die letzten Tage des Zweiten Weltkrieges von der SS als Waffenarsenal benutzt worden sein sollen.[19] In den tatsächlich vorhandenen alten Brauereigewölben standen noch bis 1988 historische Lagerbehälter in mehreren Ebenen übereinander. Diese bis zu 35 000 Liter Bier fassenden Stahltanks wurden im Zuge einer Arbeitsbeschaffungsmaßnahme auseinander geschweißt und auf den Schrottplatz gefahren. Keiner dieser letzten historischen Berliner Biertanks konnte erhalten bleiben.

In den Kellereien des ehemaligen Böhmischen Brauhauses zwischen der Landsberger Allee und der Friedenstraße in Friedrichshain mußte der architektonisch interessante erste, aber vom Denkmalschutz aufgegebene, Teil der doppelgeschossigen Gewölbe dem unterirdischen Parkhaus eines Gewerbeparkes weichen. Sie wurden 1998 abgetragen. Von der Patzenhofer-Brauerei an der Landsberger Allee blieben nur noch Fragmente der einst ausgedehnten Kellerhallen erhalten. Hier wurde das Gelände schon 1997 gründlichst entkernt und damit ein weiteres Stück Berliner Untergrund preisgegeben. Das nächste »Opfer« unter den Berliner Brauereigewölben dürfte wohl die einstige Bötzow-Brauerei an der Prenzlauer Allee sein. Zwar liegt das endgültige Nutzungskonzept noch nicht vor, aber nach den bisher bekannten Plänen sieht es für die historische Unterwelt auch dort nicht gut aus.

Deckendurchbruch am »Goebbels-Bunker« auf dem Gelände des geplanten Holocaust-Mahnmals (1997)

Welche der vielen unterirdischen Zeugnisse der Geschichte sind überhaupt zu bewahren und welche nicht? Welche lassen sich sinnvoll und unter Einsatz vertretbarer finanzieller Mittel nutzen? Das Berliner Denkmalschutzgesetz definiert »Baudenkmal« als »bauliche Anlage oder ein Teil einer baulichen Anlage, deren oder dessen Erhaltung wegen der geschichtlichen, künstlerischen, wissenschaftlichen oder städtebaulichen Bedeutung im Interesse der Allgemeinheit liegt«[20]. Auch alle Objekte unter der Erdoberfläche oder in Gewässern können als »Bodendenkmale« grundsätzlich unter dieses Gesetz fallen. Ist der künstlerische Wert offensichtlich, wie etwa bei einem barocken Bauensemble, wird die Aufnahme des Bauwerkes in die Denkmalliste keine Schwierigkeiten bereiten. Damit ist sein Schutz sichergestellt. Da sich bei einem »Bodendenkmal« wie einem Tunnel, Kellergewölbe oder Bunker der »künstlerische Wert« oft nur schwer erschließt, muß hier vor allem nach der »historischen Bedeutung« gefragt werden. An dieser Frage scheiden sich allerdings die Geister. Tobt schon an der Oberfläche ein heftiger Streit über die Zuordnung zum Erhaltenswerten, so ist es im Untergrund noch viel schwieriger, zumal sich nur in wenigen Fällen eine museale

Luftfilterraum im »Goebbels-Bunker« (1997)

Nutzung anbietet. Die Versuchung ist natürlich groß, manchen Bunker, der leer steht und wertvolle Baugrundstücke blockiert, zu beseitigen, um an seiner Statt Raum für neue Vorhaben, Geschäfts- und Wohnbauten zu schaffen. Dafür scheint auch zu sprechen, daß die Bunker mit Beendigung des Kalten Krieges ihre Funktion verloren haben.[21] Der »Mutter-und-Kind-Bunker« in der Sachtlebenstraße in Zehlendorf zum Beispiel (siehe die Abbildung auf Seite 159) wurde in diesem Sinne 1997 ohne viel Aufhebens, aber mit enormem Aufwand abgetragen, um Platz für Reihenhäuser zu schaffen. Auch das ehemalige Munitionsdepot der Amerikaner im Grunewald mit seinen Bunkern aus der jüngeren Vergangenheit wurde unter 7,3 Millionen m³ Lehm und Sand vergraben.[22] Eines nicht mehr allzu fernen Tages könnten so gut wie alle Bunkeranlagen aus dem Stadtbild getilgt sein – und damit auch eine authentische, wenn auch betongefaßte Erinnerung an die Schrecken des letzten Krieges. Daß es sich bei der Frage ihres Erhaltes oder Nichterhaltes keineswegs um eine rein akademische Debatte handelt, beweist die Entwicklung der letzten Jahre rund um die Bunker im ehemaligen Regierungsviertel des Deutschen Reiches.[23] Dort sind bereits zahlreiche unterirdische Bauwerke und historische Fragmente beseitigt worden, ohne daß der Denkmalschutz rechtzeitig hinzugezogen wurde. Bereits 1992 hatte man auf dem Pariser Platz vor dem Brandenburger Tor die dreieinhalb Meter dicke Betondecke eines Bunkers für den Bau der südlichen Fontäne teilweise abgebrochen. Es handelte sich dabei um den 1943 für die Gäste des »Hotel Adlon« und die Mitarbeiter des Generalbauinspektors für die Reichshauptstadt, Albert Speer, errichteten Bunker. Es blieb kaum Zeit, den »Adlon-Bunker« zu dokumentieren. Der freigelegte Zugang wurde von der bauausführenden Firma eiligst mit Beton zugegossen.

1992/93 legte man bei der Verlängerung der Behrenstraße durch die Ministergärten südlich des Brandenburger Tores die Fundamente der Villa von Joseph Goebbels frei. Den zuständigen Senatsverwaltungen muß die Bedeutung des Fundes durchaus bekannt gewesen sein, die Zertrümmerung der Betonfunde erfolgte jedoch ohne die Anwesenheit der zuständigen Fachbehörden. Im Dezember 1997 wurden dann an der Behrenstraße, diesmal im Rahmen der »Baufeldfreimachung« für den Bereich der Ministergärten, der sogenannte Goebbels-Bunker und weitere Fundamente der Goebbels-Villa ausgegraben. An dieser Stelle ein höchst problematischer Fund, soll hier doch das schon in der Planungsphase äußerst umstrittene Holocaust-Mahnmal entstehen.[24] Schließlich betraten die Denkmalschützer im Januar 1998 das Gelände. Doch da waren der »Goebbels-Bunker« bereits beräumt, die Fundamentreste der Goebbels-Villa beseitigt, das Schwimmbecken des Reichspräsidentenpalais abgerissen und die Fundamente der Wirtschaftsgebäude des Reichspräsidentenpalais einschließlich der Luftschutzanlagen zum Teil zerstört. Beim »Goebbels-Bunker« stemmten sich die Bautrupps in offenkundiger Unkenntnis darüber, wie ein Bunker eigentlich aufgebaut ist, durch die 1,80 m dicke Stahlbetondecke, anstatt einfach in fünf Metern Entfernung den eigentlichen Zugang freizugraben.

Ebenfalls noch im Dezember 1997 lobte der Senat einen Wettbewerb für ein Denkmal der Ereignisse des 17. Juni 1953 aus. Als ein möglicher Standort dafür war der Vorplatz des ehemaligen Reichsluftfahrtministeriums, des späteren Hauses der Ministerien der DDR, vorgesehen. Unter dem Platz befand sich der erste Luftschutzbunker Berlins aus der NS-Zeit, errichtet 1935/36 für das Reichsluftfahrtministerium unter Hermann Göring. Diesem unterstanden sowohl die Luftwaffe als auch die zuständigen Behörden für den Aufbau des Luftschutzes. Aufgrund dieses zeithistorischen Hintergrundes wollten zahlreiche am Wettbewerb beteiligte Künstler die Anlage in ihre Arbeit einbeziehen. Drei Werktage vor Abgabetermin der Arbeiten wurde jedoch mit dem Abriß des Bunkers begonnen. Bezeichnend ist es schon, wenn in den oberen Stockwerken des künftigen Bundesfinanzministeriums nahezu jede historische Türklinke inventarisiert wurde, dagegen ein bedeutsamer Teil der Bauwerksgeschichte – und nebenbei auch eine der ersten Tiefgaragen Berlins – stillschweigend geopfert wurden.

Im Rückblick auf diese recht traurige Abrißliste muß man feststellen, daß es sich vor allem bei den Bunkern im Bereich der Wilhelmstraße nicht um beliebige störende Einzelobjekte handelt, die man vielleicht hätte entfernen können, sondern um die Reste eines Bauensembles von großer historischer Bedeutung. Wo, wenn nicht hier, sollten die Gesetze des Denkmalsschutzes zum Tragen kommen, wo doch vom oberirdischen Zentrum der einstigen politischen Machtzentrale so gut wie nichts übriggeblieben ist?

Zumindest liegt mittlerweile ein erstes Gutachten der Landesdenkmalbehörde hinsichtlich der Bunkeranlage der Villa Goebbels auf dem Grundstück Wilhelmstraße 72 vor. Es enthält die, wenn auch viel zu späte Feststellung: »Das Landesdenkmalamt wurde Ende Januar [1998] in die Arbeiten miteinbezogen, nachdem sich in der Presse bereits die Spekulationen und Mißverständnisse überschlugen. Seit Anfang Februar ist das Landesdenkmalamt täglich vor Ort. Inzwischen wurde die Untersuchung des Goebbels-Bunkers abgeschlossen, die Freilegung der noch im Boden verbliebenen Fundamente und unterirdischen Anlagen wird kontinuierlich begleitet. Zur Zeit besteht ein Abbruch-Stop, Fundamente und unterirdische Anlagen werden freigelegt, dokumentiert und verbleiben vorerst in situ [lat., in natürlicher Lage].«[25]

Während es bei dieser Kontroverse den künftigen Nutzern der betroffenen Grundstücke vor allem um sicheren Baugrund ging, ein Teil der Medien, aber auch der Politik mögliche Wallfahrtsstätten für Ewiggestrige befürchtete und daher die Beseitigung der unliebsamen Hinterlassenschaften aus der Nazizeit verlangte, befürworteten andere, darunter auch der Berliner Unterwelten e. V., den Erhalt dieser steinernen Dokumente aus der Vergangenheit für künftige Generationen. In einem Gutachten für das an der Behrenstraße geplante Holocaust-Mahnmal

Freigelegter Notausgang des Fahrerbunkers (Herbst 1998). Blick über die beräumten ehemaligen Ministergärten zum Reichstag

heißt es unter anderem beiläufig, an diesem Ort hätten sich doch nur »friedliche Gärten« (die Ministergärten) befunden. Hierbei wird übersehen, daß der Zweite Weltkrieg im Bereich zwischen Reichstag, Brandenburger Tor, Potsdamer Platz und Wilhelmstraße seinen Ausgang nahm und dieser größte Krieg in der Menschheitsgeschichte am gleichen Ort zwölf Jahre später, zumindest auf Europa bezogen, sein Ende fand. Gerade hier aber gilt es, sich die Vergangenheit des Ortes bewußt zu machen. Das Holocaust-Mahnmal wird an dieser Stelle nur seine Funktion erfüllen können, wenn dem Areal seine authentische Geschichte zugestanden wird. Werden alle Hinterlassenschaften der nationalsozialistischen Herrschaft spurlos entfernt, kann der »Mythos vom Führerbunker« um so leichter fortbestehen. Nur indem die Spuren der Vergangenheit zur Dokumentation des Schreckens herangezogen werden, wird dem begegnet. Den Opfern zu gedenken und die Täter bloßzustellen, das ist die einzigartige Chance dieses Ortes.

Anmerkungen

Leitfaden durch die Berliner Unterwelten

1 Bruns, Hildgard: »Ich war im geheimen Bunker: Die Wände erzählen Geschichten«. In: Bild-Berlin, 21. Juli 1993.
2 Harbauer, Ottomar: Hitler-Bunker: Mahn- oder Kultstätte? In: Berliner Zeitung, 3. Juli 1992.
3 Kurth, Jürgen: Im Abgrund von Berlin. In: Stern, Nr. 17, 21. April 1994. S. 206.
4 Randzio, Ernst: Unterirdischer Städtebau. Bremen, 1951. S. 9ff.
5 Sack, Manfred/Seidel, Peter/Klemp, Klaus: Unterwelten – Orte im Verborgenen – Sites of Concealment. Tübingen/Berlin, 1993. S. 12.
6 Musées de la Ville de Paris (Hrsg.): Catacombes – general guide. Paris, 1994.
7 Randzio, Städtebau. S. 68ff.

Fundament und Gründung

1 Müller, Adriaan von: Unter dem Pflaster Berlins. Zehntausend Jahre Geschichte in Bildern. Ein archäologischer Streifzug. Berlin, 1995. S. 21.
2 Ebd., S. 36f., 60f., 64f., 68f., 76f., 110.
3 Ebd., S. 17.
4 Hach, Arno: Alt-Berlin im Spiegel seiner Kirchen. Rückblick in die versunkene Altstadt. Berlin, 1933. S. 19.
5 Ebd., S. 137.
6 Ebd., S. 32.
7 Engelmann, Dieter: Der Festungsbau in Berlin. Ein Instrument der weiteren Festigung des feudalabsolutistischen Brandenburg-Preußischen Staates. In: Jahrbuch des Märkischen Museums. Bd. X (1984). S. 104.
8 Ebd., S. 125.
9 Ebd., S. 109.
10 Ebd., S. 108.
11 Gottschalk, Wolfgang: Alt-Berliner Kirchen in historischen Ansichten. Leipzig, 1986. 2. Aufl. S. 10.
12 Festungsgraben am Opernpalais entdeckt. In: Tagesspiegel, 27. Januar 1995.
13 Ludwig, Hans: Alt-Berliner Bilderbogen. Berlin, 1967. 2. Aufl. S. 74.
14 Ebd.
15 Spuren von Mammut, Bär und Ur im Berliner Untergrund. In: Signal. H. 12 (1992). S. 23.
16 Orgel-Köhne, Liselotte und Armin/Grothe, Jürgen: Zitadelle Spandau. Berlin, 1978. S. 14ff.
17 Walter, Karl: Spuren vieltausendjähriger Geschichte unter der alten Königl. Bibliothek (Kommode). In: Mitteilungen des Vereins für die Geschichte Berlins. Bd. 43 (1927). S. 71.
18 Orgel-Köhne/Grothe, Zitadelle. S. 19.
19 Ebd., S. 27.
20 Das Geheimnis von Fort Hahneberg. In: Märkische Allgemeine Zeitung, 19. Oktober 1994.
21 Orgel-Köhne/Grothe, Zitadelle. S. 7.
22 Die Wasserversorgung Berlins und die neuen Wasserwerke in ihrer Bedeutung für die Häuslichkeit und das Familienwohl. Berlin, 1857. S. 10.
23 Förderband Kulturbüro (Hrsg.): Die Wasserspeicher. Historie. Gegenwart. Perspektiven. Ausstellungskatalog, Berlin 1996.
24 Berliner Wasser-Betriebe: Klares Wasser – klare Information. Berlin, 1996. 4. Aufl. S. 6ff.
25 Förderband Kulturbüro (Hrsg.), Wasserspeicher.
26 Ludwig, Alt-Berliner Bilderbogen. S. 18f.
27 Theek, Bruno: Keller-Erinnerungen. In: Jahrbuch des Märkischen Museums. Band 5 (1979). S. 113f.
28 Borkenhagen, Erich: Schultheiss-Brauerei 1842–1967. Berlin, 1967. S. 17.
29 Ebd., S. 25.
30 Bullemer, Karl: Das Berliner Weißbier. Ein Beitrag zur Geschichte und Entwicklung der Weiß- und Weizenbiere. In: Die Brauerei. Berlin, Nr. 79/80, 6. Oktober 1958. S. 16.
31 Schulze-Besse, H.: Aus der Geschichte des Berliner Brauwesens und seiner Braumeister. Berlin, 1927. S. 43.
32 Wild, Josef: Aus meinem Leben und Schaffen in München und Berlin. Berlin, 1937. S. 170.
33 Schulze-Besse, Aus der Geschichte. S. 96.
34 Wild, Aus meinem Leben. S. 171.
35 Ehlert, Hans: Schultheiss-Patzenhofer 1871–1921. Ein Rückblick. Berlin, 1921. S. 38f.
36 Ebd., S. 30.
37 Demps, Laurenz: Historisches Berlin-Lexikon. Berlin, 1983. S. 20–21.
38 Schweizer, Kerstin: Unterirdische Räume wie Kirchenschiffe. In: Berliner Zeitung, 6. Juni 1995.
39 Berndt, Heide: Hygienebewegung des 19. Jahrhunderts als vergessenes Thema von Stadt- und Architektursoziologie. In: Die alte Stadt. Bd. 14 (1987), S. 157.
40 Langbein, Fritz: Der Werdegang der Berliner Stadtentwässerung. In: Langbein, Fritz/Hahn, Hermann (Hrsg.): Fünfzig Jahre Berliner Stadtentwässerung 1878–1928. Berlin, 1928. S. 15.
41 Hach, Alt-Berlin. S. 82.
42 Berndt, Hygienebewegung. S. 140.
43 Ebd., S. 143.
44 Ebd., S. 145.
45 Hauser, Susanne: »Reinlichkeit, Ordnung und Schönheit«. Zur Diskussion über Kanalisation im 19. Jahrhundert. In: Die alte Stadt. Bd. 19 (1992). S. 292–312.
46 Ribbe, Wolfgang: James Hobrecht. In: Baumeister – Architek-

ten – Stadtplaner. Biographien zur baulichen Entwicklung Berlins. Berlin, 1987. S. 233.

47 Hobrecht, James/Adams, F.: Die Entwässerung. A. Die Canalisation von Berlin. In: Berlin und seine Bauten. Bd. 1. Berlin, 1896. S. 332.

48 Ebd.

49 Berliner Wasser-Betriebe (Hrsg.): Kanalisation von Berlin. Berlin, 1996. S. 5.

50 Langbein, Werdegang. S. 32.

51 Pschyrembel, Willibald: Klinisches Wörterbuch. Berlin, 1969. S. 650.

52 Die Größenangaben: der Müggelsee: 40 Mio. m^3. In: Berlin und seine Bauten, Bd. 2. S. 302. Edertalsperre: 202 Mio. m^3, s.v. Talsperren. In: Der große Brockhaus. Band 11. Wiesbaden, 1980.

53 Regenwasserbecken. Mit Druckluft in die Tiefe. Hrsg. vom Senator für Bau- und Wohnungswesen. Berlin, 1975.

54 Berliner Wasserbetriebe, Kanalisation, S. 6ff.

55 So z.B. Streek, E.: 75 Jahre Berliner Stadtrohrpost. In: Archiv für Post- und Fernmeldewesen. Bd. 4 (1952), S. 441–487.
Der Dienst bei der Bundespost. 9. Band: Posttechnischer Dienst. 1. Teil: Postbetriebstechnik. Bd. 6: Rohrpostanlagen. Grossrohrpost. Stadtrohrpost. Hausrohrpost. Hamburg, Berlin, 1967.
Böhm, Rolf: Die Berliner Stadtrohrpost. In: Die deutsche Post. Jg.12 (1967). S. 179–180.
Heinze, S.: 100 Jahre Stadtrohrpost Berlin. In: Zeitschrift für das Post- und Fernmeldewesen. Jg. 1965, Heft 23. Besonders technisch orientiert das Kapitel 4.4. Rohrpostanlagen. In: Posttechnik. Arbeitsmittel im Post- und Zeitungswesen. Autorenkollektiv unter der Leitung von Hans Hübner. Berlin, 1983. 2. Aufl. S. 189–203.

56 Ebd., S. 443.

57 Die technischen Anlagen des Reich-Postamtes. In: Festschrift zur XXXV. Hauptversammlung des Vereins Deutscher Ingenieure. Berlin, 1894. S. 81f.

58 Die statistischen Angaben bei Streek, Stadtrohrpost. S. 480 bis 487.

59 Ebd.

60 Nachtexpreß, 11. April 1949.

61 Ein Rohrpostfahrplan gibt Auskunft über die Streckenführungen der einzelnen Linien: Vom HTA führten:
die 1 zum Fernmeldeamt (FA) Mitte und dann weiter zu Einzelämtern, die 3 nach Steglitz mit weiteren Anschlüssen, die 4 zum Zentralflughafen Tempelhof, die 5 nach Neukölln, die 8 zum Rohrpostamt (RPA) 017 in der Mühlenstraße in Friedrichshain, die 13 nach Pankow, die 17 nach Moabit, zu den Ämtern NW 21 in der Turmstraße und NW 87 in der Levetzowstraße, die 18 und 19 von und zum zweiten Rohrpostzentrum in Charlottenburg, in der Goethestraße. Von dort gingen ab:
die Linien 20 nach Grunewald, die 21 nach Wilmersdorf und zum RPA W 80, die 22 zum RPA W 10, die 23 nach W 50, die 24 nach NW 87 (Levetzowstraße), die 25 zum Zoo.
Die alte Stammlinie zwischen Haupttelegraphenamt und Börse trug die Liniennummer 26. Die Informationen in: »Fahrplan für den Rohrpostbezirk Berlin nebst Buchsen-Nachweisung«. Berlin, 1932.

62 Das Sieges-Denkmal auf dem Kreuzberge bei Berlin. Berlin, 1824. S. 61.

63 Zit. nach: Nungesser, Michael: Das Denkmal auf dem Kreuzberg von Karl Friedrich Schinkel. Berlin, 1987. S. 68.

64 Die Bebauung der Schloßfreiheit zu Berlin. In: Wochenblatt für Architekten und Ingenieure. Band 3, 30. September 1881. S. 402.

65 Nicolai, Bernd: Das Nationaldenkmal für Kaiser Wilhelm I. auf der Schloßfreiheit. Monarchischer Anspruch und bürgerliche Kritik an den Kaiserlichen Zentrumsplanungen um 1900. In: Hauptstadt Berlin – Wohin mit der Mitte? Historische, städtebauliche und architektonische Wurzeln des Stadtzentrums. Hrsg. von Helmut Engel und Wolfgang Ribbe. Berlin, 1993. S. 115–123.

66 Weinland, Martina: Kriegerdenkmäler in Berlin 1870 bis 1930. Frankfurt, u.a., 1990. S. 29.

67 Prang, Hans/Kleinschmidt, Günter: Mit Berlin auf Du und Du. Leipzig, 1980. S. 15.

68 Kohtz, Otto: Abriß des Kaiserdenkmals an der Schloßfreiheit ist Barbarei. In: Neue Bauwelt, Heft 5 (1950). S. 19.

69 Halmhuber, G.: Wasserstraßen und Häfen. In: Berlin und seine Bauten. Band 1. Berlin, 1896. S. 97–101.

70 Brozat, Dieter: Der Berliner Dom und die Hohenzollerngruft. Berlin, 1985. S. 106.

71 Schwerk, Ekkehart: Genealogische Gedankenspiele in der Gruft. In: Tagesspiegel, 28. Oktober 1994.

»Blinde Tunnel« und tote Gleise

1 Stand dieser Daten: Juli 1996.

2 So z.B. Lemke, Ulrich/Poppel, Uwe: Berliner U-Bahn. Düsseldorf, 1985 (3. Aufl. 1992). Denkmalpflege-Verein Nahverkehr Berlin (Hrsg.): U1 – Geschichte(n) aus dem Untergrund. Berlin, 1994. Literaturverzeichnis: S. 101 ff. Ders. (Hrsg.): U2 – Geschichte(n) aus dem Untergrund. Berlin, 1995. Literaturverzeichnis. S. 101 ff.
Ders. (Hrsg.): U8 – Geschichte(n) aus dem Untergrund. Berlin, 1994. Literaturverzeichnis: S. 78 f.

3 Die Zeit, Nr. 27, 1989. Zitiert nach: Lang, Barbara: Unter Grund. Ethnographische Erkundungen in der Berliner U-Bahn. Studien und Materialien des Ludwig-Uhland-Instituts der Universität Tübingen. Band 14. Tübingen, 1994. S. 54.

4 Streckennetzplan der Hoch- und Untergrundbahnen. Maßstab 1: 40000. Stand: 13. Juli 1996.

5 Ribbe, Wolfgang: James Hobrecht. In: Baumeister – Architekten – Stadtplaner. Biographien zur baulichen Entwicklung Berlins. Berlin, 1987. S. 233.

6 Geisler, K.: Mit 30 Sachen durch den Keller. In: Berliner Morgenpost, 16. September 1956.

7 Meyer-Kronthaler, Jürgen: Die AEG-U-Bahn Ackerstraße-Brunnenstraße. In: Berliner Verkehrsblätter (BVB). Band 43, Heft 7 (1996). S. 127. Ders.: Berlins erste U-Bahn – fast vergessen. In: Der Tagesspiegel, 7. Oktober 1996. S. 9.

8 Ebd.

9 Schönfeld, O.: Vierzig Jahre Spreetunnel. In: Die Fahrt, Band 10 (1939). S. 183.

10 Der Spreetunnel zwischen Stralau und Treptow bei Berlin. In: Deutsche Bauzeitung. Band 33, Nr. 77 (1899). S. 483.
11 In: Deutsche Bauzeitung. Band 32, Nr. 20 (1898). S. 126.
12 Köhler, Ivo: Spreetunnel anno 1895. In: Signal, Heft 7 (1995). S. 13.
13 Seydel, Wilfried: Der Straßenbahntunnel zwischen Stralau und Treptow. In: Verkehrsgeschichtliche Blätter (VB), Heft 1 (1981). S. 14.
14 Stave, John: Stube und Küche. Berlin 1987. S. 241ff.
15 Zentralblatt der Bauverwaltung, Band 37 (1916). S. 687.
16 Der Straßenbahn-Tunnel unter den Linden zu Berlin. In: Deutsche Bauzeitung, Band 50, Nr. 30 (1916). S. 59.
17 Pohl, Hans-Jürgen: Lindentunnel. In: VB. Heft 7 (1980). S. 138.
18 Der Straßenbahn-Tunnel unter den Linden zu Berlin. In: Deutsche Bauzeitung, Band 50, Nr. 31 (1916). S. 161.
19 Hachtmann, Rüdiger/Strehlau, Peter: Der Straßenbahntunnel »Unter den Linden«. In: BVB, Band 41, Heft 12 (1994). S. 242.
20 »Kupfergraben« nicht mehr Endstation. In: Berliner Zeitung, 11. Mai 1950.
21 Siemens & Halske AG: Erläuterungen zu dem Entwurf einer Elektrischen Stadtbahn in Berlin. Erweiterungslinie Potsdamer Platz – Brandenburger Tor – Weidendammer Brücke – Schloßbrücke. Berlin, 1897. S. 1.
22 Ebd., S. 19, Anlage III.
23 Ebd., S. 2.
24 Ebd., S. 8.
25 Ebd., S. 11.
26 Ebd., S. 14.
27 Bousset, Johannes: Die Berliner U-Bahn. Berlin, 1935. S. 7.
28 Stecher, Benno: Versenkung eines hölzernen Kastenfangedammes beim Bau des Spreetunnels der Berliner Untergrundbahn. In: Zentralblatt der Bauverwaltung. Band 34, Heft 24 (1913). S. 574–575.
29 Denkmalpflege-Verein Nahverkehr Berlin (Hrsg.): U2-Geschichte(n) aus dem Untergrund. Berlin, 1995. S. 30.
30 Berger: Dückung des Schöneberger Regenauslasses unter der Untergrundbahn am Nollendorfplatz in Berlin. In: Zentralblatt der Bauverwaltung, Band 34 (1913). S. 453–456.
31 Seefeldt, Alexander/Günther, Michael: »Blinde Tunnels unter Berlins Pflaster. Unterirdische Bahnanlagen als Bauvorleistungen und Investruinen«. Teil 1. In: VB, Heft 2 (1994). S. 29.
32 Meyer-Kronthaler, Berlins U-Bahnhöfe. Berlin, 1995. S. 318.
33 Ebd., S. 27f.
34 Meyer-Kronthaler, Berlins U-Bahnhöfe. S. 281.
35 Lemke/Poppel, Berliner U-Bahn. S. 32.
36 U1 – Geschichte(n) aus dem Untergrund, S. 42.
37 Bohle, Sabine: Peter Behrens und die Schnellbahnpläne der AEG. In: Peter Behrens und die AEG 1907–1914. Hrsg. von Tilmann Buddensieg und Henning Rogge. Bonn 1980. 2. Aufl., S. 199.
38 Reuter, Ernst: Berlins Verkehrspolitik. Rede zur Eröffnung der U-Bahnlinie Alexanderplatz – Friedrichsfelde am 19. Dezember 1930. In: Die Fahrt. Band 3, Nummer 2 (1931). S. 21 bis 24. Hier S. 21ff.
39 Strowitzki, Bernhard: U-Bahn London. Signal-Reisebegleiter. Berlin, 1994. S. 34.
40 Meyer-Kronthaler, Berlins U-Bahnhöfe. S. 102.
41 Zuerst war die Pferdeeisenbahn. In: Berliner Zeitung, 10. Juni 1951.
42 Gympel, Jan: Tunnel mit Tiefgang. Mit der U-Bahn durch Berlin. Berlin, 1993. S. 82f.; Knobloch, Heinz/Richter, Michael/Wenzel, Thomas: Geisterbahnhöfe. Westlinien unter Ostberlin. Berlin, 1992. S. 64; U2 – Geschichte(n) aus dem Untergrund. S. 83.
43 Meyer-Kronthaler, Jürgen/Poppel, Uwe: Waisen-, blinde und andere Tunnel. In: BVB. Band 43, Heft 11 (1996). S. 212.
44 Döblin, Alfred: Berlin-Alexanderplatz. Die Geschichte des Franz Bieberkopf. Olten, 1980. S. 131; S. 179.
45 Stave, Stube und Küche. S. 36.
46 Bousset, Berliner U-Bahn. S. 64.
47 Seefeldt/Günther, »Blinde Tunnels«, Teil 3. In: VB, Heft 4 (1994). S. 87.
48 Sichard, W.: Gründungsschwierigkeiten bei Hochbauten. In: Deutsche Bauzeitung, Band 49, Nr. 1/2 (1927). S. 30ff.
49 Seefeldt/Günther, »Blinde Tunnels«, Teil 3. S. 87.
50 Heerstraße: Gehweg riß Fußgänger in die Tiefe. In: Tagesspiegel, 21. September 1991.
51 Beschädigung durch Kriegseinwirkung an U-Bahnhöfen. Maschinengeschriebenes Manuskript. o. O., o. J.
52 Das Programm für die Neugestaltung Berlins. Darstellung des Generalbauinspektors für die Reichshauptstadt, Professors Speer. In: Deutsches Nachrichtenbüro. Nr. 124. Berlin, 27. Jan. 1938. Zit. nach: Schäche, Wolfgang: Architektur und Städtebau in Berlin zwischen 1933 und 1945. Planen und Bauen unter der Ägide der Stadtverwaltung. (Die Bauwerke und Kunstdenkmäler von Berlin. Beiheft 17). Berlin, 1991. S. 585.
53 Fritsche, W.: Berlins erster Nachkriegs-Tunnelbau. In: Bauplanung und Bautechnik. Band 6, Heft 8 (1952). S. 205–207.
54 Lufsky, Karl: Die Grundwasserabdichtung des U-Bahntunnels Klosterstraße-Littenstraße in Berlin. In: Bauplanung und Bautechnik. Band 6, Heft 15 (1952). S. 561.
55 Lemke/Poppel, Berliner U-Bahn. S. 153.
56 Gympel, Tunnel mit Tiefgang. S. 179.
57 Ebd.
58 Seefeldt/Günther, »Blinde Tunnels«, Teil 3. S. 90.
59 Meyer-Kronthaler, Berlins U-Bahnhöfe. S. 220.
60 Beresin, Valentin: Die Moskauer Metro – Bildreiseführer. Moskau 1989, 3. Auflage. S. 7.
61 Grabski, Max: Die Berliner Nordsüd-S-Bahn. In: Zeitung des Vereins Mitteleuropäischer Eisenbahnverwaltungen. Jg. 1939, Nr. 27. S. 18.
62 Pucher, A.: Die Ursachen des Bauunglücks in der Hermann-Göring-Straße in Berlin. In: Zeitschrift des Vereins Deutscher Ingenieure (VDI-Zeitschrift). Band 81, Heft 27 (1937). S. 801 bis 802.
Schaumann, Werner: Das Einsturzunglück des S-Bahntunnels zwischen Potsdamer Platz und Brandenburger Tor vor 50 Jahren. In: Mitteilungen des Vereins für die Geschichte Berlins. Band 81, Heft 3 (1985). S. 312–313.
63 Das Programm für die Neugestaltung Berlins. Zit. nach Schäche, Architektur. S. 587.
64 Seefeldt/Günther, »Blinde Tunnels«, Teil 3. S. 118
65 Nord-Süd-Bahn. Vom Geistertunnel zur City-S-Bahn. Hrsg. von der Interessengemeinschaft Eisenbahn und Nahverkehr e.V. Berlin 1992. S. 26.

66 Kuhlmann, Bernd: Eisenbahn-Größenwahn in Berlin. Die Planungen von 1933–1945. Berlin 1996. S. 24–25 und S. 53.
67 Die Nordsüd-S-Bahn Anhalter Bahnhof – Stettiner Bahnhof. In: Mitteilungen des Pressedienstes der Reichsbahn. Nr. 32 (1933), S. 3ff.
68 Ebd., S. 8.
69 Lüttich, Günther: Neubauten der Reichsbahn am Stettiner Bahnhof in Berlin. In: Zentralblatt der Bauverwaltung. Band 57, Heft 52. 11. August 1937. S. 808
70 Die Straße unter der Müggelspree. In: Nachtexpress, 25. Januar 1946.
71 Schwankende Spinnennetze und der Satz des Pythagoras. In: Tagesspiegel, 17. April 1989.
72 Langer, Heinrich: Die Straßentunnel am Berliner Achsenkreuz. In: Zeitschrift des Vereins Deutscher Ingenieure (VDI-Zeitschrift). Band 83, Heft 32 (1938). S. 932.
73 Völkischer Beobachter, 20. Januar 1939.
74 Das Programm für die Neugestaltung Berlins. Zit. nach Schäche, Architektur. S. 589.
75 Baupläne der Reichsbahn-Baudirektion: »Bahnhof Reichstag«. Maßstab 1:500. Juni 1941. Überarbeitet März 1942
76 Tagesspiegel, 5. März 1961.
77 Tagesspiegel, 22. November 1961.
78 Im Diplomatenviertel in Tiergarten zwischen Hofjägerallee und Klingelhöferstraße, in Charlottenburg, Kantstraße/Ecke Wilmersdorfer Straße, der Spandauer Damm vor dem Schloß Charlottenburg sollte untertunnelt werden, an der Yorckstraße zwischen Kreuzberg und Schöneberg unter den Eisenbahnanlagen hindurch, in Schöneberg an der Kreuzung Schmiljanstraße/Ecke Rheinstraße sowie am Zehlendorfer Verkehrsknoten entlang der Bundesstraße 1, um nur die bekanntesten Projekte aufzuzählen.

Bunker und Bomben

1 Historiker erforscht Geschichte der deutschen Luftschutzbunker. Größtes zweckgerichtetes Bauprojekt der Menschheitsgeschichte. In: Emdener Zeitung, 2. Dezember 1995.
2 Knipfer, E. H: Der Aufbau des zivilen Luftschutzes. In: Der Zivile Luftschutz. Ein Sammelwerk über alle Fragen des Luftschutzes. Hrsg. von E.H. Knipfer und Erich Hampe. Berlin, 1937, 2. Aufl. (Erstauflage 1934). S. 132.
3 Hampe, Erich: Luftschutz als Schicksalsfrage. In: Ebd., S. 127f.
4 Reichsgesetzblatt (RGB), 22. September 1933. S. 659.
5 Groehler, Olaf: Bombenkrieg gegen Deutschland. Berlin, 1990. S. 239.
6 Ebd., S. 240.
7 Hampe, Erich: Der Zivile Luftschutz im Zweiten Weltkrieg. Frankfurt/Main, 1963. S. 234.
8 RGB, Nr. 58. S. 559f.: Schutzraumbestimmungen vom 4.5.1937.
9 Hampe, Luftschutz. S. 270.
10 Ebd.
11 Groehler, Bombenkrieg. S. 239.
12 Hampe, Ziviler Luftschutz. S. 271.
13 Kaiser, Gerhard: Sperrgebiet. Die geheimen Kommandozentralen in Wünsdorf seit 1871. Berlin, 1993. S. 94ff.
14 Sonderarchiv in Moskau, 1409–1–6, S. 115.
15 Bundesarchiv (BA) Potsdam: Unterlagen der GBI, Nr. 667, Bl. 236. Zit. nach: Groehler: Bombenkrieg, S. 241.
16 Hampe, Luftschutz. S. 587.
17 BA Potsdam, Bl. 90ff. Zit. nach: Groehler, Bombenkrieg. S. 241.
18 Girbig, Werner: Im Anflug auf die Reichshauptstadt. Stuttgart, 1970. S. 20.
19 Ebd., S. 27.
20 Groehler, Bombenkrieg. S. 174
21 Ebd.
22 Stand des Luftschutz Führerprogramms – Mitte September 1941. Aus: Bundesarchiv-Militärarchiv Freiburg (BAMA), RL4–340.
23 Girbig, Im Anflug, S. 41.
24 Rein, Heinz: Finale Berlin. Berlin, 1948. S. 189f.
25 Sonderarchiv Moskau. GBI. 1409–1–20.
26 LA Berlin. GBI, Rep. 107–115
27 »Kulturbunker für Kreuzberg«. In: Tagesspiegel, 20. Januar 1979.
28 Hampe, Luftschutz. S. 273.
29 Groehler, Bombenkrieg. S. 246.
30 LA Berlin, GBI, Rep. 107–117/6
31 Rundschreiben General E. Milch vom 11.12.40, BAMA Freiburg RL4340.
32 Ebd.
33 Brief von Speer an Generalfeldmarschall E. Milch vom 19. November 1941. In: BAM Freiburg RL4–340.
34 Sonderarchiv Moskau, Dokumente des GBI, AE 86 Fond Nr. 1409–1–6.
35 Ebd.
36 Ebd.
37 Ebd.
38 Vietig, Jürgen: Berlin als Ort der Verfolgung und des Widerstandes von Polen. In: Mitteilungen des Vereins für die Geschichte Berlins. N. F., Bd. III (1981). S. 338.
39 BA Koblenz, R 58755.
40 Vietig, Berlin als Ort. S. 338.
41 Girbig, Im Anflug. S. 56ff., S. 238
42 Ebd., S. 61.
43 Smit, Erik/Staikos, Evthalia/Thormann, Dirk: 3. Februar 1945. Die Zerstörung Kreuzbergs aus der Luft. Berlin 1995. S. 13.
44 Groehler, Bombenkrieg. S. 399f.
45 Kuby, Erich: Die Russen in Berlin. Ulm, 1988. S. 32.
46 Girbig, Im Anflug. S. 61f.
47 Randzio, Ernst: Unterirdischer Städtebau. Bremen, 1951. S. 47f.
48 Meyer-Kronthaler, Jürgen: Berlins U-Bahnhöfe. Die ersten 100 Jahre. Berlin, 1995. S. 19.
49 Meyer-Kronthaler, AEG-U-Bahn, S. 131.
50 Kopietz, Andreas: Überraschende Funde im Tunnel. In: Berliner Morgenpost, 21. Dezember 1996.
51 Betrifft: U-Bahnhöfe als Schutzraum. Öffentliche Anordnung des Kommandos der Schutzpolizei vom 7. Februar 1944.
52 Meyer-Kronthaler, Berlins U-Bahnhöfe. S. 171.
53 Beschädigungen durch Kriegseinwirkung an U-Bahnhöfen. Auflistung im BVG-Archiv, ohne Jahresangabe.
54 Vgl.: Bestimmungen für den Bau von LS-Stollenanlagen. Fassung Juli 1943 (Eigenarchiv der Autoren).

55 Schultze, Hans-Eberhard: 150 KZ-Häftlinge bauten den Bunker. Zeuge der Arbeiten am Fichtenberg berichtet. In: Berliner Morgenpost, 25. November 1967.
56 Zeitsplitter. Steglitz im »Dritten Reich«. Begleitbroschüre zur Ausstellung im alten Rathaus Steglitz. Berlin, 1992. S. 33.
57 Ehemalige Luftschutzstollen unter dem Gelände in Berlin 41, Am Fichtenberg. In: Aktenbestand der Oberfinanzdirektion Berlin (OFD) (ohne Registratur-Nummer).
58 Wilcken, Katrin: Wo Fledermäuse im Winterquartier auf wärmere Wochen warten. Besuch im Bunker unter dem Fichtenberg. In: Berliner Morgenpost, 28. Januar 1996.
59 Lessen, Christian van: Noch weiterer Stollen unter dem Kreuzberg entdeckt. Möglicherweise alte Munition im Schutt – Suche nach dritter Anlage. In: Tagesspiegel, 10. April 1984.
60 Neue Zeugen melden sich zum Kreuzberg-Bunker. In: Berliner Morgenpost, 3. Dezember 1983.
61 Alte Fotos zeigen Eingänge zur Bunkerstadt unter dem Kreuzberg – Dokumente aus dem Nachlaß des ehemaligen Bauleiters. In: Berliner Morgenpost, 1. Dezember 1983.
62 LA Berlin, GBI, Rep. 107–119.
63 »Decknamenverzeichnis Deutscher unterirdischer Bauten des Zweiten Weltkrieges«. Hrsg. von Hans Walter Wichert. Marsberg, 1993. S. 39, 183.
64 Ebd., S. 38, 52 f.
65 Ebd., S. 38 f.
66 Tagesspiegel, 15. Februar 1950.
67 Decknamenverzeichnis. S. 39.
68 Ebd., S. 143.
69 Conin, Helmut: Gelandet in Berlin. Zur Geschichte der Berliner Flughäfen. Hrsg. von der Berliner Flughafengesellschaft. Berlin, 1974. S. 204 ff.
70 Decknamenverzeichnis. S. 5.
71 Ebd., S. 147.
72 Ebd.
73 Kuby, Erich. Die Russen in Berlin 1945. Wiederabdruck von 1965. Ulm 1988. S. 32.
74 »Grundsätzlicher Befehl für die Vorbereitung zur Verteidigung der Reichshauptstadt« vom 9. März 1945. Abgedruckt in: Der Todeskampf der Reichshauptstadt. Hrsg. von Bengt von zur Mühlen unter Mitarbeit von Frank Bauer, Karen Pfundt, Tony Le Tissier. Berlin-Kleinmachnow, 1994. S. 19–47, hier: S. 21.
75 Holzträger, Hans: Kampfeinsatz der Hitlerjugend im Chaos der letzten Kriegsmonate. Dinklage, 1995. S. 60.
76 Zerstört – Besiegt – Befreit. Der Kampf um Berlin bis zur Kapitulation 1945. Hrsg. von Hans-Norbert Burkert, Klaus Matußek und Doris Obschernitzki. Berlin 1985. S. 87.
77 Rein, Heinz: Finale Berlin. S. 14 f.
78 Altner, Helmut: Totentanz Berlin. Tagebuchblätter eines Achtzehnjährigen. Offenbach, 1947. S. 164 ff.
79 Todeskampf der Reichshauptstadt, S. 375.
80 Mabire, Jean: Berlin im Todeskampf 1945. Französische Freiwillige der Waffen-SS als letzte Verteidiger der Reichskanzlei. Coburg 1995. 2. Aufl. S. 271 ff.
81 Schenck, Ernst Günther: Das Notlazarett unter der Reichskanzlei. Ein Arzt erlebt Hitlers Ende in Berlin. Neuried 1995. 3. Aufl. S. 73 f.
82 Berlin im Zweiten Weltkrieg. Der Untergang der Reichshauptstadt in Augenzeugenberichten. Hrsg. von Hans Dieter Schäfer. München/Zürich 1991. 2. Aufl. S. 71.
83 Plievier, Theodor: Berlin. Wien/München/Basel 1954. S. 231 bis 238.
84 Kuby, Die Russen in Berlin. S. 84 ff.
85 Todeskampf der Reichshauptstadt, S. 206.
86 O'Donnell, James/Bahnsen, Uwe: Die Katakombe. Das Ende in der Reichskanzlei. München, 1977. S. 331 ff.
87 Mabire, Todeskampf. S. 382 ff.
88 Die Flaktürme wurden immer als Paare aufgestellt. Auf dem Geschützturm (G-Turm) stand die Flak, auf dem Leitturm (L-Turm) Funkmeßgeräte, die Daten und Schußwerte an den G-Turm übermittelten. Die Türme waren hierfür mit einem Kabeltunnel verbunden.
89 Meyer, Karen: Die Flutung des Berliner S-Bahn-Tunnels in den letzten Kriegstagen. Rekonstruktion und Legenden. Berlin, 1992. S. 44. Eine Übersicht der Reichsbahn vom 19. Dezember 1945 gibt die Anzahl mit 83 Toten an. Zit. nach: Groehler, Olaf: Die Neue Reichskanzlei. Das Ende. Berlin, 1995. S. 112.
90 Die Berliner U-Bahn in den letzten Kriegstagen. In: Berliner Verkehrsblätter (BVB). Band 15 (1968). S. 173.
91 Ebd., S. 174.
92 Roth, Kurt (Hg.): Die Post in Berlin 1237–1987. Berlin, 1987. S. 99.
93 Löhr, Hanns C.: Mythos und Wirklichkeit. Zur Baugeschichte der Bunker auf dem Gelände der ehemaligen Reichskanzlei. In: Der Bär von Berlin. Band 42 (1993), S. 139.
94 Ebd., S. 150. Anm. 54.
95 Demps, Laurenz: Berlin-Wilhelmstraße. Eine Topographie preußisch-deutscher Macht. Berlin, 1996. 2. Aufl., S. 235.
96 Metzkow, K. N.: Die Heizungs- und Lüftungsanlagen im Erweiterungsbau der Reichskanzlei Berlin. In: VDI-Zeitschrift. Bd. 83, Nr. 23. 10. Juni 1939. S. 699 ff.
97 Schönberger, Angela: Die Neue Reichskanzlei von Albert Speer. Zum Zusammenhang von nationalsozialistischer Ideologie und Architektur. Berlin, 1981. S. 156 f.
98 BA Koblenz. R 43 II/1300.
99 »Bei der ›Reichskanzlei-Legende‹ handelt es sich um die Behauptung, daß dieses Gebäude innerhalb von nur 10 Monaten […] entstand.« Vgl.: Schäche, Wolfgang: Architektur und Städtebau in Berlin zwischen 1933 und 1945. Planen und Bauen unter der Ägide der Stadtverwaltung. Berlin, 1991. S. 26, Anm. 19.
100 Luftbilder der Royal Air Force vom 6.9.1943, 11.4.1944, 22.3.1945 im Luftbildarchiv des Senats.
101 Ryan, Cornelius: Der letzte Kampf. München/Zürich, 1966. Die Abbildung des Führerbunkers zwischen den Seiten 224 und 225 wurde von fast allen Autoren übernommen.
102 Ramsey, Winston G. (Hrsg.): The Reichs Chancellery and the Berlin Bunker then and now. In: After the Battle, No. 61 (1988). S. 52. Die Publikation enthält Fotos während der Abrißarbeiten 1988, auf denen besagte Treppenanlage abgebildet ist.
103 Kernd'l, Alfred: Zeugnisse der historischen Topographie auf dem Gelände der ehemaligen Reichskanzlei Berlin-Mitte. Berlin, 1993.
104 Demps, Wilhelmstraße. S. 278 ff.

105 Erläuterungsbogen zur Skizze der vermuteten unterirdischen Anlagen – Bereich Unter den Linden bis Voßstraße. Unterlagen des Grenzkommandos Mitte 1971 und Folgejahre. Archiv der Polizeihistorischen Sammlung.
106 Ebd., Objekt Nr. 36.
107 Demps, Wilhelmstraße. S. 306.
108 Kernd'l, Alfred: Wandbilder im Fahrerbunker auf dem Gelände der ehemaligen Neuen Reichskanzlei in Berlin-Mitte. In: Der Nationalsozialismus als politische Religion. Hrsg. von M. Ley und J.H. Schoeps. Bodenheim bei Mainz, 1997. S. 252 ff.

Trümmerberge und Fluchttunnel

1 Times, 4. Mai 1945. Zit. nach: Gosztony, Peter (Hg.): Der Kampf um Berlin in Augenzeugenberichten. Düsseldorf, 1970. S. 387.
2 Westermann-Atlas für Berliner Grundschulen. Berlin, 1972. 4. Aufl., S. 26.
3 Burkert, Hans-Norbert/Matußek, Klaus/Obschernitzki, Doris (Hg.): Zerstört – Besiegt – Befreit. Der Kampf um Berlin bis zur Kapitulation 1945. Berlin, 1985. S. 244.
4 Der Wohnraumverlust im Vergleich: Köln 70 %, Hamburg 53,2 %, Dresden 39,2 %, Berlin 36 %. Zahlenangaben nach: Groehler, Olaf: Bombenkrieg gegen Deutschland. Berlin, 1990, S. 447 f.
5 Neue Bauwelt, Nr. 5 (1947), S. 66.
6 Lingner, Reinhold: Die Unterbringung unverwertbaren Trümmerschuttes in Berlin als Problem der Stadtplanung. In: Planen und Bauen. Band 4, Heft 5 (1950). S. 158.
7 Ein Schuttversteck in der Innenstadt. In: Neue Bauwelt, Band 1 (1946). S. 2.
8 Kerger, Rudolf: Die Wiederherstellung des zerstörten Tunnels der Berliner Nord-Süd-S-Bahn. In: Neue Bauwelt. Heft 3 (1946). S. 8.
9 Nord-Süd-Bahn. Vom Geistertunnel zur City-S-Bahn. Berlin, 1992. S. 43.
10 Die Berliner U-Bahn in den letzten Kriegstagen. In: Berliner Verkehrsblätter. Bd. 15 (1968). S. 172 f.
11 »Die Strominsel. Von der Spaltung zur Wiedervereinigung«. BEWAG-Video des Vorstandsreferats Öffentlichkeitsarbeit. Berlin, Juli 1993.
12 Lemke, Ulrich/Poppel, Uwe: Berliner U-Bahn. Düsseldorf, 1985. S. 55, 103, 113.
13 Die Berliner S-Bahn vor 50 Jahren. Ein Rückblick auf das Kriegsende. In: Signal. Heft 3–4 (1995). S. 18.
14 Berlins Hochbunker – ein Jahr nach dem Kriege. In: Der Kurier, 13. März 1946.
15 Der Abend, 4. November 1946.
16 Bunker werden entmilitarisiert. In: Die Welt, 19. Februar 1949.
17 Bunker verschwinden. In: Neue Zeit, 12. November 1946.
18 Foedrowitz, Michael: Die Flaktürme in Berlin, Hamburg und Wien 1940–1950. Wölfersheim-Berstadt, 1996. S. 15.
19 Kultur, Pajoks und Care-Pakete. Eine Berliner Chronik 1945 bis 1949. Hrsg. von Winfried Ranke, Carola Jüllig, Jürgen Reiche, Dieter Vorsteher. Berlin, 1990. S. 172.
20 Gräser, H.: »Gustav« verlor nie die Nerven. In: Berliner Morgenpost, 2. März 1958.
21 Berlin im Schatten der Bunker. In: Der Abend, 12. November 1949.
22 Olympiastadion gefährdet. In: Tagesspiegel, 15. Februar 1950.
23 »Ottos« letzte Stunde hat jetzt geschlagen. In: Berliner Morgenpost, 25. April 1957.
24 Folgen einer Bunkersprengung. In: Neue Zeit, 4. November 1949.
25 Reichhardt, Hans: Notizen zur Ausstellung. In: Von Berlin nach Germania. Über die Zerstörungen der Reichshauptstadt durch Albert Speers Neugestaltungsplanungen. Hrsg. von Hans J. Reichhardt und Wolfgang Schäche. Berlin, 1990. 5. Aufl., S. 64.
26 Roth: Die Post in Berlin, S. 296.
27 Berlins höchster Berg kostet 25 Millionen. In: Tagesspiegel, 15. November 1957.
28 Ebd.
29 Kohnz, Manfred: »Auf den Spuren verschollener Bilder. Hobbybergsteiger suchen im Bunker unter dem Volkspark Friedrichshain nach Kunstwerken«. In: Die Welt, 6. Juli 1993.
30 Pankow baut Luftschutzbunker. In: Tagesspiegel, 3. Mai 1951.
31 Der Morgen, 26. Juni 1951.
32 Wiendieck, Karl: Kritisches zum Schutzraumbau. In: Bauwelt. Bd. 43 (1952). S. 799.
33 Schoßberger, Hans: Randbemerkungen zum Merkblatt »Bautechnischer Luftschutz«. In: Bauwelt. Bd. 43 (1952). S. 461 ff.
34 Ebd., S. 455.
35 Ebd., S. 456.
36 Kremer, Bernd: Der kluge Mann baut tief. Was Hausbesitzer, Mieter und Architekten vom Schutzbau wissen müssen. Neuenbürg, 1963.
37 Anordnung der Alliierten Kommandantur Berlin BK/O (65) 11, vom 1. Oktober 1965.
38 600000 Westmark für Bunkerbauten. In: Nachtexpreß, 22. April 1951.
39 Pressedienst des Landes Berlin. 14. Oktober 1965, Nr. 202. S. 5.
40 Bülow, Heinz: U-Bahnstreckeneröffnung bringt neue Netzverknüpfung. In: Berliner Bauwirtschaft, 19 (1977). S. 484.
41 Wittke, Siegfried: Mehrzweckbau U-Bahnhof Siemensdamm. In: Berliner Bauwirtschaft – Sonderheft »Bauwochen« 1980. S. 13 ff.
42 Bülow, U-Bahnstreckeneröffnung. S. 487 f.
43 Beuke, Hans-Joachim: Öffentliche Zivilschutzbauten in Berlin. Dossier der Senatsverwaltung für Bauen, Wohnen und Verkehr. April 1996.
44 Kleine Anfrage Nr. 1380 des AL-Abgeordneten Klaus-Jürgen Schmid vom 30. August 1982 und Antwort des Innensenators Lummer vom 17. September 1982. Abgeordnetenhaus von Berlin – 9. Wahlperiode. Drucksache 9/771.
45 Funke, Rainer: Berlin verbunkert bis in alle Ewigkeit? In: Neues Deutschland, 22. Oktober 1994.
46 Daten aus dem Museum für Post- und Kommunikationsgeschichte, An der Urania.
47 Streek, Stadtrohrpost. S. 459.
48 Vgl. die Kapitel bei: Steinwasser, Fritz: Berliner Post. Ereignisse und Denkwürdigkeiten seit 1237. Berlin (Ost), 1987.

S. 460–501, und: Roth, Kurt (Hg.): Die Post in Berlin 1237 bis 1987. Berlin (West), 1987. S. 234–315.

49 Der Berliner »Briefmarkenkrieg«. Ein posthistorischer Rückblick, entnommen den Jahresberichten der Hauptverwaltung für das Post- und Fernmeldewesen. Jahrgang 1948/49 im Museum für Post und Kommunikation an der Urania.

50 Rohrpost- und Eilzustellungen im sowjetischen Sektor. In: Nachtexpreß, 19. 2. 1949. S. 4.

51 Kehler, Ernst: Einblicke und Einsichten. Berlin, 1989. S. 354.

52 Pomplun, Kurt: Die rote Laterne draußen am Postamt gab gelegentlich zu Mißverständnissen Anlaß. In: Berliner Morgenpost, 1. Dezember 1976.

53 Bruns, Hildburg/Hildebrandt, Uta: Idee gegen Stau: Riesen-Rohrpost in Berlin. In: Bild-Berlin, 15. Juni 1995.

54 Kehler, Einblicke. S. 354.

55 Roth, Die Post in Berlin. S. 244.

56 Ebd., S. 236f.

57 Le Tissier, Tony: Berlin – damals und heute. London 1994. S. 373.

58 Das Folgende basiert auf einer Serie von Heun, Michael/Schier, Dietrich: Tunnelspione. In: Berliner Morgenpost, März 1994.

59 Tunnelspione, Teil 4. In: Berliner Morgenpost, 9. März 1994.

60 »Tunnelreste – Kalter Krieg zum Anfassen«. Tunnelspione, Teil 5. In: Berliner Morgenpost, 10. März 1994.

61 »Operation Gold: Lauschangriff im Spionage-Tunnel zwischen Neukölln und Treptow.« Tunnelspione, Teil 1. In: Berliner Morgenpost, 6. März 1994.

62 Zit. nach: Der Spionagetunnel bei Alt-Glienicke. In: Nationalzeitung, 4. Oktober 1983.

63 Operation Gold. In: Berliner Morgenpost, 6. März 1994.

64 Wieder USA-Wühlmäuse am Werk? In: Neues Deutschland, 23. Dezember 1957.

65 Ebd.

66 Licht in das Dunkel der Tunnelaffäre: Drei dumme Jungen. In: Berliner Morgenpost, 13. Januar 1958.

67 »Flüchtlingsgruppe durch Tunnel nach West-Berlin«. In: Kurier, 18. Mai 1962.

68 Luft, Markus: »Der Schrecken unter der Stadt«. In: GEO Nr. 1, 6. Februar 1991.

69 Hildebrandt, Rainer: »Nach zwei Nächten kam das dramatische Ende«. In: Tagesspiegel, 5. Oktober 1994.

70 Le Tissier, Berlin – damals und heute. S. 396.

71a Hildebrandt, Nach zwei Nächten. In: Tagesspiegel, 5. Oktober 1994.

71b »SED-Propaganda um Flüchtlingstunnel«. In: Kurier, 2. Februar 1962.

72 »Senatssprecher deckten Wühlmäuse«. In: BZ am Abend, 2. Februar 1962.

73 Die folgenden Ausführungen basieren auf Unterlagen aus dem Haus am Checkpoint Charlie.

74 Bär, Klaus: »Wir gruben, bis uns die Hände blutig waren.« In: Quick, Januar 1972.

75 Link, Michael: Geheimgang endete unter einem Grabstein. In: Berliner Morgenpost, 9. März 1990.

76 «Der Dritte Mann wartete im Grab. – »Unternehmen Reisebüro« – Die organisierte Flucht durch die Mauer. In: Der Spiegel. Nr. 13 (1962). S. 40ff.

77 Fluchtversuch unter der Erde vereitelt. In: Der Abend, 6. November 1961.

78 »Flucht« unter Tage war nur für Ratten möglich. In: Tagesspiegel, 31. Juni 1990.

79 Knobloch, Heinz/Richter, Michael/Wenzel, Thomas: Geisterbahnhöfe. Westlinien unter Ostberlin. Berlin, 1992. S. 109.

80 VD Trapo 6/73, Bl. 5. Archiv der Polizeihistorischen Sammlung, Platz der Luftbrücke.

81 Seefeld/Günther, »Blinde Tunnels«, Teil 1. In: Verkehrsgeschichtliche Blätter. Heft 2 (1994), S. 36.

82 Interview mit Martina Reuter, 6. September 1995.

Unterwelt im Untergrund

1 Rosenkranz, Karl: Die Topographie des heutigen Paris und Berlin. Zwei Vorträge. Königsberg, 1850. S. 63f.

2 Ebd.

3 Die Geheimnisse von Berlin. Aus den Papieren eines Berliner Kriminalbeamten. Berlin, 1987. S. 23

4 Gurk, Paul: Tresoreinbruch. Berlin, 1981.

5 Ebd., S. 46.

6 Ebd., S. 87.

7 Ebd., S. 14.

8 Ebd., S. 72.

9 Ebd., S. 78.

10 Ebd., S. 110.

11 Ebd., S. 149.

12 Zu den Beziehungen zwischen Roman und den historischen Geschehnissen vgl. das Nachwort zu diesem Band von Schwerk, Ekkehart: Die Brüder aus der Birkenstraße: Franz und Erich Sass. Ebd., S. 187–204.

13 Göpfert, Peter Hans: Die Brüder Sass wurden Literatur. In: Berliner Morgenpost, 28. März 1981, S. 70.

14 Schwerk, Ekkehart: Die Meisterdiebe von Berlin. Die »goldenen Zwanziger« der Gebrüder Sass. Sonntagsserie. In: Tagesspiegel, 27. September – 19. November 1981.

15 Schwerk, Die Brüder aus der Birkenstraße. In: Gurk, Tresoreinbruch, S. 204.

16 Berliner Morgenpost, 10. Oktober 1993.

17 Aus der Urteilsbegründung gegen die Gebrüder Sass, Polizeihistorisches Archiv, S. 22.

18 Schwerk, Die Meisterdiebe von Berlin. Teil 5. In: Tagesspiegel, 25. Oktober 1981. S. 54.

19 Urteilsbegründung, S. 33f.

20 Urteilsbegründung, S. 34f.

21 Schwerk, Die Meisterdiebe von Berlin. Teil 5, Tagesspiegel, 25. Oktober 1981, S. 54.

22 Ebd., Teil 3, Tagesspiegel, 11. Oktober 1981. S. 54.

23 Ebd., Teil 6, Tagesspiegel, 1. November 1981. S. 49.

24 Ebd., Teil 7, Tagesspiegel, 8. November 1981, S. 52.

25 Ebd.

26 Ebd., Teil 8, Tagesspiegel, 15. November 1981, S. 54.

27 Ebd.

28 Schwerk, Die Meisterdiebe von Berlin. Teil 1, Tagesspiegel, 27. September, S. 52

29 BZ, 17. April 1996, S. 33.

30 Sandmeyer, Peter: Das Geständnis des Tunnelgangsters. In: Stern, Nr. 40–42, 1995.
31 Die Welt, 3. Juli 1995.
32 Czurgel, Klaus: Berliner Verkehrswege im Tunnelbau – Dokumentation des »Zehlendorfer Tunnels«. Seminararbeit der Technischen Universität. Berlin, 1996.
33 Tagesspiegel, 28. Juni 1995.
34 Czurgel, Berliner Verkehrswege, S. 8 f.
35 Ebd., S. 6
36 Ebd., S. 5.
37 Ebd., S. 6.
38 Sandmeyer, Das Geständnis. Teil 1. In: Stern, Nr. 40 (1995). S. 28.
39 Ebd.
40 Doch nur dumme Bankräuber. In: Frankfurter Rundschau, 22. Juli 1995.
41 »Dagobert« flüchtete durch die Kanalisation. In: Frankfurter Allgemeine Zeitung, 21. April 1993.
42 Günther, Inge: Nicht der Mythos Dagobert, sondern Arno Funke stand vor Gericht. In: Frankfurter Rundschau, 15. März 1995.
43 »Dagobert«: Sportliches Gefühl bei der Festnahme. In: Berliner Morgenpost, 25. Januar 1995.

Umbrüche und neue Dimensionen

1 Meyer-Kronthaler, Jürgen/Kramer, Wolfgang: Berlins S-Bahnhöfe. Berlin 1998. Vgl. S. 73, 289 f., 311, 320 f.
2 Unterwelt-Mauer fällt. In: Der Morgen, 13. Juli 1990.
3 »Flucht« unter Tage war nur für Ratten möglich. In: Der Tagesspiegel, 31. Juli 1990.
4 Berliner Wasser Betriebe (Hrsg.): Klares Wasser – klare Information. Berlin 1996. S. 5.
5 Posch, Michael/Werner, Hendrik: Berlin platzt aus allen Rohren. In: Berliner Morgenpost, 21. Oktober 1997.
6 Hasselmann, Jörn: Rätselhafte Flut am Alex: Straßen brachen ein. In: Der Tagesspiegel, 15. Januar 1999.
7 Hasselmann, Jörn: Gefahr im Untergrund: Austausch alter Rohre würde 50 Jahre dauern. In: Der Tagesspiegel, 27. Januar 1999.
8 Heimann, Gideon: Lassen Berliner zuwenig Wasser laufen? In: Der Tagesspiegel, 18. Dezember 1998.
9 Diercks, F./Hasse, T./Kröning, O.: Räumen Sie Ihre Keller. In: BZ, 23. Januar 1999.
10 »Weltpremieren sind immer gut«. In: Breites Blatt. Nr. 10, August 1998.
11 Auch unter dem Potsdamer Platz wird es reichlich eng werden. In: Der Tagesspiegel, 28. Oktober 1992.
12 DaimlerBenz – Potsdamer Platz. Chronik 1994/95 – Das Jahr im Überblick. Hrsg. von der Debis-Immobilienmanagement. Berlin 1995. S. 17.
13 DaimlerBenz – Potsdamer Platz. Chronik 1996 – Das Jahr im Überblick. Hrsg. von der Debis-Immobilienmanagement. Berlin 1996. S. 14.
14 Neumann, Peter: Am Gleisdreieck sackt der Tiergartentunnel in die Tiefe. In: Berliner Zeitung, 28.– 29. Dezember 1996.
15 Kindermann, Klemens: Herz der Moderne neben Bunkerstaub. In: Handelsblatt, 12.–13. Dezember 1997
16 Neues Tunnel-Labyrinth unter der Spree. In: Berliner Zeitung, 20. März 1996.
17 Boeing, Niels: Der Öko-Reichstag. In: Die Woche, 10. Juli 1998. S. 22.
18 Kurbjuweit, Klaus: Bahn erfüllt sich Jahrhunderttraum. In: Der Tagesspiegel, 17. September 1996.
19 Gympel, Jan: Der Tiergarten-Tunnel. In: »Tunnelmania«. Licht und Schatten im Untergrund. Berlin 1996. S. 102.
20 Cramer, Michael: Tunnelbau zu Babel. In: Frankfurter Rundschau, 31. Januar 1996.
21 Hoffmann-Axthelm, Dieter: Der Tunnel ist Selbstlähmung. In: die tageszeitung, 15. März 1996.
22 Cramer, Michael: Die Berliner Verkehrspolitik ist absurd. In: Frankfurter Allgemeine Zeitung, 2. Januar 1997.
23 Bahr, Christian: Kein Sonntagsspaziergang. In: Berliner Morgenpost, 12. Juli 1997.
24 Bahr, Christian, u. a.: Stein im Beton – die Ursache? In: Berliner Morgenpost, 11. Juli 1997.
25 Kurpjuweit, Klaus: Ein kleiner Wasserstrahl mit sehr großen Folgen. In: Der Tagesspiegel, 11. Juli 1997; Sanierung des Tiergartentunnels begann erst jetzt. In: Berliner Morgenpost, 8. Januar 1998.
26 Bahr, Christian: Millionenschaden durch Grundwassereinbruch: Tunnelbaustelle am Schöneberger Ufer geflutet. In: Berliner Morgenpost, 11. Juli 1997.
27 Kurbjuweit, Klaus: Tunnelbau bereits weit hinter dem Zeitplan. In: Der Tagesspiegel, 11. September 1997.
28 Wassereinbruch beim Tiergartentunnelbau. In: Gegenverkehr. Rundbrief der BI Westtangente. Heft 1, August 1997. S. 12 f.
29 Hasse, Torsten: Das sah Berlin noch nie – die Spree wird umgeleitet. In: BZ, 3. Juli 1996.
30 Paul, Ulrich: Ein U-Bahn-Tunnel namens Hanna-Renate. In: Berliner Zeitung, 13. November 1997.
31 Neumann, Peter: Die Tunneltram steht auf dem Abstellgleis. In: Berliner Zeitung, 23. Oktober 1997.
32 Meyer-Kronthaler: Berlins U-Bahnhöfe. Vgl. S. 119, S. 199.
33 Kreuzungsfrei in alle Richtungen. In: Punkt 3, 5/98. S. 4
34 Die Strominsel. Von der Spaltung zur Wiedervereinigung. Video der BEWAG. Berlin 1993.
35 Transport in Infrastrukturkanälen: Hängebahn als Krananlage nutzbar. In: Allgemeine Bauzeitung, 10. Juli 1998. S. 7.
36 Spannung im Tunnel: Stromkabel von Ost und West. In: Der Tagesspiegel, 30. April 1998.
37 Le Tissier: Berlin – damals und heute. S. 148.
38 Parotkin, I. W.: Der letzte Schlag. In: Zeitschrift für Militärgeschichte. Band 4 (1965). S. 240. Zit. nach: Schäfer, Hans Dieter (Hrsg.): Berlin im zweiten Weltkrieg. Die Untergang der Reichshauptstadt in Augenzeugenberichten. München/Zürich 1991. S. 71.
39 Beseitigung und Untersuchung von Kampfmitteln, Explosivstoffen. Sonderausstellung der Polizeihistorischen Sammlung. Berlin 1996. Im Eigenarchiv der Autoren.
40 50 Jahre nach Kriegsende: Berlin noch immer auf dem Pulverfaß. In: Berliner Morgenpost, 17. September 1995.

41 Beseitigung und Untersuchung von Kampfmitteln.
42 Der Baugrund für die Bonner ist noch voller Bomben. In: Berliner Zeitung, 25. Juli 1996.
43 Luxus-Klos im Nazi-Bunker am Brandenburger Tor. In: Berliner Kurier, 31. Januar 1997.
44 Unterwassertunnel nach fünfzig Jahren erstmals wieder geöffnet. In: Der Tagesspiegel, 13. Dezember 1996.
45 Posch, M./Grabitz, I.: Stasi versteckte Bunkerpläne. In: Berliner Morgenpost, 26. Februar 1997.
46 Grenztruppen der DDR übersahen Geheimgang. In: Der Tagesspiegel, 21. März 1997.
47 »Operation Gold«. In: Der Spiegel, Nr. 39 (1997). Conrad, Andreas: Eine Versöhnung im Tunnel. In: Der Tagesspiegel, 23. September 1997.

Epilog

1 Faltblatt »Das unterirdische Zeitz«. Hrsg. Unterirdisches Zeitz e. V. 1997.
2 Posch, Michael/Merten, Jola: Von Bunkern, Trockenklos und anderen Kuriositäten. Andrang beim Denkmalstag. In: Berliner Morgenpost, 14. September 1998.
3 Riedle, Gabriele: Aus der Tiefe der Berliner Republik: Ein Gang durch Abwasserkanäle, funktionslose U-Bahnschächte, Rohrpostanlagen, Nazibunker und Fluchttunnel. In: Die Woche Extra, Weihnachten/Neujahr 1999, S. 23.
4 »Even as the nation craves a future in which it can come to terms with its modern history, it is undermined by the past.« Cowell, Alan: Underground History surfaces again in Berlin. In: New York Times, 8. April 1998.
5 Wend, Diethard: Nächtliches Abenteuer im Cabrio. In: Bezirksjournal Pankow. Nr. 8, August 1997. S. 11.
6 Stollowsky, Christoph: Geheime Orte. Verwunschene Ecken, verbotene Stätten. Berlin 1996.
7 Winckler, Katja: Tanztheater mit Tiefgang. In: Der Tagesspiegel, 18. Juni 1998.
8 Stauffenberg, Georg von (Hrsg.): Auf den Spuren der großen Stadt. Werbebroschüre. Berlin (1997).
9 Cocozza, Adriano: Zur Zeitreise in den Atombunker. In: Die Welt, 17. Oktober 1998.
10 Berliner Geschichte(n) werden zum Erlebnis. In: Berliner Wirtschaft, November 1998. S. 91.
11 Arnold, Dietmar und Ingmar: Schloßfreiheit – vor den Toren des Stadtschlosses. Berlin 1998. S. 123 f.
12 Poppel, Uwe: Mühlendamm-Tunnel verfüllt. In: BVB. Bd. 44, H. 10 (1997). S. 206 f.
13 Römer, Frank: Das älteste Haus von Alt-Cölln. In: Archäologie in Berlin und Brandenburg 1997. Hrsg. von der Archäologischen Gesellschaft in Berlin und Brandenburg e. V. Stuttgart 1998. S. 80–82.
14 Friedel, Domenica: Ich war eine Dose. Sündenfall der Kultur: Ben Wargins Kunsttunnel wird gedeckelt. In: Der Tagesspiegel, 4. Juli 1997.
15 Regierungsbau der Zukunft über Berlins Vergangenheit. In. Der Tagesspiegel, 28. Juli 1997.
16 Wagner, Karin: Archäologische Denkmalpflege in Berlin 1997. In: Archäologie in Berlin und Brandenburg 1997, S. 18.
17 Dobberke, Cay: Ein neuer Stadtteil auf dem alten Brauereigelände. In: Der Tagesspiegel, 22. Mai 1998.
18 Dobberke, Cay: Durch Torhäuser zu Lofts und Büros. In: Der Tagesspiegel, 23. August 1998.
19 Scheuring, Andrea: Maulwürfe im Bierkeller. In: Berliner Zeitung, 9. März 1992.
20 Gesetz zum Schutz von Denkmalen in Berlin. (Denkmalschutzgesetz Berlin – DSchG Bln) vom 24. 4. 1995. Hier § 2 (2).
21 Garsoffky, Susanne/Diering, Frank: Was tun mit den Berliner Bunkern? In: Berliner Morgenpost, 13. Februar 1995.
22 Im Grunewald – Bunker werden unter Dünen begraben. In: Berliner Morgenpost, 3. Januar 1997.
23 Das Folgende beruht auf einer Presseerklärung der »Berliner Unterwelten« e. V. vom 11. Februar 1998.
24 Vgl. Der Spiegel, 8/1998, S. 28.
25 Die Bunkeranlage auf dem Grundstück Wilhelmstraße 72 – Ministergärten in Berlin-Mitte. Bearbeitet von Peter R. Fuchs. Skript. Berlin 1998. S. 2

Literaturverzeichnis

Benutzt wurden unveröffentlichte Materialien aus folgenden Archiven

Bundesarchiv (BA), Koblenz
Bundesarchiv (BA), Abteilung Potsdam
Bundesarchiv-Militärarchiv (BAMA), Freiburg
BVG-Archiv, Berlin
Haus am Checkpoint Charlie
Landesarchiv (LA) Berlin
Museum für Post- und Kommunikation, Berlin
Polizeihistorische Sammlung, Berlin
Senatsverwaltung für Bauen, Wohnen und Verkehr, Berlin
Sonderarchiv Moskau

Verwendete Literatur

Altner, Helmut: Totentanz Berlin. Tagebuchblätter eines Achtzehnjährigen. Offenbach 1947.

Arnold, Dietmar und Ingmar: Schloßfreiheit – vor den Toren des Stadtschlosses. Berlin 1998.

Die technischen Anlagen des Reich-Postamtes. In: Festschrift zur XXXV. Hauptversammlung des Vereins Deutscher Ingenieure Berlin 1894. Berlin 1896.

Berlin 1945. Eine Dokumentation. Hrsg. von Reinhard Rürup. Berlin 1995.

Berlin im Zweiten Weltkrieg. Der Untergang der Reichshauptstadt in Augenzeugenberichten. Hrsg. von Hans Dieter Schäfer. München/Zürich 1991. 2. Aufl.

Berlin und seine Bauten. Bd. 1. Berlin 1896.

Berliner Wasser Betriebe (Hrsg.): Klares Wasser – klare Information. Berlin 1996.

Borkenhagen, Erich: Schultheiss-Brauerei 1842-1967. Berlin, 1967.

Bousset, Johannes: Die Berliner U-Bahn. Berlin 1935.

Ders.: Die Erweiterungen der elektrischen Hoch- und Untergrundbahn im Westen Berlins. Berlin 1914.

Die Bunkeranlage auf dem Grundstück Wilhelmstraße 72 – Ministergärten in Berlin-Mitte. Bearbeitet von Peter R. Fuchs. Skript. Berlin 1998.

Brozat, Dieter: Der Berliner Dom und die Hohenzollerngruft. Berlin 1985.

Conin, Helmut: Gelandet in Berlin. Zur Geschichte der Berliner Flughäfen. Hrsg. von der Berliner Flughafengesellschaft. Berlin 1974.

Czurgel, Klaus: Berliner Verkehrswege im Tunnelbau - Dokumentation des »Zehlendorfer Tunnels«. Seminararbeit der Technischen Universität. Berlin 1996.

Daimler Benz – Potsdamer Platz. Chronik 1994/95 – Das Jahr im Überblick. Hrsg. von der Debis-Immobilienmanagement. Berlin 1995.

Daimler Benz – Potsdamer Platz. Chronik 1996 – Das Jahr im Überblick. Hrsg. von der Debis-Immobilienmanagement. Berlin 1996.

Decknamenverzeichnis Deutscher unterirdischer Bauten des Zweiten Weltkrieges. Hrsg. von Hans Walter Wichert. Marsberg 1993.

Demps, Laurenz. Berlin-Wilhelmstraße. Berlin 1996. 2. Aufl.

Döblin, Alfred: Berlin-Alexanderplatz. Die Geschichte des Franz Bieberkopf. Olten 1980.

Ehlert, Hans: Schultheiss-Patzenhofer 1871-1921. Ein Rückblick. Berlin 1921.

Foedrowitz, Michael: Die Flaktürme in Berlin, Hamburg und Wien 1940-1950. Wölfersheim- Berstadt 1996.

Die Geheimnisse von Berlin. Aus den Papieren eines Berliner Kriminalbeamten. Berlin 1987.

Girbig, Werner: Im Anflug auf die Reichshauptstadt. Die Dokumentation der Bombenangriffe auf Berlin - stellvertretend für alle anderen Städte. Stuttgart 1970.

Gottschalk, Wolfgang: Alt-Berliner Kirchen in historischen Ansichten. Leipzig 1986. 2. Aufl.

Groehler, Olaf: Bombenkrieg gegen Deutschland. Berlin 1990.

Ders.: Die Neue Reichskanzlei. Das Ende. Berlin 1995.

Gurk, Paul: Tresoreinbruch. Berlin 1981.

Gympel, Jan: Tunnel mit Tiefgang. Mit der U-Bahn durch Berlin. Berlin 1993.

Ders.: Der Tiergarten-Tunnel. In: »Tunnelmania«. Licht und Schatten im Untergrund. Hrsg. von Jan Gympel u.a. Berlin 1996. S. 96-106.

Hach, Arno: Alt-Berlin im Spiegel seiner Kirchen. Rückblick in die versunkene Altstadt. Berlin 1933.

Hampe, Erich: Der Zivile Luftschutz im Zweiten Weltkrieg. Frankfurt/Main 1963.

Heun, Michael/ Schier, Dietrich: Tunnelspione. Serie. In: Berliner Morgenpost, März 1994.

Holzträger, Hans: Kampfeinsatz der Hitlerjugend im Chaos der letzten Kriegsmonate. Dinklage 1995.

Kaiser, Gerhard: Sperrgebiet. Die geheimen Kommandozentralen in Wünsdorf seit 1871. Berlin 1993.

Kampe, Hans Georg: Die Bunkeranlagen von Zossen. Berlin 1994.

Der Kampf um Berlin in Augenzeugenberichten. Hrsg. von Peter Gosztony. Düsseldorf 1970.

Kernd'l, Alfred: Wandbilder im Führerbunker auf dem Gelände der ehemaligen Neuen Reichskanzlei, Berlin Mitte. In: Der Nationalsozialismus als politische Religion. Hrsg. von M. Ley und J.H. Schoeps. Bodenheim bei Mainz 1997. S. 252ff..

Ders.: Zeugnisse der historischen Topographie auf dem Gelände der ehemaligen Reichskanzlei Berlin-Mitte. Berlin 1993

Knobloch, Heinz/ Richter, Michael/ Wenzel, Thomas: Geisterbahnhöfe. Berlin 1992.

Knobloch, Heinz: Angehaltener Bahnhof. Fantasiestücke, Spaziergänge in Berlin. Berlin 1984.
Kremer, Bernd: Der kluge Mann baut tief. Was Hausbesitzer, Mieter und Architekten vom Schutzbau wissen müssen. Neuenbürg 1963.
Kuby, Erich: Die Russen in Berlin 1945. Nachdruck von 1965. Ulm 1988.
Kuhlmann, Bernd: Eisenbahn-Größenwahn in Berlin. Die Planungen von 1933-1945. Berlin 1996.
Kultur, Pajoks und Care-Pakete. Eine Berliner Chronik 1945-1949. Hrsg. von Winfried Ranke, Carola Jüllig, Jürgen Reiche, Dieter Vorsteher. Berlin 1990.
Lang, Barbara: Unter Grund. Ethnographische Erkundungen in der Berliner U-Bahn. Studien und Materialien des Ludwig-Uhland-Instituts der Universität Tübingen. Bd. 14. Tübingen 1994.
Langbein, Fritz: Der Werdegang der Berliner Stadtentwässerung. In: Fünfzig Jahre Berliner Stadtentwässerung 1878 - 1928. Hrsg. von Fritz Langbein und Hermann Hahn. Berlin 1928. S. 13-55.
Lemke, Uwe/ Poppel, Uwe: Berliner U-Bahn. Düsseldorf 1985. (3. Aufl.: 1992)
Le Tissier, Tony: Berlin - damals und heute. London 1994.
Löhr, Hanns C.: Mythos und Wirklichkeit. Zur Baugeschichte der Bunker auf dem Gelände der ehemaligen Reichskanzlei. In: Der Bär von Berlin. Bd. 42 (1993). S. 139-151.
Mabire, Jean: Berlin im Todeskampf 1945. Französische Freiwillige der Waffen-SS als letzte Verteidiger der Reichskanzlei. Coburg 1995. 2. Aufl.
Meyer, Karen: Die Flutung des Berliner S-Bahn-Tunnels in den letzten Kriegstagen. Berlin 1992.
Meyer-Kronthaler, Jürgen: Berlins U-Bahnhöfe. Die ersten hundert Jahre. Berlin 1995.
Meyer-Kronthaler, Jürgen / Kramer, Wolfgang: Berlins S-Bahnhöfe. Berlin 1998.
Müller, Adriaan von: Unter dem Pflaster Berlins. Zehntausend Jahre Geschichte in Bildern. Ein archäologischer Streifzug. Berlin 1995.
Nord-Süd-Bahn. Vom Geistertunnel zur City-S-Bahn. Hrsg. von der Interessengemeinschaft Eisenbahn und Nahverkehr (IGEV) e.V. Berlin 1992.
Nungesser, Michael: Das Denkmal auf dem Kreuzberg von Karl Friedrich Schinkel. Berlin 1987.
Orgel-Köhne, Liselotte und Armin/ Grothe, Jürgen: Zitadelle Spandau. Berlin 1978.
O'Donnell, James/ Bahnsen, Uwe: Die Katakombe. Das Ende in der Reichskanzlei. München 1977.
Plievier, Theodor: Berlin. Wien/München/Basel 1954.
Die Post in Berlin 1237-1987. Hrsg. von Kurt Roth. Berlin 1987.
Randzio, Ernst: Unterirdischer Städtebau. Bremen 1951.
The Reichs Chancellery and the Berlin Bunker then and now. Hrsg. von Winston G. Ramsay. After the Battle, Nr. 61 (1988).
Rein, Heinz: Finale Berlin. Berlin 1948.
Ribbe, Wolfgang: James Hobrecht. In: Baumeister - Architekten - Stadtplaner. Biographien zur baulichen Entwicklung Berlins. Hrsg. von Wolfgang Ribbe und Wolfgang Schäche. Berlin 1987. S. 219-226.
Römer, Frank: Das älteste Haus von Alt-Cölln. In: Archäologie in Berlin und Brandenburg 1997. Hrsg. von der Archäologischen Gesellschaft in Berlin und Brandenburg e. V. Stuttgart 1998.
Rosenkranz, Karl: Die Topographie des heutigen Paris und Berlin. Zwei Vorträge. Königsberg 1850.
Ryan, Cornelius: Der letzte Kampf. München / Zürich 1966.
Sack, Manfred / Seidel, Peter/ Klemp, Klaus: Unterwelten - Orte im Verborgenen/ Sites of Concealment. Tübingen/Berlin1993.
Schäche, Wolfgang: Architektur und Städtebau in Berlin zwischen 1933 und 1945. Planen und Bauen unter der Ägide der Stadtverwaltung. Berlin 1991.
Schenck, Ernst Günther: Das Notlazarett unter der Reichskanzlei. Ein Arzt erlebt Hitlers Ende in Berlin. Neuried 1995. 3. Aufl.
Schierer, Heinz: Die Befestigungen Berlins zur Zeit des Großen Kurfürsten. Berlin 1939.
Schönberger, Angela: Die Neue Reichskanzlei von Albert Speer. Zum Zusammenhang von nationalsozialistischer Ideologie und Architektur. Berlin 1981.
Schwerk, Ekkehart. Die Meisterdiebe von Berlin. Die »goldenen Zwanziger« der Gebrüder Sass. Sonntagsserie. In: Der Tagesspiegel, 27. September-19. November 1981.
Schulze-Besse, H.: Aus der Geschichte des Berliner Brauwesens und seiner Braumeister. Berlin 1927.
Seefeldt, Alexander/ Günther, Michael: »Blinde Tunnels unter Berlins Pflaster. Unterirdische Bahnanlagen als Bauvorleistungen und Investruinen«. In: Verkehrsgeschichtliche Blätter, H. 2 (1994). S. 26-38., H. 3 (1994), S.63-71, H. 4 (1994). S. 87-92, H. 5 (1994), S. 118-121.
Das Sieges-Denkmal auf dem Kreuzberge bei Berlin. Berlin 1824.
Siemens&Halske AG: Erläuterungen zu dem Entwurf einer Elektrischen Stadtbahn in Berlin. Erweiterungslinie Potsdamer Platz - Brandenburger Tor - Weidendammer Brücke - Schloßbrücke. Berlin 1897.
Smit, Erik/ Staikos, Evthalia/ Thormann, Dirk: 3. Februar 1945. Die Zerstörung Kreuzbergs aus der Luft. Berlin 1995.
Der Spreetunnel zwischen Stralau und Treptow. Ausgeführt in den Jahren 1895-1899. Hrsg. von der Gesellschaft für den Bau von Untergrundbahnen GmbH. Berlin 1899.
Stauffenberg, Georg von (Hrsg.): Auf den Spuren der großen Stadt. Werbebroschüre. Berlin (1997).
Stave, John: Stube und Küche. Berlin 1987.
Steinwasser, Fritz: Berliner Post. Ereignisse und Denkwürdigkeiten seit 1237. Berlin 1987.
Stollowsky, Christoph: Geheime Orte. Verwunschene Ecken, verbotene Stätten. Berlin 1996.
Streek, E.: 75 Jahre Berliner Stadtrohrpost. In: Archiv für Post- und Fernmeldewesen. Bd. 4 (1952). S. 441-487.
Die Strominsel. Von der Spaltung zur Wiedervereinigung. Video der BEWAG. Berlin 1993.
Strowitzki, Bernhard: U-Bahn London. Berlin 1994.
Der Todeskampf der Reichshauptstadt. Hrsg. von Bengt von zur Mühlen. Unter Mitarbeit von Frank Bauer, Karen Pfundt, Tony Le Tissier. Berlin-Kleinmachnow 1994.
Tunnelspione. Berlin 1956.
U1 - Geschichte(n) aus dem Untergrund. Hrsg. vom Denkmalpflege-Verein Nahverkehr Berlin. Berlin 1994.
U2 - Geschichte(n) aus dem Untergrund. Hrsg. vom Denkmalpflege-Verein Nahverkehr Berlin. Berlin 1995.

U8 - Geschichte(n) aus dem Untergrund. Hrsg. vom Denkmalpflege-Verein Nahverkehr Berlin. Berlin 1994.
Vietig, Jürgen: Berlin als Ort der Verfolgung und des Widerstandes von Polen. In: Mitteilungen des Vereins für die Geschichte Berlins. Bd. 77, H. 3 (1981). S. 330-340.
Von Berlin nach Germania. Über die Zerstörungen der Reichshauptstadt durch Albert Speers Neugestaltungsplanungen. Hrsg. von Hans J. Reichhardt und Wolfgang Schäche. Berlin 1990. 5. Aufl.
Die Wasserversorgung Berlins und die neuen Wasserwerke in ihrer Bedeutung für die Häuslichkeit und das Familienwohl. Berlin 1857.
Wild, Josef: Aus meinem Leben und Schaffen in München und Berlin. Berlin 1937.
Zeitsplitter. Steglitz im »Dritten Reich«. Begleitbroschüre zur Ausstellung im alten Rathaus Steglitz. Berlin 1992.
Das unterirdische Zeitz. Hrsg. Unterirdisches Zeitz e. V. 1997.
Zerstört - Besiegt - Befreit. Der Kampf um Berlin bis zur Kapitulation 1945. Hrsg. von Hans-Norbert Burkert, Klaus Matußek und Doris Obschernitzki. Berlin 1985.
Der Zivile Luftschutz. Ein Sammelwerk über alle Fragen des Luftschutzes. Hrsg. von E.H. Knipfer und E. Hampe. Berlin 1937, 2. Aufl. (Erstauflage 1934).

Abbildungsnachweis

Alle Farbfotos dieses Bandes stammen von Frieder Salm. Ausgenommen hiervon sind die Farbfotografien von Jürgen Müller-Schneck (Seite 56, unten), Martina Reuter (Seite 133 unten) und Dieuwke van Ooij (Seite 136 oben und unten).

Für die historischen Schwarz/Weiß-Fotos wurde auf folgende Quellen zurückgegriffen:

Archive

AEG-Archiv: S. 59, 61 u.
Archiv der Autoren/Verlagsarchiv: S. 19, 22, 28, 45, 46, 57 l., 64 o., 71, 94, 95, 99, 102 u., 115, 116, 120 u., 139 o., 141, 144 r., 161 l. o., 161 l. u., 164, 171, 172 o., 172 u., 173, 178, 187, 188, 189, 192, 201, 206, 207, 209, 211, 212, 213, 214, 215, 217
Archiv Foedrowitz: S. 119
Archiv Haus am Checkpoint Charlie: S. 167 u., 168 r. o., 168 r. u., 168 l., 169 r., 169 l., 170
Archiv Hilkenbach: S. 15, 63, 69, 88 l. o., 91 l., 100, 148 l. u.
Archiv Hörmann: S. 137
Archiv Meyer-Kronthaler: S. 174, 192
Archiv des Museums im Wasserwerk Berlin-Friedrichshagen: S. 31, 32, 41, 42 r. u., 42 l. o., 152
Bundesarchiv Koblenz: S. 143
BVG-Archiv: S. 129 r., 130, 131
Landesarchiv Berlin: S. 47, 48, 57 r., 132 o., 140, 146, 148 r., 148 l. o ., 149 o.
Landesbildstelle Berlin: S. 24, 27, 62, 67, 68, 72, 86, 89, 90, 97, 101, 102 o., 103, 104, 117, 120 o., 129 l., 132 u., 138, 139 u., 142, 149 r. u., 149 l. u., 150, 151 r. o., 151 r. u., 151 l. u., 161 r.
Landeskriminalamt Berlin (PTU): S. 145, 190 r., 190 l. o., 190 l. u., 191
Museum für Post und Kommunikation: S. 162, 163
Polizeihistorische Sammlung Berlin: S. 144 l. o., 144 l. u., 177, 179 o., 179 u., 180, 181, 183

Historische Publikationen

Archiv für Post und Telegraphie: Bd. 61 (1933): S. 44
Bauplanung und Bautechnik: Bd. 6 (1952): S. 91 r.
Berlin. III. Weltfestspiele der Jugend und Studenten für den Frieden. Berlin 1951: S. 147
Berliner Nord-Süd-Bahn. Berlin, 1939: S. 98
Bousset, Johannes: Die Untergrundbahn vom Alexanderplatz nach Friedrichsfelde. Berlin 1930: S. 85
Bousset, Johannes: Berliner U-Bahn. Berlin 1935: S. 114
BZ am Abend: S. 167 o.
Festschrift zur Eröffnung der Nordstrecke Neanderstraße-Gesundbrunnen vom 18. April 1930. Berlin 1930: S. 21, 82
Großer Vaterländischer Krieg 1941–1945 in Fotographien und Filmdokumenten. Bd. 5. Moskau 1989 (russ.): S. 139 m.
Langbein/Hahn: 50 Jahre Berliner Stadtentwässerung. Berlin 1928: S. 23, 30, 64 u.
Lemke/Poppel: Die Berliner U-Bahn. Düsseldorf 1985: S. 87, 92
Reuleaux, Franz (Hrsg.): Das Buch der Erfindungen. Bd 1. Berlin 1884: S. 11, 17 r., 17 l., 43
Schierer, Heinz: Die Befestigungsanlagen Berlins zur Zeit des Großen Kurfürsten. Schriften des Vereins für die Geschichte Berlins. Bd. 57 (1939): S. 16
Siemens/Halske: Erläuterungen zum Entwurf für eine Elektrische Stadtbahn. Berlin 1897: S. 66
Spreetunnel zwischen Stralau und Treptow. Berlin 1899: S. 60, 61 o.
Tunnelspione. Berlin 1956: S. 165 r., 165 l., 166
Zeitschrift des Vereins Deutscher Ingenieure. Bd. 83 (1939): S. 88 r. o., 88 r. u.

Personenregister

Sachregister

Orts- und Straßenregister

(Kursiv gestellte Seitenangaben beziehen sich auf Abbildungen.)

Dietmar Arnold
Jahrgang 1964, in Berlin geboren, Studium der Stadt- und Regionalplanung an der Technischen Universität Berlin, Diplomarbeit über die Beelitzer Heilstätten; 1990 Gründung eines freien Planungsbüros, seit 1991 intensive Forschungstätigkeit über den Berliner Untergrund, 1992 Gründung der Arbeitsgemeinschaft »Unter den Straßen Berlins« (später »Berliner Unterwelten«), Studienaufenthalte in Paris und Moskau zur Erkundung der dortigen Unterwelten, im Auftrag des Senats Vermessung und Dokumentation des Berliner Untergrundes, langjährige Forschungen zum Thema »Bunkeranlagen in Berlin«.

1998 veröffentlichte er zusammen mit Ingmar Arnold das Buch »Schloßfreiheit – Vor den Toren des Stadtschlosses«.

Ingmar Arnold
Jahrgang 1967, in Berlin geboren, Studium der Geschichte an der Freien Universität und an der Humboldt-Universität Berlin, 1986–89 Mitarbeiter beim Archäologischen Landesamt und von 1989 bis 1992 am Friedrich-Meinecke Institut der Freien Universität, seit 1995 Mitarbeit in der Arbeitsgemeinschaft »Berliner Unterwelten«, zahlreiche Untersuchungen zum öffentlichen Nahverkehr, speziell im Berliner Untergrund.

Frieder Salm
Jahrgang 1962, in Ludwigsburg geboren, 1981 Abitur, 1984–86 Ausbildung an der Staatlichen Fachschule für Optik und Fototechnik in Berlin, danach als freier Kameramann und Fotodesigner tätig, seit 1992 u.a. Mitarbeit in der Arbeitsgemeinschaft »Berliner Unterwelten«.